AGIR
SUR LE STRESS AU TRAVAIL

Sous la direction de Valentine Chapus-Gilbert

Fabrice GUEZ

Anne-Carole DELHOMMEAU

LesEchos.fr

Nathan

Sommaire
Agir sur le stress au travail

Thème 1 : Qu'est-ce que le stress ?

Thème 2 : Les sources du stress professionnel

Thème 3 : Les conséquences du stress

Thème 4 : Prévenir le stress

Thème 5 : Agir sur le stress

Thème 6 : Les outils personnels pour gérer le stress professionnel

Remerciements

Nous remercions chaleureusement toutes les personnes qui ont contribué à la rédaction de ce livre.

- Pour la richesse de leurs témoignages, nous remercions :
Martine Arakilian, adjointe au directeur du département des Relations sociales et conditions de travail à l'ANPE ; Françoise Bollot, coach ; Marie Boy, coach fondatrice de Coach Attitude ; Patricia Cadre, directrice du cabinet Pluridis ; Yann Charron, DRH de Malakoff - Médéric, membre fondateur du Cercle de Prospective Ressources Humaines ; Pascal Gallois, dirigeant associé du cabinet Pactes Conseil, membre de l'association AGSE (Association pour la Gestion de la Santé en entreprise) ; Vincent de Gaulejac, Professeur de Sociologie à l'UFR de Sciences Sociales de Paris 7, Directeur du Laboratoire du changement social ; Jean –Luc Petit Huguenin, directeur Général de Paprec SA ; Sandrine Priou, coach, Once Upon A D ; Béatrice Quasznik, coach du réseau ENOS, et membre de SoL France ; Antoine Rebiscoul, président de AR Conseils, et, dans ce cadre, Directeur de la stratégie de Publicis France ; Gabrielle Rolland, auteure d'ouvrages ; Bernard Salengro, médecin du travail, auteur d'ouvrages sur le stress, vice-président de l'INRS, membre du Syndicat Général des Médecins du Travail rattaché à la CFE-CGC ; Sylvie Teneul, responsable du Pôle de Soutien Psychologique (PSP) de la SNCF, ainsi que de Rébecca Hartmann, membre de l'équipe du PSP ; Terry Tillmann, coach à 227 Company.

- Pour la qualité de leurs échanges ayant contribué à notre réflexion, nous remercions :
Pierre Angel, psychiatre, auteur et coach de dirigeants ; Nathalie Averdy-Illouz, avocat au barreau de Paris, spécialisée en droit du travail ; Claire Chaudourne, psychothérapeute et formatrice IEDPP ; Christophe, consultant en organisation ; Henry Colin, coach ; Géraldine, médecin du travail ; Patrick Laboureur, sophrologue spécialisé dans les techniques de remise en forme ; Nadine Manteau, responsable d'Agnosys RH ; Marc Mayoussier, expert comptable et avocat, directeur du cabinet A3 Conseil ; Daniela Schwendener, médiatrice consultante, Association La Cime ; Alain Setton, directeur de Transformation Sud et auteur d'ouvrages ; Guy Vertueux, coach ; Michel Zeitoun, médecin.

Olivia, Julian, Maureen, Ahmed, Elizabeth, Gabrielle, Gérard, Irène, Jérôme, José, Julien, Karim, Marc, Marie, Maurice, Mounir, Myriam, Nathalie, Patrick, Philippe, Richard, Sabrina, Sandrine, Sonia, et tous les autres.

Et nous remercions tout particulièrement nos familles et amis qui nous ont soutenu pendant l'écriture de cet ouvrage.

Les auteurs

Édition : Céline Robinot-Martin
Conception couverture : Dany Mourain
Conception maquette : Thierry Méléard
Fabrication : Lucile Germaine
Mise en pages : APS

ISBN : 978-2-09-160685-9

Avant-propos

Une réponse aux questions de chacun sur le stress au travail

– Le lecteur néophyte trouvera dans ce livre des réponses à des questions comme :

« Qu'est-ce que le stress ? A quoi sert-il ? Est-ce une nouvelle mode ? Est-il inné ou acquis, bon ou mauvais ? Peut-on lui faire face et comment ? Comment relativiser quand le stress perturbe, inhibe ou empêche de dormir ? Comment être plus serein au travail ? »

– Le professionnel au travail disposera de méthodes concrètes pour gérer ses difficultés quotidiennes avec son équipe :

« Comment gérer un patron stressé ? Stressant ? Mes collaborateurs sont stressés, que faire ? Comment se relaxer en plein embrouillage ou debout dans le métro avant un RDV décisif ? Comment gérer les émotions et les conflits relationnels ?

– Les dirigeants d'entreprise, consultants, acteurs de la sphère publique et parapublique disposeront de clés de compréhension et d'informations utiles sur les aspects organisationnels et managériaux :

« Le stress est il responsable de maladies graves ? Quel est le coût du stress ? Comment « prendre le pouls » d'une organisation entière ? Comment augmenter la résistance collective au stress ? Comment allier prévention et régulation des risques psychosociaux au sens large ?

Une approche interdisciplinaire du stress professionnel

Dans cet ouvrage, le stress professionnel est abordé dans ses aspects multidimensionnels et multifactoriels, d'une façon interdisciplinaire, afin de mieux cerner et d'intervenir sur les complexes interactions qui alimentent ce phénomène. Cette approche facilite ensuite l'émergence de solutions intégratives.

La démarche des auteurs

Anciens salariés, aujourd'hui dirigeants d'entreprise et consultants spécialisés dans la gestion du stress et la prévention des risques psychosociaux en entreprise, les auteurs ont vécu les effets du stress ou observé de près la montée du stress professionnel en entreprise. Ces expériences personnelles les ont amenés à revoir en profondeur leur rapport au stress, et à revisiter leurs pratiques en intégrant cette problématique centrale. Il leur a paru urgent de partager des pistes de réponse.

Le but n'est pas de culpabiliser mais de fournir aux employeurs privés et publics, ainsi qu'aux salariés et indépendants de quoi comprendre, détecter, prévenir et gérer le stress au travail, ce livre ne traitant pas du stress post-traumatique. Le terme générique « entreprise » est utilisé pour désigner toute organisation professionnelle.

La méthodologie

L'analyse des auteurs a porté sur :

– l'expérience de leurs clients ;

–les grandes études et publications sur le sujet provenant de différentes disciplines : psychologie, management, sociologie ... ;

– leur travail en réseau avec des professions différentes, du consultant en organisation au spécialiste en fusions acquisitions, du médecin du travail au directeur des ressources humaines, du psychologue du travail au spécialiste en médiation, du psychiatre au sophrologue, du coach en efficacité personnelle au praticien bien-être... ;

– mais aussi sur leur propre vécu du stress, de l'épuisement professionnel et du risque psychosocial en général, leurs discussions et interviews de professionnels, leurs interventions en groupes de pratiques.

Des réflexions et des réponses pratiques

Le droit du travail est un outil d'approche de la prévention des risques psychosociaux. Ce n'est pas l'objet de l'ouvrage, il est cité de manière incidente pour que le lecteur sache qu'il existe des textes et de la jurisprudence, les citations n'étant pas exhaustives.

Au delà des constats, les fiches décrivant les sources et les conséquences du stress visent surtout à mettre en lumière les interactions qui alimentent le phénomène stress, permettant d'envisager ce qu'il faut changer pour prévenir les risques psychosociaux et insuffler des dynamiques positives visant l'épanouissement des personnes au travail.

Les réflexions de fond côtoient naturellement les pistes de solutions et les réponses pratiques.

Un livre + un site : toutes les clés en main pour

AGIR SUR LE STRESS AU TRAVAIL

Dans une présentation résolument pratique sous forme de fiches, cet ouvrage de la collection Nathan – Les Echos.fr apporte à tous des réponses simples et concrètes pour comprendre le stress professionnel et se donner les moyens de le prévenir et d'agir pour le réguler.

Deux niveaux de lecture dans le livre : parcourez l'ouvrage selon vos besoins !

➜ un niveau rapide pour des réponses immédiates

Chaque fiche répond de manière simple et complète à une question concrète

Une introduction claire pour cerner rapidement le contenu de la fiche

« Connectez-vous ! » pour retrouver en ligne de nombreux compléments

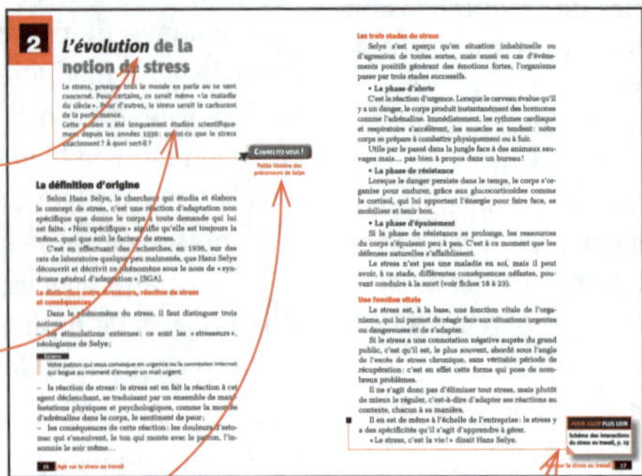

un niveau approfondi pour aller plus loin

Un renvoi vers le « Pour aller plus loin » pour bien se repérer

Des exemples pour comprendre rapidement

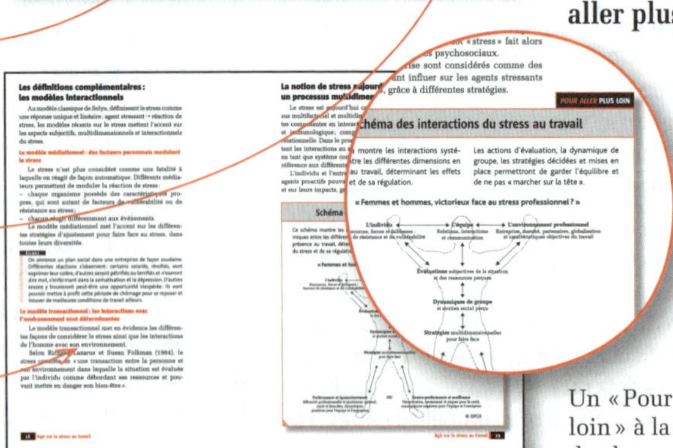

Un « Pour aller plus loin » à la fin de chaque fiche pour approfondir un point précis

Un ouvrage bi-média : accédez à de nombreux compléments en ligne !

En accès réservé, le site Internet **www.nathan-lesechos.fr**, riche et régulièrement actualisé, vous propose un troisième niveau de lecture.

Des compléments à un grand nombre de fiches, signalés dans l'ouvrage à la rubrique CONNECTEZ-VOUS ! :

- des articles sélectionnés par les auteurs dans **Les Echos** en lien direct avec la fiche ;
- des prolongements du contenu de la fiche ;
- des fichiers-outils à télécharger ;
- des sites à consulter, etc.

Des fiches complémentaires en lignes :

- les évolutions économiques et sociétales qui entraînent du stress ;
- les conditions de travail, source de stress ;
- frustrations et reconnaissances, conséquences du stress ;
- la prévention durable des risques psychosociaux.

Une bibliographie complète, une **liste des enquêtes et études** utilisées et exploitées dans le livre.

Une actualité permanente : des articles au fur et à mesure de leur parution en provenance du site lesechos.fr sur le thème du stress.

Pour accéder aux contenus du site :

1 **Connectez-vous et inscrivez-vous sur www.nathan-lesechos.fr**

2 **Indiquez l'ouvrage acheté.**

3 **Saisissez le mot demandé.**

Exemple :

Veuillez saisir le deuxième mot de la page 120
Votre réponse : [ ] Valider

4 **Accédez aux compléments voulus.**

1 *Le* stress professionnel aujourd'hui

La France est-elle toujours un pays où il fait bon vivre ? Si l'on tient compte des souffrances couramment regroupées sous le vocable « stress », elle fait mauvaise figure au milieu des autres pays du même niveau de développement économique. Quelle est, aujourd'hui, la réalité du stress et de la perception des Français ?

CONNECTEZ-VOUS !

- Les Echos : articles sur le rapport Nasse-Légeron et sur un accord sur le stress au travail
- Les évolutions sociales et économiques en arrière-plan
- Enquêtes et études

Quand la France s'éveille à la réalité du stress

Entre déni et reconnaissance du stress

L'explosion massive du phénomène « stress » ces dernières années prend tout le monde au dépourvu. Les boucs émissaires sont vite trouvés afin de garder la conscience tranquille : la mondialisation, le « capital », l'informatique, les dirigeants, « petits chefs », collègues, clients, syndicats…

Derrière des affirmations comme : « La résistance individuelle ou collective devant la "dureté" de la vie et du travail a diminué », certains dénient le stress, ne voulant pas être catalogués comme stressés. À l'inverse, le stress est un masque bien commode pour cacher du harcèlement ou de l'épuisement.

Pourtant, suite à l'introduction de lois ainsi qu'à l'engagement des professionnels soutenus indirectement par les cinéastes et les journalistes, les tabous se brisent et les langues se délient. La médiatisation du harcèlement moral et des suicides liés au travail, comme ceux dans l'industrie automobile, a servi de « détonateur » de prise de conscience du grand public. Le stress est désormais considéré comme un risque psychosocial au sens large et les actions de bien-être au travail sont vues comme une nécessité.

***POUR ALLER* PLUS LOIN**

Le modèle de l'écologie industrielle pour la prévention du stress, p. 15

Une prise de conscience bien tardive

D'après le baromètre CFE-CGC/Opinion Way de mars 2008, 16 % des cadres seulement considèrent que le stress est pris en charge par leur entreprise.

L'enquête IFOP/AGSE d'octobre 2007 sur le bien-être psychologique des salariés au travail auprès de 300 DRH révèle des prises de conscience de niveaux différents selon les entreprises et une grande méconnaissance générale des causes de l'absence de bien-être et des pistes de solution.

Exemple

25 % des entreprises seraient « immatures », 29 % « désimpliquées », 13 % « politiquement correctes » et 33 % « concernées ».

L'étude comparative 2007 *Quality in work and employment*, réalisée par l'ANACT et relayée par la Fondation européenne pour l'amélioration des conditions de vie et de travail, compare la France aux autres pays européens sur de nombreux critères de conditions de travail, de risques psychosociaux et de facteurs de motivation. Elle signale que la tendance à la flexibilité de l'emploi a consécutivement détérioré les conditions de travail : précarité de salariés peu qualifiés, des jeunes, des seniors, horaires atypiques, pénibilité physique du travail. Elle souligne aussi que les salariés français sont les moins bien informés sur la santé et les risques de sécurité.

Des hypothèses sur le retard français : management et culture

De nombreux experts interviennent depuis des années sur les questions de conditions de travail (ANACT – Agence nationale pour l'amélioration des conditions de travail) et de sécurité (INRS – Institut national de recherche et de sécurité), mais la greffe ne prend que timidement en entreprise. Le désert du dialogue social, les débats idéologiques, le manque d'approches pluridisciplinaires des Français « trop tournés vers la réflexion et pas assez vers l'action » contribuent probablement à ce retard.

La culture française joue en effet un rôle majeur, comme « terreau » à la fois favorable à l'émergence du stress et défavorable à la mise en place de solutions. « Un bon cadre est un cadre stressé » dans les représentations des individus. La France a importé des États-Unis des modes organisationnels et de management sans faire évoluer suffisamment vite sa culture sous-jacente.

EXEMPLE

L'introduction du management par objectifs n'a pas été accompagnée par des évolutions culturelles basées sur les notions de confiance et de reconnaissance (par exemple, l'incitation à la prise d'initiatives comprenant le droit à l'erreur).

Des études significatives et précises, stables dans le temps

Les études et les sondages d'opinion convergent sur le fond pour témoigner de la montée du phénomène « stress » et sont à interpréter avec précaution.

EXEMPLE

Les femmes ressortent plus stressées que les hommes dans les études : avant de juger hâtivement qu'elles ont une moindre résistance au stress, il est nécessaire de comprendre qu'elles cumulent plusieurs des critères qui génèrent du stress : contact avec le public, faible autonomie, travail encadré par des procédures, temps partiels...

Le baromètre du stress CFE-CGC de mars 2008 montre que la note globale de stress des cadres atteint 6,3 sur 10, niveau le plus élevé depuis 2004 (date de début du baromètre).

Depuis cette date, le baromètre frappe par la constance de ses résultats. Il indique bien que le stress ne pourra pas se résorber d'un coup de baguette magique.

À part quelques améliorations concernant les perspectives de carrière, l'adhésion à la stratégie d'entreprise et l'autonomie, tous les autres indicateurs sont stables ou aggravés :
- la surcharge de travail est ressentie par 78 % des répondants ;
- le manque de temps par 66 % ;
- des objectifs plutôt et pas du tout réalistes par 43 % ;
- une mauvaise définition de leurs responsabilités par 36 % ;
- des difficultés à concilier travail et vie privée par 60 % ;
- avoir à effectuer des tâches en dehors de son éthique par 33 % ;
- un manque de reconnaissance par 70 % ;
- une confrontation au harcèlement moral par 21 %.

Des augmentations de la confrontation aux clients agressifs, du sentiment d'être mis en concurrence avec ses propres collègues, d'être exposé à des risques ou des pertes financières, des symptômes physiques, de la propension au découragement, de tous les comportements addictifs sont aussi mises en relief.

Les secteurs et les types d'entreprises les plus touchés

Les études européennes et françaises convergent globalement. Le secteur public, malgré la sécurité de l'emploi, est en tête de peloton des secteurs les plus touchés par le stress (éducation, santé...). Suivent juste après les intermédiaires financiers (banque-assurance), les transports, l'industrie et le commerce.

TÉMOIGNAGE

Michel Weill, DGA de l'ANACT, commente les résultats de l'étude ANACT-TNS-Sofrès 2007, « Les salariés face aux nouvelles exigences du travail contemporain » : « La situation est plus inquiétante pour les entreprises entre 200 et 1000 salariés : elles ne bénéficient pas des relations conviviales des petites structures, ni du professionnalisme RH des grandes entreprises, et se confrontent à des situations complexes liées à l'anonymat. »

L'impulsion politique au niveau mondial, européen et français

L'Organisation internationale du travail (OIT) : un effet d'entraînement

Depuis 1919, l'OIT, à travers le Bureau international du travail (BIT), développe, des normes, publie des statistiques et des études, communique largement dans le monde à travers des conférences, lance des initiatives de projets et de recherche.

TÉMOIGNAGE

Juan Somavia, directeur général du BIT : « Le but fondamental de l'OIT aujourd'hui est que chaque homme et chaque femme puissent accéder à un travail décent et productif, dans des conditions de liberté, d'équité, de sécurité et de dignité humaine »

La stratégie européenne 2007/2012 : améliorer la qualité et la productivité au travail

L'objectif affiché par Bruxelles est ambitieux : une réduction de 25 % du taux d'incidence des accidents du travail. Des mesures de sensibilisation à la sécurité et à la santé au travail seront nécessaires, notamment à travers la diffusion et le transfert de bonnes pratiques, en particulier auprès des PME.

La stratégie européenne souligne avec force la nécessité d'amplifier et d'accélérer le processus de transposition au niveau national des normes européennes de sécurité et de santé au travail déjà adoptées.

La stratégie de 2002/2006 était focalisée sur : « s'adapter aux changements du travail et de la société ». Il s'agissait de consolider la culture de la prévention des risques, de veiller à une meilleure application du droit existant et d'adopter une approche globale du bien-être au travail.

Un accord-cadre sur le stress au travail a été signé entre partenaires sociaux européens le 8 octobre 2004, suivi d'un accord-cadre sur le harcèlement et la violence au travail du 26 avril 2007.

France : point juridique sur les textes en cours

L'accord-cadre européen sur le stress au travail n'ayant pas été transposé en France dans le délai de trois ans préconisé, les partenaires sociaux ont signé un accord le 3 juillet 2008.

L'impulsion européenne s'était jusqu'à présent traduite en France par le plan « Santé au travail » 2005/2009, complété par d'autres textes (dont le plan de cohésion sociale et la loi d'orientation relative à la santé publique). Il n'est pas fait mention, à ce jour, de la transposition de l'accord-cadre sur le harcèlement et la violence au travail, sachant que la France avait déjà légiféré sur le harcèlement moral en 2002.

Les risques psychosociaux sont donc principalement, pour l'instant, encadrés par le Code du travail ou quelques accords de branche depuis 2005.

Exemple

L'article L. 4121-1 (ancien L. 230-2) du Code du travail demande à l'employeur de prendre des mesures afin de protéger la santé physique et mentale de ses salariés. L'article L. 4612-2 (ancien L. 236-2) renforce le rôle du CHSCT et l'article L. 1158-1 (ancien L. 122-49) encadre le harcèlement moral.

Les entreprises ont l'obligation d'établir un document unique d'évaluation des risques professionnels. Mais il est à ce jour souvent pris comme une formalité administrative, dont l'application tout comme les autres dispositions du Code du travail sont peu contrôlées du fait de l'insuffisance de moyens de l'inspection du travail.

Le nouveau Code du travail, entré en vigueur en mai 2008, n'est pas censé changer les règles de fond, mais les polémiques sont vives à son sujet. Il sera nécessaire de continuer à suivre la jurisprudence dans le domaine des risques psychosociaux.

Les projets politiques en France

Pour rattraper une quinzaine d'années de retard sur les pays scandinaves, le rapport Nasse-Légeron de mars 2008 indique de nouvelles préconisations : créer un indicateur national sur la santé psychologique au travail en France en organisant une veille du suicide au travail ainsi qu'une enquête annuelle sur le stress des salariés. Certaines de ces préconisations commencent à être suivies d'actions concrètes en termes de prévention et de gestion du stress pour combler notre retard.

D'autres mesures sont aussi prévues par le gouvernement :
- des négociations de branche obligatoires dans les secteurs les plus touchés par le stress ;
- une fiche statistique sur les risques psychosociaux dans le rapport annuel des médecins du travail ;
- un bonus/malus financier pour inciter les entreprises à mieux prévenir les risques.

L'encadrement par des lois et des réglementations permet d'impulser des actions concrètes en entreprise, de lever les tabous et de se familiariser avec les notions de stress et de risques psychosociaux qui, il y a quelques années encore, n'étaient pas « politiquement corrects ».

Changer de logique : du stress au bien-être et au « bien-travailler »

L'appel à une complémentarité entre les besoins de l'économie et les besoins des individus

Face à la pression économique de la mondialisation, les entreprises ont dû réagir et augmenter leurs performances. Les répercussions négatives sur les salariés, qui ont été jusqu'à présent sous-estimées, viennent freiner à leur tour la productivité et questionner les choix stratégiques. Il est possible de faire coexister performance économique et bien-être individuel et collectif, mais cela demande une volonté politique, une capacité à remettre en cause les représentations et de la créativité ! D'autres pays se sont lancés avant la France dans cette aventure, comme les États-Unis, le Canada et les pays d'Europe du Nord.

Les bénéfices à se préoccuper davantage du bien-être au travail

La mécanique de bien-être au travail a des répercussions économiques positives sur les tableaux de bord opérationnels. L'institut de recherche canadien Robert Sauvré (IRSST) vient de publier un modèle qui présente l'organisation du travail comme un déterminant de la santé des employés, de leurs attitudes et de leur performance. Les employés travaillant dans un environnement de qualité présentent moins de problèmes de santé mentale ou physique, sont généralement assidus à leur travail et engagés dans ce qu'ils font.

Des études de ce type sont à déployer en France, afin de prouver la rentabilité des actions de prévention du stress.

Néanmoins, la prévention du stress relève aussi d'un état d'esprit, en dehors d'attentes de rendement. Il s'agit du respect de chacun dans le monde du travail.

Une prise en compte de la réalité incontournable pour tous

Le problème grandissant du stress ne peut pas rester sans réponse. Soit on regarde les actions de changement à venir comme des obligations contraignantes, soit on change de lunettes et on y voit, au contraire, toute la source d'innovations utiles pour allier efficacité au travail et bien-être, maintenant et pour les générations futures.

Le modèle de l'écologie industrielle pour la prévention du stress

Transposer la démarche de l'écologie industrielle sur la prévention du stress
La politique écologique actuelle, qui se focalise sur la pollution et le traitement des déchets, est utile mais insuffisante pour préserver les ressources de notre planète de façon durable. Écologie et industrie peuvent s'associer dans un but commun. L'écologie industrielle propose de repenser toute l'activité de production et de consommation sur le modèle des écosystèmes.

EXEMPLE

Pour Suren Erkman, écrivain scientifique, un bâtiment pourrait, comme un arbre, produire de l'oxygène, séquestrer du carbone, distiller de l'eau, se chauffer à l'énergie solaire.

Repenser le bien-être au travail dans sa globalité
Ainsi, se focaliser sur la gestion du stress revient à se focaliser sur les « déchets » produits par l'activité de l'homme au travail. Il paraît nécessaire de repenser l'écosystème « homme au travail/entreprise » en son entier, en allant plus loin que la prévention des « risques psychosociaux » et en inventant une nouvelle terminologie associée au bien-être au travail.

EXEMPLE

Une entreprise qui investit dans le bien-être au travail s'équipe en amont à travers des politiques de management de la compétence et de la performance. Elle met en place des indicateurs d'alerte de prévention du stress, afin de réajuster son organisation et ses conditions de travail dès que le besoin s'en fait sentir.

Cela demande de dépasser les décisions de court terme et de s'engager dans des actions qui porteront une partie de leurs résultats à long terme.

EXEMPLE

Les formations à la gestion du stress peuvent être engagées sur du court terme, sachant qu'elles portent mieux leurs fruits quand elles bénéficient d'un entraînement sur la durée. En parallèle, les actions qui portent sur l'organisation et la culture d'une entreprise s'échelonnent nécessairement sur du moyen et du long terme.

2 *L'évolution* de la notion de stress

Le stress, presque tout le monde en parle ou se sent concerné. Pour certains, ce serait même « la maladie du siècle ». Pour d'autres, le stress serait le carburant de la performance.
Cette notion a été longuement étudiée scientifiquement depuis les années 1930 : qu'est-ce que le stress exactement ? À quoi sert-il ?

CONNECTEZ-VOUS !
Petite histoire des précurseurs de Selye

La définition d'origine

Selon Hans Selye, le chercheur qui étudia et élabora le concept de stress, c'est une réaction d'adaptation non spécifique que donne le corps à toute demande qui lui est faite. « Non spécifique » signifie qu'elle est toujours la même, quel que soit le facteur de stress.

C'est en effectuant des recherches, en 1936, sur des rats de laboratoire quelque peu malmenés, que Hans Selye découvrit et décrivit ce phénomène sous le nom de « syndrome général d'adaptation » (SGA).

La distinction entre stresseurs, réaction de stress et conséquences

Dans le phénomène du stress, il faut distinguer trois notions :
– les stimulations externes : ce sont les « stresseurs », néologisme de Selye ;

EXEMPLE
Votre patron qui vous convoque en urgence ou la connexion Internet qui bogue au moment d'envoyer un mail urgent.

– la réaction de stress : le stress est en fait la réaction à cet agent déclenchant, se traduisant par un ensemble de manifestations physiques et psychologiques, comme la montée d'adrénaline dans le corps, le sentiment de peur ;
– les conséquences de cette réaction : les douleurs d'estomac qui s'ensuivent, le ton qui monte avec le patron, l'insomnie le soir même…

Les trois stades du stress

Selye s'est aperçu qu'en situation inhabituelle ou d'agression de toutes sortes, mais aussi en cas d'événements positifs générant des émotions fortes, l'organisme passe par trois stades successifs.

- **La phase d'alerte**

C'est la réaction d'urgence. Lorsque le cerveau évalue qu'il y a un danger, le corps produit instantanément des hormones comme l'adrénaline. Immédiatement, les rythmes cardiaque et respiratoire s'accélèrent, les muscles se tendent: notre corps se prépare à combattre physiquement ou à fuir.

Utile par le passé dans la jungle face à des animaux sauvages mais… pas bien à propos dans un bureau!

- **La phase de résistance**

Lorsque le danger persiste dans le temps, le corps s'organise pour endurer, grâce aux glucocorticoïdes comme le cortisol, qui lui apportent l'énergie pour faire face, se mobiliser et tenir bon.

- **La phase d'épuisement**

Si la phase de résistance se prolonge, les ressources du corps s'épuisent peu à peu. C'est à ce moment que les défenses naturelles s'affaiblissent.

Le stress n'est pas une maladie en soi, mais il peut avoir, à ce stade, différentes conséquences néfastes, pouvant conduire à la mort (voir fiches 18 à 23).

Une fonction vitale

Le stress est, à la base, une fonction vitale de l'organisme, qui lui permet de réagir face aux situations urgentes ou dangereuses et de s'adapter.

Si le stress a une connotation négative auprès du grand public, c'est qu'il est, le plus souvent, abordé sous l'angle de l'excès de stress chronique, sans véritable période de récupération: c'est en effet cette forme qui pose de nombreux problèmes.

Il ne s'agit donc pas d'éliminer tout stress, mais plutôt de mieux le réguler, c'est-à-dire d'adapter ses réactions au contexte, chacun à sa manière.

Il en est de même à l'échelle de l'entreprise: le stress y a des spécificités qu'il s'agit d'apprendre à gérer.

« Le stress, c'est la vie! » disait Hans Selye.

POUR ALLER **PLUS LOIN**

Schéma des interactions du stress au travail, p. 19

Les définitions complémentaires : les modèles interactionnels

Au modèle classique de Selye, définissant le stress comme une réponse unique et linéaire : agent stressant → réaction de stress, les modèles récents sur le stress mettent l'accent sur les aspects subjectifs, multidimensionnels et interactionnels du stress.

Le modèle médiationnel : des facteurs personnels modulent le stress

Le stress n'est plus considéré comme une fatalité à laquelle on réagit de façon automatique. Différents médiateurs permettent de moduler la réaction de stress :
– chaque organisme possède des caractéristiques propres, qui sont autant de facteurs de vulnérabilité ou de résistance au stress ;
– chacun réagit différemment aux événements.

Le modèle médiationnel met l'accent sur les différentes stratégies d'ajustement pour faire face au stress, dans toutes leurs diversités.

Exemple

On annonce un plan social dans une entreprise de façon soudaine. Différentes réactions s'observent : certains salariés, révoltés, vont exprimer leur colère, d'autres seront pétrifiés ou terrifiés et n'oseront dire mot, s'enfermant dans la somatisation et la dépression. D'autres encore y trouveront peut-être une opportunité inespérée : ils vont pouvoir mettre à profit cette période de chômage pour se reposer et trouver de meilleures conditions de travail ailleurs.

Le modèle transactionnel : les interactions avec l'environnement sont déterminantes

Le modèle transactionnel met en évidence les différentes façons de considérer le stress ainsi que les interactions de l'homme avec son environnement.

Selon Richard Lazarus et Susan Folkman (1984), le stress consiste en « une transaction entre la personne et son environnement dans laquelle la situation est évaluée par l'individu comme débordant ses ressources et pouvant mettre en danger son bien-être ».

La notion de stress aujourd'hui : un processus multidimensionnel

Le stress est aujourd'hui considéré comme un processus multifactoriel et multidimensionnel, incluant différentes composantes en interaction : émotionnelle, hormonale et immunologique ; comportementale, psychologique et relationnelle. Dans le processus du stress au travail s'ajoutent les interactions au sein de l'équipe et de l'entreprise en tant que système complexe. Le mot « stress » fait alors référence aux différents risques psychosociaux.

L'individu et l'entreprise sont considérés comme des agents proactifs pouvant influer sur les agents stressants et sur leurs impacts, grâce à différentes stratégies.

***POUR ALLER* PLUS LOIN**

Schéma des interactions du stress au travail

Ce schéma montre les interactions systémiques entre les différentes dimensions en présence au travail, déterminant les effets du stress et de sa régulation. Les actions d'évaluation, la dynamique de groupe, les stratégies décidées et mises en place permettront de garder l'équilibre et de ne pas « marcher sur la tête ».

« Femmes et hommes, victorieux face au stress professionnel ? »

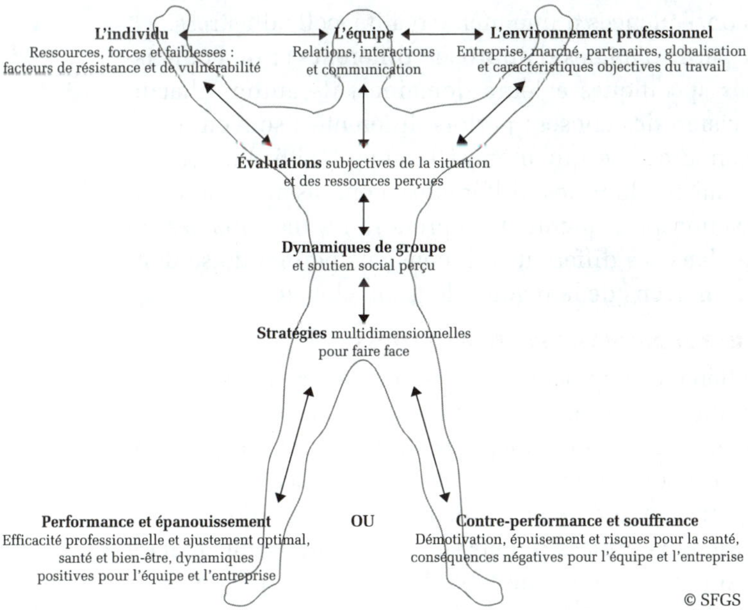

© SFGS

3

Les mécanismes et les manifestations du stress

Le stress est, au départ, une réalité physiologique et psychologique, qui a une fonction utile, voire vitale. C'est en comprenant ses mécanismes que l'on peut envisager comment les réguler. Concrètement, que se passe-t-il en cas de stress ?

CONNECTEZ-VOUS !

Introduction au coaching intégratif

Le stress, un phénomène multidimensionnel

La diversité des domaines d'études du stress

Aujourd'hui, des professionnels d'horizons très différents – des chercheurs en neurobiologie, des médecins et psychologues du travail, des coachs, des managers, des consultants en organisation, des professeurs de yoga, entre autres – sont souvent confrontés aux causes comme aux conséquences d'une même réalité, celle du stress.

À partir d'angles d'approche différents et de connaissances spécifiques à leurs domaines, ils auront chacun leur vision des choses : parfois différentes, souvent complémentaires. Ce qui montre la complexité d'un même phénomène dont les différentes composantes sont en interaction permanente. Comprendre les mécanismes du stress dans ses différentes dimensions permet de se donner les moyens de le réguler de façon globale.

Vers une approche intégrative du stress

Différentes approches dans les domaines de la psychologie, de la médecine, du management et des techniques du mieux-être se sont intéressées aux multiples facettes du stress. Aujourd'hui, il s'agit d'être efficace face à un phénomène affectant différentes dimensions de l'entreprise.

Différents professionnels se retrouvent, parfois malgré eux, autour d'une même table lors d'incidents graves en entreprise (harcèlement, procès…).

À partir de leur domaine d'intervention, ils élaborent ensemble une approche intégrative du stress professionnel pour trouver des solutions nouvelles comme le fait, par exemple, le réseau pluridisciplinaire de la Société française de gestion du stress (SFGS).

La dimension physiologique

Le stress est d'abord un mécanisme physiologique complexe: biologique, hormonal et immunitaire, pour faire face à des dangers immédiats ou qui se maintiennent dans le temps.

Exemple

Une personne confortablement allongée au soleil face à une piscine, bien qu'à moitié somnolente, trouvera le réflexe et l'énergie de bondir instantanément pour sauver un enfant perdant pied si quelqu'un crie: « Au secours ! »

Les mécanismes physiologiques

Lorsque le cerveau perçoit un stresseur, c'est le branle-bas de combat: l'information est traitée par le cortex et le système limbique, dont l'amygdale et l'hippocampe, qui stimulent instantanément l'hypothalamus, le régulateur de nos émotions. Le système nerveux autonome sympathique est activé. Nos glandes surrénales produisent dans le sang des hormones, comme l'adrénaline et la noradrénaline, qui agissent sur le métabolisme.

Immédiatement, le corps reçoit un apport d'oxygène aux niveaux des muscles et du cerveau, le niveau de vigilance augmente: le corps se met en surrégime pour être prêt à une action physique brutale, comme fuir ou combattre, puis à endurer, grâce aux glucocorticoïdes comme le cortisol, si la perception de danger se prolonge.

Réaction vitale pour les premiers hommes, elle nécessite d'être sérieusement réduite ou adaptée aux conditions de vie et de travail d'aujourd'hui.

Les manifestations corporelles

Le stress n'est pas une notion abstraite. Les manifestations du stress dans le corps sont nombreuses: les rythmes cardiaque et respiratoire s'accélèrent, les muscles se tendent. Il y a vasoconstriction des tissus cutanés et augmentation de la transpiration. La digestion se ralentit ou s'arrête. Le corps se met au service de l'action. Le salarié « mal dans sa peau » pour cause de stress chronique n'est pas une métaphore : la tension peut se ressentir physiquement.

La dimension psychologique

Une dimension déterminante

La dimension psychologique est déterminante dans le mécanisme du stress. Chacun possède ses filtres perceptifs et sa propre façon d'interpréter les événements. Cette interprétation conditionne directement la réaction de stress. Le philosophe grec Épictète disait déjà, au Ier siècle de notre ère : « Ce qui trouble les hommes, ce ne sont pas les événements, mais les jugements qu'ils portent sur eux. » Notre lecture personnelle du monde est subjective, c'est elle qui va déclencher, augmenter ou réduire notre réponse de stress.

EXEMPLE

Deux salariés discutent de leur manager. L'un appréciera sa rigueur et sa franchise, l'autre le trouvera excessif, obsessionnel et pas assez à l'écoute : celui-ci supportera probablement moins bien son style de management.

Les deux évaluations

Face à un stresseur, le cerveau procède instantanément à une évaluation automatique de la situation, dite « évaluation primaire » : « La situation est-elle dangereuse ? Nuit-elle à mon bien-être physique ou moral ? », en fonction des expériences comparables déjà mémorisées.

S'il y a danger, le cerveau effectue une évaluation secondaire : « Ai-je les moyens d'y faire face ? » Si la personne estime pouvoir y faire face, il y a peu ou pas de stress ; dans le cas inverse, il y a réaction de stress.

Le stress naît donc du déséquilibre perçu entre le risque encouru et la capacité à y faire face.

L'émotion alors générée peut elle-même conduire à réévaluer la situation en boucle, ce qui augmente encore le niveau de stress.

Le sentiment de contrôle

La réaction de stress n'est pas générée directement par l'événement : chacun réagit différemment au stress.

Plus que le contrôle effectif sur la situation, c'est le sentiment de contrôle, c'est-à-dire la perception que l'on en a, qui est essentiel.

EXEMPLE

Une mission nouvelle et délicate générera moins de stress chez la personne qui s'estime experte dans le domaine concerné que chez le néophyte.

Au contraire, on peut envisager cette mission qui fait si peur autour de soi comme… un défi motivant, ce qui est un stress « positif» !

La dimension émotionnelle

Anxiété, colère, dépression

La dimension émotionnelle est intimement liée aux mécanismes physiologiques et psychologiques du stress : ce sont les mêmes régions du cerveau qui sont impliquées dans la réaction de stress et l'activation d'émotions, comme le montrent de nombreux travaux de neuroscientifiques depuis les années 1990.

Le stress va générer différentes émotions en fonction des personnes et des situations, en particulier l'anxiété, la colère ou encore un sentiment d'impuissance pouvant aller jusqu'à la dépression dans les cas extrêmes.

Les conséquences d'une mauvaise régulation

Lorsque ces émotions se déclenchent de façon brutale et répétitive au travail ou si, pire encore, elles sont dissimulées et se somatisent, on perçoit facilement les conséquences dommageables : pour la personne, pour l'équipe et pour l'entreprise, en termes de démotivation, de santé et de perte de productivité.

Les dimensions comportementale, relationnelle et sociale

Agressivité, inhibition ou fuite

La réaction de combat ou de fuite, déjà décrite en 1929 par Walter Cannon, se traduit par des comportements agressifs, inhibés ou de fuite.

Voici une galerie de portraits familiers en entreprise :

– le « colérique », souvent agressif pour un détail, génère une ambiance pesante et propice aux conflits ;

– l'« inhibé », souvent effacé, n'ose pas dire non et se retrouve en retard sur tous les dossiers ;
– la personne toujours absente quand on en a besoin, occupée par d'autres dossiers et qui a de bonnes raisons pour tirer au flanc et compromettre le travail de l'équipe…

POUR ALLER PLUS LOIN

Découvrez vos réactions automatiques sous stress, ci-dessous

Les conséquences pour le collectif de travail

Cela fait partie de la vie de l'entreprise, on peut apprendre à composer avec les personnalités difficiles. Mais quand l'équipe est sous stress intense, les comportements deviennent difficiles à canaliser et toutes sortes de « débordements » peuvent s'observer, avec leurs conséquences fâcheuses pour l'individu, l'équipe, l'entreprise et l'environnement extérieur. Là encore, les méthodes comportementales et relationnelles seront utiles pour tout manager ou salarié.

POUR ALLER PLUS LOIN

Découvrez vos réactions automatiques sous stress

Cet auto-bilan vous permettra de prendre conscience à froid de vos différentes réactions automatiques sous stress, première étape pour envisager comment prendre du recul, raisonner et agir différemment en condition.

Que se passe-t-il quand vous êtes stressé ? Listez par écrit :
1. Les situations et les événements les plus fréquents qui déclenchent votre stress :
2. Vos sensations physiques et les éventuelles manifestations désagréables ou douloureuses :
3. Vos émotions et vos sentiments :
4. Vos comportements (ce que vous faites ou ne faites pas) :
5. Vos interactions relationnelles :
6. Vos pensées associées, ce que vous vous dites, la façon dont vous voyez les choses à ce moment :

4 *Les* caractéristiques du stress professionnel

Il existe de nombreux facteurs de stress professionnel. Il convient de cerner les différents types de facteurs et de comprendre ce qui caractérise un métier stressant.

CONNECTEZ-VOUS !

Sites Internet des auteurs de modèles sur le stress au travail

Les multiples facteurs de stress professionnel

Les facteurs de stress sont diversifiés et nombreux. On peut néanmoins les regrouper en cinq grandes familles.

Les facteurs liés aux tâches à accomplir

Différentes caractéristiques des tâches à accomplir peuvent générer du stress, en particulier:
- la surcharge ou, à l'inverse, la sous-charge de travail;
- la forte exigence quantitative et/ou qualitative;
- la gravité des conséquences en cas d'erreur;
- la pression temporelle, la répétitivité, la monotonie des tâches...

L'aménagement du temps de travail peut aussi être source de stress.

Les facteurs liés à l'organisation du travail

On parle d'ambiguïté et de conflit dans les rôles attribués lorsque le périmètre des responsabilités est flou, que les missions sont mal définies ou lorsque les demandes sont contradictoires: ces facteurs organisationnels génèrent démotivation et absentéisme.

EXEMPLE

Un classique: le service commercial demande plus de quantité sur une production spéciale sous peine de rater un contrat important, mais le service technique réclame, dans le même temps, un ralentissement de la production pour des opérations de maintenance. Ceci auprès des mêmes personnels, qui sont peut-être affectés initialement à d'autres fonctions.

Les facteurs relationnels et psychosociaux

Différents facteurs relationnels détériorent le climat social, comme le manque de reconnaissance, le manque de communication et de soutien des collègues et de la hiérarchie, les rivalités exacerbées, un leadership mal affirmé ou autoritariste, un management peu participatif, les mises à l'écart…

Les facteurs liés à l'environnement de l'entreprise

L'environnement macroéconomique a, bien sûr, une incidence sur le fonctionnement de l'entreprise :

– l'augmentation de la concurrence et les nouvelles donnes de la mondialisation imposent à l'entreprise fusions et réorganisations à pas forcés ;

– la santé économique de l'entreprise et les incertitudes sur ses débouchés peuvent demander une intensification du travail et de nouvelles exigences de productivité.

Des facteurs connus et identifiés sont autant de facteurs de stress possibles :

– les conditions de travail ;

– les facteurs d'ambiance ;

– l'environnement physique et technique – le bruit, les open space, les conditions matérielles inadaptées ou dangereuses, par exemple.

À cela s'ajoutent aujourd'hui certaines évolutions sociologiques. D'un point de vue professionnel, le fonctionnement en mode « connection online » permanent des outils de communication, l'individualisation du travail avec surresponsabilisation ou encore l'agressivité de la clientèle augmentent les pressions sur les personnes.

Les facteurs de stress personnel

Ces facteurs de stress professionnel s'additionnent aux facteurs plus personnels.

Exemple

L'inexistence de plans de carrière ou les incertitudes sur l'avenir, l'interface travail/famille pouvant comporter des incompatibilités au niveau des horaires professionnels avec l'agenda personnel et familial.

Les autres familles générales de stress personnel sont : les événements de vie majeurs (décès, divorce, maladie…), les différents tracas quotidiens, les tensions liées au rôle social (les femmes qui sont tout à la fois épouse, mère et manager en savent quelque chose !), ainsi que les stresseurs spécifiques à chacun.

Les différents types de contraintes

Les facteurs décrits auparavant s'appuient généralement sur des faits objectifs ; la contrainte professionnelle est davantage de l'ordre du subjectif.

EXEMPLE

Une infirmière ayant choisi de travailler en horaires décalés le vivra mieux que si cette contrainte était subitement imposée par la direction.

De plus, une même personne peut envisager une contrainte différemment dans le temps et en fonction du contexte.

Selon l'Institut national de recherche et de sécurité (INRS), les différentes contraintes perçues peuvent être : ponctuelles ou durables, subies ou choisies, uniques ou multiples, voire antagonistes. Il apparaît clairement que si les contraintes sont durables, subies, multiples et/ou antagonistes, les conséquences en seront d'autant plus lourdes.

POUR ALLER PLUS LOIN

Quels sont vos contraintes et facteurs de stress ?, p. 29

Qu'est-ce qui caractérise un métier stressant ?

Pour répondre à cette question, les chercheurs ont modélisé les facteurs de stress en relation avec la perception qu'en ont les personnes exposées. Différents modèles du stress professionnel se sont développés à partir du modèle transactionnel (voir fiche 2) pour en cerner les variables spécifiques.

Le modèle de Karasek : niveaux d'exigence et d'autonomie

L'un des modèles les plus connus décrivant les mécanismes du stress professionnel est celui de Karasek, publié en 1990. Il identifie deux dimensions en interaction :

– la demande psychologique, c'est-à-dire le niveau d'exigence dans la réalisation des tâches en termes de qualité, de quantité, de complexité, de pression temporelle... ;

– la latitude décisionnelle, c'est-à-dire le degré d'autonomie et de contrôle de la tâche.

Robert Karasek et Tores Theorell ont montré que la combinaison d'une forte demande psychologique et d'une faible latitude décisionnelle entraîne une détresse psychologique et une augmentation des risques pour la santé.

Si le niveau de pression et d'exigence professionnel est très important et que, dans le même temps, il n'y a pas de marges de manœuvre en termes de décision, d'organisation et d'exécution de ses missions, l'exposition au stress professionnel est particulièrement importante.

Le soutien social

Une troisième dimension est venue compléter ce modèle : le soutien socio-émotionnel et technique, qui a un effet modulateur. Si la hiérarchie soutient le salarié, si les collègues lui apportent une aide et de l'information dans son travail, qu'il a des personnes avec lesquelles partager ses émotions, le stress perçu sera moindre et mieux vécu.

Le modèle de Siegrist : équilibre efforts/récompenses

Ce modèle, conçu par Johannes Siegrist (1986), repose sur l'équilibre entre :

– les efforts réalisés : contraintes, responsabilités, demandes, investissement de l'individu… ;

– les récompenses attendues : rémunération, reconnaissance et contrôle sur le statut professionnel, et les perspectives de promotion et de sécurité de l'emploi.

Selon ce modèle, c'est le déséquilibre entre efforts consentis et gratifications – de toutes sortes – obtenues en retour qui génère du stress.

Quels sont les catégories de salariés et les secteurs d'activité les plus exposés ?

Le stress touche toutes les catégories de salariés, mais certaines sont plus exposées que d'autres.

Attention aux préjugés

A priori, on pourrait imaginer que les dirigeants d'entreprise, par exemple, sont les plus exposés au stress. Ce n'est pas forcément le cas, les études (comme celles du sondage TNS-Sofrès/*Le Figaro magazine* de mai 2006) confirment les mécanismes présentés : ce sont, par exemple, les cadres intermédiaires, qui doivent exécuter les instructions de la direction sous la pression, sans pour autant avoir d'autonomie sur les moyens employés, qui subissent davantage le stress.

Les salariés d'entreprises de service, les cadres et les professions libérales font partie des catégories les plus exposées.

Quand le contexte de l'entreprise favorise une pression importante, certains types de professions sont aussi exposés, comme les ouvriers et le travail à la chaîne, la vente, les techniciens, les services à la clientèle…

Les secteurs d'activité touchés

La Fondation de Dublin a recensé, en 2005, les secteurs d'activité les plus exposés suivants, au niveau européen :

– les services sanitaires et sociaux ;
– l'Administration ;
– l'éducation ;
– le secteur des banques et assurances ;
– le transport ;
– la restauration et l'hôtellerie ;
– la police.

POUR ALLER **PLUS LOIN**

Quels sont vos contraintes et facteurs de stress ?

On peut soi-même effectuer une évaluation rapide de ses facteurs de stress : en prendre conscience est le premier pas pour mieux y faire face.

1. En vous aidant des descriptions ci-dessus, identifiez par écrit, pour chacune des catégories, vos principaux stresseurs :
– liés à la tâche à accomplir ;
– liés à l'organisation du travail ;
– liés aux aspects relationnels ;
– liés à l'environnement de l'entreprise ;
– liés aux facteurs personnels.

2. Puis, pour chacun d'entre eux, attribuez-leur le niveau de contrainte qu'ils représentent pour vous ou de stress qu'ils génèrent en vous : faible, moyen ou fort.
→ **Plus nombreux sont les facteurs de stress moyen et fort, plus il est nécessaire d'optimiser vos stratégies pour y faire face !**

3. a. La demande psychologique et le niveau d'exigence des tâches que vous avez à accomplir, tels que définis plus haut, sont-ils faibles, moyens ou forts ?

b. Votre latitude décisionnelle, votre degré d'autonomie et votre contrôle sur les tâches sont-ils faibles, moyens ou forts ?
Si le niveau d'exigence est fort alors que votre degré d'autonomie est faible, attention !
→ **Que pouvez-vous faire pour influer sur la demande et les contraintes pour qu'elles soient à un niveau acceptable pour vous ?**
→ **Que pouvez-vous faire pour augmenter votre degré d'autonomie et votre sentiment de contrôle sur vos missions ?**

4. Les efforts investis et les contraintes supportées sont-ils en rapport avec les récompenses et la reconnaissance retirées ?
Soyez également vigilant à cet équilibre.
→ **Si nécessaire, que pouvez-vous faire pour équilibrer ces deux dimensions ?**

5 *Le* coût du stress

Selon l'Organisation internationale du travail, « les pays de l'Union européenne consacreraient entre 3 et 4 % de leur PIB aux problèmes de santé mentale », dans lesquels le stress joue un rôle important. Ce qui représenterait près de 60 milliards d'euros pour la France. De quel coût parle-t-on ? Quel montant sera-t-il nécessaire d'atteindre pour déclencher une véritable prévention ?

CONNECTEZ-VOUS !

– Les Echos : article sur le coût potentiel des troubles psychosociaux
– Liens vers des études et un projet pilote de l'OIT sur les accidents du travail
– Illustration des coûts du stress pour les salariés et les entreprises à travers le Pentagramme de Ginger

Se mettre d'accord sur les critères de l'« assiette » du coût

Il y a les coûts visibles et mesurables et ceux que l'on ne voit pas. Il faut savoir décrypter les chiffres et les signaux faibles comme la perte de cohésion d'une équipe.

Le stress non comptabilisé dans les maladies professionnelles

Le stress n'est pas classé – à ce jour – comme une maladie professionnelle et il n'est donc pas facilement comptabilisé dans les statistiques. Certains syndicats le revendiquent afin que la menace financière liée à son traitement, à la charge de l'entreprise, amène les employeurs à engager en amont des démarches de prévention.

Le coût de la responsabilité civile et pénale

L'article L. 4121-1 (ancien L. 230-2) du Code du travail engage la responsabilité pénale du chef d'entreprise ou de son préposé en cas d'infraction en matière de santé et de sécurité au travail, qui peut être attaqué pour faute inexcusable.

La responsabilité civile vise la réparation des préjudices subis par des victimes de maladies professionnelles. Certaines entreprises incitent leurs salariés à ne pas déclarer leurs accidents du travail pour des raisons économiques et financières.

Déjà, la jurisprudence de ces dernières années a renforcé la responsabilité professionnelle des entreprises dans des maladies professionnelles « liées au stress ». Et depuis certains arrêts de la Cour de cassation de février 2002, l'employeur peut être déclaré responsable en cas de suicide, de crise cardiaque ou de dépression qui aurait pour origine un style de management pressurisant.

Les coûts directs et indirects

Selon les professionnels de santé, le phénomène est en pleine expansion : en cause directe, le stress déclenche des maladies, ou bien les aggrave. La gestion des soins d'un diabétique, par exemple, est plus difficile quand le patient est stressé.

On distingue les coûts directs des coûts indirects :
– coûts directs : journées maladie, accidents du travail, turn-over…
– coûts indirects : perte de productivité sur le poste de travail et dans l'entreprise, perte d'image auprès des clients…

POUR ALLER PLUS LOIN
Un exemple de bonne pratique sur l'évaluation du coût des accidents du travail, p. 33

Les coûts visibles et invisibles

Certains coûts ne sont pas spontanément reliés au stress. Le manque de visibilité dans les causes du stress conduit souvent à surestimer les causes personnelles par rapport aux causes professionnelles et, parmi les causes professionnelles, à surestimer les pratiques managériales par rapport aux causes organisationnelles. Un accident de trajet ou un suicide peuvent ainsi être attribués à des raisons personnelles et non professionnelles, si l'on raisonne uniquement sur le critère « lieu de l'accident ». C'est pourquoi, jusqu'à présent, la comptabilisation des coûts liés au stress se focalisait surtout sur les coûts visibles.

EXEMPLE

Pour créer un lien de cause à effet entre le stress et les accidents de la route, plusieurs hypothèses : laquelle est juste ? Soit le salarié pense à ses dossiers, est anxieux en ne sachant pas à quel poste il va travailler le matin, se demande « ce qui va lui tomber dessus encore aujourd'hui » et cela perturbe sa vigilance. Soit il pense à sa dernière dispute avec son conjoint ou ses enfants, en partie créée du fait de son état de stress général, notamment dû à ses contraintes professionnelles de planning. Enfin, son attention peut être perturbée par des médicaments, par l'alcool, ou les deux à la fois, pris pour tenir bon malgré le stress au travail.

Le fait même que les entreprises les plus touchées par les accidents de la route ne sont pas des entreprises de transport, habituées à la prévention, est significatif de l'invisibilité du stress comme facteur d'accident. Gagner un peu de temps sur les trajets, travailler au volant comporte des risques lourds et ne peut se dissocier de la question du stress.

Le coût à court, moyen et long terme, voire intergénérationnel

La génération des enfants dont les parents ont subi des plans sociaux et la honte du chômage a remodelé son rapport au travail. Quelles seront les conséquences dans une ou deux générations de la généralisation du stress ? L'hypothèse d'un impact du stress des actifs d'aujourd'hui sur les générations futures mérite d'être soulevée.

Une illustration avec le baromètre CFE-CGC de mars 2008

Le dernier baromètre pointe clairement les conséquences du stress sur les symptômes physiques, psychiques et relationnels au travail. Pratiquement tous les curseurs sont en augmentation depuis la vague précédente d'enquêtes en novembre 2007. Là encore, ce coût caché fait partie du coût global du stress !

Exemple

Symptômes physiques (tendu, crispé, mal au dos...), psychiques (inquiétudes sur les conditions générales de la situation professionnelle, découragement, crainte de perdre son emploi...), de stress au travail (difficultés à concilier travail et vie privée, transmission du stress à ses collègues...), comportements induits (consommation de tabac, d'antidépresseurs ou d'anxiolytiques...).

La note est payée plusieurs fois

Un impact sur les déficits publics

Le coût global du stress vient alourdir les comptes publics à travers, notamment, les cotisations (et déficits, souvent) des régimes d'assurance maladie, d'accidents du travail, d'assurance chômage et la perte de produit intérieur brut (PIB).

Le coût des TMS (troubles musculo-squelettiques), pathologie au carrefour des contraintes physiques et psychosociales, a explosé depuis le début des années 1990.

Un manque d'études spécifiques sur le coût du stress

La plupart des études actuelles indiquent les conséquences, sur les individus, de facteurs très généraux, comme la dégradation des conditions de travail, mais peu encore essayent d'isoler le facteur stress des autres facteurs et de diagnostiquer les conséquences sur les équipes et les entreprises. Sachant que le facteur stress est lui-même le syndrome de plusieurs facteurs (organisation et conditions de travail, course au temps et à la performance...).

La note payée par les salariés

Les salariés souffrent des conséquences du stress à plusieurs niveaux : dans leur corps, leur cœur, leur tête, leurs liens sociaux et leurs valeurs. La note ne se paie pas qu'en valeur monétaire.

La note payée par les entreprises

Les entreprises et leurs équipes payent aussi les conséquences du stress à plusieurs niveaux : leurs ressources matérielles et humaines, leur climat social, leurs compétences collectives, leur structure et organisation, leur image extérieure, leur culture d'entreprise.

POUR ALLER **PLUS LOIN**

Un exemple de bonne pratique sur l'évaluation du coût des accidents du travail

Les méthodes de calcul des coûts du stress peuvent s'inspirer des récentes méthodes de calcul des coûts des accidents du travail. Le projet pilote de l'OIT, financé par la Finlande, sur l'évaluation des coûts économiques des accidents du travail en Russie est un bon exemple.

Une mauvaise appréciation des coûts liés aux accidents du travail

Bien que pratiquement tous sceptiques au début, les responsables sécurité participant à l'étude des coûts des accidents du travail ont vite réalisé qu'ils étaient dans l'erreur.

Le coût réel des accidents évalué grâce à la nouvelle méthodologie était quatre à cinq fois plus élevé qu'ils ne le pensaient. « Nous avions toujours pensé le coût des accidents en termes d'équipements endommagés et de frais médicaux pour les salariés blessés. Nous n'avions jamais envisagé les coûts indirects relatifs à l'arrêt de production, aux frais d'enquête, aux mesures additionnelles prises pour prévenir les accidents similaires à l'avenir, aux primes plus lourdes du Fonds d'assurance sociale. »

Les onze entreprises pilotes mettent maintenant en place le système de gestion OIT-OSH-2001 et montrent ainsi que l'approche systématique de l'OIT des questions de sécurité peut être appliquée en Russie. D'après l'un des directeurs concernés : « Nous ne sommes pas suffisamment riches pour gaspiller notre argent dans des accidents, nous devrions davantage investir dans la prévention. » Les entreprises durables ne peuvent se permettre de supporter les blessures et les maladies au travail qui, non seulement interrompent l'activité, mais peuvent aussi avoir de graves conséquences en termes d'économie et d'image.

Le parallèle possible avec les coûts du stress

Cet exemple montre que lorsque l'on prend en compte le coût global d'un accident du travail, le financement de la prévention devient alors attractif en comparaison. L'évaluation des coûts du stress gagnera à s'inspirer de la même logique, car ainsi des budgets de financement de la prévention du stress deviennent de véritables investissements et non des sources de dépenses incontrôlées.

6 *La* performance et le stress

Existe-t-il un bon et un mauvais stress ? Le stress est-il bon ou mauvais pour la performance ? Peut-on être performant sans être stressé ? Autant de questions que se pose tout professionnel confronté au stress.

Connectez-vous !
Quelques exercices de pleine conscience

Le lien entre performance et stress

Pour vivre et se développer, toute entreprise se doit aujourd'hui d'être performante. Dans quelle mesure la performance est-elle liée au stress ?

La loi du U inversé

En 1908 déjà, Robert Yerkes et John Dodson ont constaté le lien entre la performance et le degré d'activation de l'organisme, correspondant au stress physiologique.

Selon cette loi, dont la courbe est en forme de U inversé, un niveau de stress trop important ou proche de zéro n'autorise qu'un niveau de performance faible ; un certain niveau de stress est nécessaire à une performance optimale.

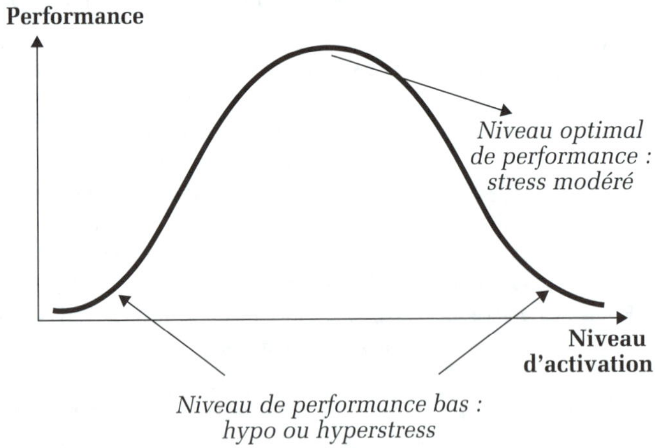

Être performant par une bonne gestion du stress

Des travaux plus récents ont précisé cette loi montrant qu'un certain niveau de stress est nécessaire. Tout dépend du type de tâches effectuées. Dans certains cas, elles nécessitent un niveau d'activation physiologique élevé, donc un certain niveau de stress ; dans d'autres, le stress doit être faible (dans les activités de haute précision, par exemple).

EXEMPLE

Juste avant un coup nécessitant un haut niveau de précision, les golfeurs de haut niveau présentent une décélération cardiaque systématique, selon Elisabeth Grébot et Marc Dovero. Alors que dans d'autres sports nécessitant une activité plus globale et rapide, les sportifs les plus performants présentent des niveaux d'anxiété plus importants.

De plus, on peut apprendre à être tonique dans son corps sans être anxieux dans sa tête : être tonique est souvent utile au travail, alors que trop de stress est contre-productif.

POUR ALLER PLUS LOIN

Le *Mindfulness*, ou la « zen attitude » en action, p. 37

Une bonne gestion du stress tient compte de la situation, des enjeux et des objectifs fixés, ainsi que de la façon dont chacun réagit au stress. Notons que la confiance en soi est un facteur de performance.

Nous sommes inégaux quant à la quantité de stress nécessaire pour être efficace : certains ne sont efficaces que dans l'urgence, d'autres s'organisent mieux dans le temps et ne supportent pas le stress de dernière minute.

Il s'agit donc d'en tenir compte dans le management du stress d'une équipe.

Le bon et le mauvais stress

Puisque le stress fait partie intégrante de la vie et qu'il a, initialement, une fonction vitale d'adaptation à l'environnement, cela signifie qu'il est bénéfique et nécessaire sous une certaine forme. Pourtant, il a une connotation négative dans le grand public, au point que certains le voient comme le mal du siècle. Dans quelle mesure est-il bon. Dans quelle mesure est-il mauvais ?

« Eustress » et « distress »

Pour le « père » du stress, Hans Selye (1956), il existe un stress positif, le « eustress », et un stress négatif, le « distress ».

Actuellement, on parle de bon stress lorsqu'il permet de faire face rapidement aux difficultés par un ajustement efficace et satisfaisant. Dans une configuration idéale, le bon stress est vécu comme une énergie constructive permettant de s'engager avec enthousiasme dans des activités choisies, sources de défi et de dépassement personnel.

EXEMPLE

On annonce une importante prime surprise sur un objectif réalisable : certes, il y a stress, mais il est ici synonyme d'une certaine euphorie et de stimulation positive.

Le mauvais stress désigne le stress chronique et pathologique, celui qui est synonyme de détresse psychologique, entraînant toutes sortes de troubles.

EXEMPLE

On apprend la fermeture d'un site industriel avec plan social, sans préciser quand, qui, ni comment : l'incertitude et les angoisses risquent de s'installer, entraînant, par exemple, des troubles du sommeil chez les personnes concernées.

Trouver le niveau le plus adapté

Pour certains, le stress est forcément mauvais : ils partent du principe que plus le stress est important, plus les conséquences fâcheuses sont nombreuses. Pour eux, il faut le maintenir au niveau le plus bas possible. Cette conception est peu réaliste ; elle est difficilement applicable au travail et à son besoin de résultats concrets.

Pour certains auteurs comme Patrick Légeron (2001), il n'existe ni bon ni mauvais stress – ce qui aurait signifié deux formes biologiques différentes–, mais une même réaction, dont le niveau est variable, niveau plus ou moins adapté à la situation et à soi. C'est l'excès ou l'insuffisance de stress qui est inadéquat, voire néfaste, la gestion du stress consistant à trouver « un équilibre satisfaisant de performance sans souffrance ».

En laissant un temps de récupération aux individus, en respectant leurs besoins et leurs aspirations, en les associant aux objectifs et aux résultats à atteindre, la nécessité de performance peut être vécue comme une source de motivation et d'accomplissement personnel, grâce à une régulation du stress adaptée.

Le *Mindfulness*, ou la « zen attitude » en action

Besoin de sérénité en milieu urbain

La « zen attitude » est une valeur qui s'affirme dans la société avec succès, révélant un besoin profond et croissant. Elle est devenue une source marketing incontournable : les « packs sérénité », illustrés par des jeunes femmes sereines en position du lotus, fleurissent sur les espaces publicitaires destinés à faire vendre des pots de yaourts, des abonnements Internet ou des services bancaires de toutes sortes. Pourtant, s'enfermer dans son bureau pour méditer longuement n'est pas bien commode.

Pleine conscience dans l'action

C'est pour concilier les apports des sagesses asiatiques comme celle de la méditation zen avec la nécessité d'action et de performance de la vie occidentale moderne qu'un nouveau courant est né. Jon Kabat-Zinn a fondé et dirige la Clinique de réduction du stress et un centre de *Mindfulness* (littéralement, thérapie de la « pleine conscience ») à l'université médicale du Massachusetts. Avec Mark Williams, John Teasdale et Zindel Segal, il a popularisé des pratiques millénaires, qui se situent à l'intersection entre psychologie cognitive et pratiques méditatives bouddhiques. Elles ont prouvé leur efficacité sur le stress et la dépression.

Le *Mindfulness* est défini comme un « état de conscience qui résulte du fait de porter son attention, intentionnellement, au moment présent, sans juger, sur l'expérience qui se déploie moment après moment », notamment dans l'action. En focalisant pleinement son attention sur ce que l'on fait et sur ses sensations, la pensée ne vagabonde plus vers la culpabilisation ou l'anticipation de conséquences fâcheuses trop hypothétiques : résultat, le mécanisme du stress ne peut plus réellement se mettre en place. Un exemple à pratiquer est proposé ultérieurement (voir fiche 39).

7 *Les* facteurs personnels de résistance et de vulnérabilité

Les approches modernes du stress mettent l'accent sur deux idées : chacun perçoit subjectivement le stress et chacun est plus ou moins résistant face à ce phénomène. Les facteurs de résistance au stress sont déterminants dans les mécanismes du stress, mais ce sont aussi des paramètres sur lesquels influer pour une meilleure régulation du stress.

Connectez-vous !

Questionnaire : « Etes-vous de type A ou B ? »

Les facteurs personnels de vulnérabilité au stress

Il n'y a pas un type de personnalité unique qui définirait l'individu stressé, mais plutôt différents facteurs personnels de résistance ou de vulnérabilité au stress, que des chercheurs comme Martin Seligman (1975) et Marilou Bruchon-Schweitzer (1994), entre autres, ont mis en lumière. Ce sont des tendances stables chez l'individu, contrairement aux stratégies d'ajustement qui sont ponctuelles.

Ces facteurs influencent la façon de considérer les événements et les comportements.

Les comportements de type A

Meyer Friedman et Ray Rosenman (1974), deux cardiologues américains, ont constaté que les personnes impatientes, ayant un comportement très compétitif et hyperactif, en lutte permanente contre le temps et l'environnement, réagissant avec agressivité aux difficultés, sont plus sensibles aux effets du stress, en particulier aux risques cardio-vasculaires et aux maladies coronariennes. Ils ont désigné ces personnalités sous le nom de « type A ».

Les personnes colériques, impulsives, ne résistant pas aux frustrations, instables émotionnellement, sont également plus vulnérables au stress. Notons que leurs comportements sont souvent une source de stress pour autrui !

Attention toutefois à l'excès inverse. Le type C, sorte d'image en négatif du type A, se caractérise par un esprit de soumission et de conciliation, la répression de l'hostilité, l'effacement des besoins personnels et la vulnérabilité dépressive. La tendance du type C à réprimer et à intérioriser les émotions augmenterait le risque de développer un cancer.

Le lieu de contrôle externe

C'est la croyance dans le fait que les événements sont dus à des facteurs extérieurs : le destin, le hasard, la chance, les autres. Les personnes « externes » ne croient pas que les événements dépendent de leurs actions, de leurs efforts ou de leurs capacités personnelles, ce qui les rend passifs et réceptifs au stress. Ce facteur est souvent lié à une faible estime de soi et de ses ressources, ce qui est également un facteur de vulnérabilité.

Exemple

Le technicien qui ne dit jamais non aux demandes clients, même les plus abusives, manquant de confiance en lui et étant fataliste, absorbe les récriminations agressives et les émotions négatives comme une éponge et finit par tomber malade.

L'« anxiété-trait »

Une anxiété passagère n'est pas pathologique, elle fait partie de la vie. Par contre, l'« anxiété-trait », en tant que trait de personnalité, est la tendance stable à percevoir les événements comme source de danger, ce qui génère inquiétude et sentiment d'insécurité. L'« anxiété-trait » rend l'individu perméable au stress.

Le « pessimisme »

Les chercheurs ont montré que les personnes ayant un style d'explication pessimiste des événements, qui se focalisent sur leurs aspects négatifs, sont nettement plus vulnérables au stress et à ses conséquences négatives pour la santé. La récurrence des émotions négatives joue également un rôle comparable : les personnes ayant une propension aux affects négatifs (tristesse, peur, honte, colère, anxiété...) sont également plus vulnérables aux troubles anxieux et aux états dépressifs.

Certaines personnes sont dans l'incapacité à éprouver du plaisir et des émotions positives dans des situations considérées comme plaisantes, notamment au travail.

L'impuissance apprise

Suite à des échecs successifs, certaines personnes développent une sorte de résignation permanente, elles perdent toute combativité. Leur crédo est : « À quoi bon ? » Cette perte du sentiment de contrôle peut mener à la dépression.

Les facteurs personnels de résistance au stress

Souvent opposés aux facteurs de vulnérabilité, certains facteurs personnels permettent de mieux résister au stress.

Les comportements de type B

Ce profil comportemental se traduit par plus de patience et de calme, par moins de rivalité, d'urgence, d'agressivité et d'hostilité. Il y a moins de risque de surinvestissement et d'épuisement professionnel. La stabilité émotionnelle permet de mieux résister au stress.

Le lieu de contrôle interne

C'est la croyance dans le fait que les événements sont dus à soi-même et que l'individu peut agir sur le cours des événements. La personne « interne » a confiance dans ses capacités d'action et de contrôle des événements, elle est active face aux événements et moins réceptive au stress. Ce facteur est en corrélation avec une bonne estime de soi et de ses capacités, qui est un facteur protecteur.

La confiance en soi

Elle facilite l'affirmation de soi dans les situations relationnelles, ce qui permet de ne pas subir le stress et favorise la proactivité.

L'auto-efficacité

C'est la croyance dans ses ressources, dans sa capacité à être efficace, à faire face aux difficultés et à atteindre ses objectifs, ce qui réduit de façon importante le niveau de stress.

L'optimisme

Un style d'explication optimiste des événements joue un rôle protecteur. Les personnes ayant ce trait de personnalité se focalisent sur le bon côté des événements; elles se sentent impliquées dans leurs réussites et ne personnalisent pas les échecs.

Les personnes ayant une facilité à ressentir des émotions positives, comme la joie et l'enthousiasme, s'engagent avec énergie et plaisir dans leurs activités professionnelles. Elles en retirent une plus grande satisfaction et sont plus résistantes aux difficultés.

Certaines personnes ont une plus grande « capacité au plaisir », y compris dans les activités professionnelles qui peuvent aussi être une source d'accomplissement personnel, comme le souligne Elisabeth Grébot (2008).

POUR ALLER PLUS LOIN
La psychologie positive, un remède à la sinistrose ambiante ?, p. 43

L'endurance

C'est la capacité à tenir bon et à résister dans la durée à l'adversité des événements.

La résilience

C'est la capacité à se reconstruire malgré les épreuves les plus intenses, à donner un sens à sa souffrance, à réussir à s'épanouir « grâce » à ses échecs.

TÉMOIGNAGE

Maurice, coach, 38 ans : « Ancien dirigeant d'entreprise ayant connu l'épuisement professionnel et une période de détresse personnelle, j'ai fini par trouver en moi et en mon entourage les ressources pour rebondir, après avoir touché le fond. J'ai repris des études, j'ai maintenant trouvé ma voie d'accomplissement personnel en devenant moi-même un professionnel de l'accompagnement pour personnes "surstressées" en entreprise. Ma faiblesse est devenue une force, c'est une sorte de sixième sens pour moi : ressentant immédiatement le vécu difficile des individus à coacher, les pistes de travail m'apparaissent intuitivement. Les aider à développer leurs compétences "anti-stress" est très gratifiant pour moi. »

Le mode de vie

Ce n'est pas une caractéristique de personnalité, mais il apparaît clairement que le mode de vie influe grandement sur la résistance au stress. Une bonne hygiène de vie renforce la santé physique et mentale et les capacités à résister aux difficultés.

Les médiateurs du stress

Ce ne sont pas les événements qui génèrent automatiquement la réaction de stress, mais la façon de les interpréter. Cette perception subjective des événements porte sur trois aspects qui modulent la réaction de stress, on parle de « médiateurs du stress » :
- la perception des stresseurs ;
- la perception du contrôle de la situation ;
- la perception du soutien social.

Les stratégies pour faire face au stress sont aussi des médiateurs du stress (voir fiche 8).

Le stress perçu

Ce sont d'abord les événements qui sont évalués de façon subjective. Pour une même situation, les événements peuvent être perçus comme menaçants par un individu, inoffensifs par un autre. Plus que l'événement lui-même, c'est avant tout l'interprétation qui en est faite qui menace le bien-être et la santé : les spécialistes parlent de « stress perçu ».

Exemple

Le manager convoque deux collaborateurs. L'un imagine le pire et perçoit une source de stress importante, l'autre s'attend à des félicitations et ne perçoit pas la même source de stress.

Le contrôle perçu

Plus que le contrôle effectif de la situation, c'est le sentiment de contrôle qui diminue le stress. Si l'individu a le sentiment de contrôler la situation et d'avoir les ressources pour faire face aux agents stressants, il y a peu ou pas de stress : on parle de « contrôle perçu ». Ce facteur est déterminant dans le processus du stress.

Exemple

Voici l'une des expériences qui a montré que c'est le sentiment de contrôle, et non le contrôle effectif, qui est déterminant. Cette expérience a été réalisée sur trois groupes de patients chez un chirurgien-dentiste : les patients du groupe A pouvaient presser un bouton demandant au praticien de réduire les actes douloureux, les patients du groupe B n'avaient pas de bouton, les patients du groupe C disposaient aussi d'un bouton mais ne savaient pas qu'il ne fonctionnait pas. Résultat : en mesurant les niveaux de stress respectifs, les patients du groupe B ressentaient un stress assez important, ceux du groupe A ressentaient un stress plus faible… Et les patients du groupe C « placebo », qui ne s'étaient pas rendu compte de la supercherie, avaient également ressenti un stress relativement faible !

Le soutien social perçu

La perception du soutien qu'apportent la direction, les collaborateurs et le réseau relationnel personnel en cas de stress est nommée « soutien social perçu ». Un bon soutien social perçu protège l'individu des conséquences néfastes du stress ou l'aide à mieux les surmonter.

EXEMPLE

Le stress subi par les membres d'une entreprise confrontée à un plan social, mais accompagné d'une aide au reclassement, d'une cellule d'accompagnement individualisé et de soutien psychologique..., sera mieux vécu.

POUR ALLER **PLUS LOIN**

La psychologie positive, un remède à la sinistrose ambiante ?

Des travaux de recherche sur l'épanouissement

Après avoir orienté ses travaux sur les troubles psychiatriques et psychologiques pour comprendre leurs causes et leurs mécanismes pendant plus d'un siècle, la recherche s'est intéressée plus récemment aux mécanismes du bonheur et de l'accomplissement personnel. Des chercheurs d'envergure comme Martin Seligman, Mihaly Csikszentmihalyi, Alfonso Caycedo ont passé près de 40 années de leur vie à mettre à jour comment mener une vie satisfaisante et s'épanouir au quotidien, même dans un environnement défavorable.

Des pistes pour remédier au stress

Ces recherches ont donné naissance à un nouveau courant en psychologie, celui de la psychologie positive. Rejoignant celui de la psychologie humaniste d'Abraham Maslow et de Carl Rogers, ces approches fournissent des pistes pour développer par soi-même ses forces de caractère et vivre pleinement sa vie, sans « gourou » ni médicaments.

EXEMPLE

Au lieu d'emmener du travail à la maison, Nadia va plus souvent à la salle de gym et prend des cours de théâtre : elle se sent mieux, elle est plus affirmée et productive la journée.

Pour mieux s'endormir, elle visualise mentalement les moments agréables de sa journée et se relaxe grâce à la méthode Schultz, plus efficace et naturelle que de légers somnifères.

8 *Les* stratégies pour faire face au stress

Les conceptions modernes du stress étudient les possibilités de faire face au stress et d'agir au lieu de le subir. Quelles sont les différentes stratégies mises en œuvre, consciemment ou pas ? Sont-elles efficaces ?

CONNECTEZ-VOUS !

Les différents mécanismes de défense

Faire face au stress : le *coping*

Le *coping*, de l'anglais « *to cope* » (faire face), est l'ensemble des processus mis en œuvre par l'individu pour maîtriser, tolérer ou réduire les exigences internes et externes dépassant ses ressources ou menaçant son bien-être physique et psychologique. Ce sont, en quelque sorte, des mécanismes de défense.

Lorsque l'individu évalue la situation comme menaçante, il a différentes façons de faire face.

POUR ALLER PLUS LOIN

Évaluez vos stratégies, p. 46

Les stratégies centrées sur le problème

Lorsque les actions portent sur les sources du stress et qu'une solution au problème est recherchée, on parle de *coping* centré sur le problème.

EXEMPLE

En entreprise, il s'agit d'intervenir sur certains facteurs organisationnels, le style de management ou l'amélioration de la communication entre les collaborateurs.

Les stratégies centrées sur le problème sont souvent celles qui sont les plus efficaces à long terme et bénéfiques pour la santé.

Les stratégies centrées sur l'émotion

Les émotions étant intimement liées à la réaction de stress, les stratégies centrées sur l'émotion visent la régulation de la détresse émotionnelle.

EXEMPLE

L'agressivité, l'évitement, la fuite (dans la nourriture, l'alcool...), le déni ou encore l'autocontrôle sont des réactions possibles de stress. La gestion des émotions et l'évolution personnelle font partie des *coping* centrés sur l'émotion.

Équilibrer les stratégies

Il n'y a pas un type de réponse stéréotypé qui conviendrait à toutes les situations. Chaque type de stratégie a ses avantages et ses inconvénients en fonction des personnes, du contexte et des possibilités de contrôle des événements. Les deux types de *coping* sont à équilibrer quand nécessaire. Quand il est possible d'intervenir sur les causes et d'agir à la source, cela est bien sûr souhaitable. Quand on ne peut changer les facteurs objectifs, gérer les émotions permet de mieux supporter la difficulté et d'attendre un changement de contexte ou la mise en place d'actions.

L'efficacité des stratégies

À la répartition classique entre *coping* orienté « émotion » ou « problème », certains parlent de *coping* évitant, passif, et de *coping* vigilant, actif.

Les travaux modernes répartissent plutôt les stratégies en fonction de leur efficacité, ce qui est tout à fait adapté à l'entreprise : les mesures sont-elles efficaces ou « dysfonctionnelles » ?

Les stratégies inadaptées

Le déni des réalités, l'évitement des problèmes, le non-dit ou l'isolement sont des réactions courantes mais inefficaces pour traiter le stress ; elles renforcent même les mécanismes en place et ses conséquences néfastes : ces stratégies sont dites « dysfonctionnelles ».

La mise à distance ou des stratégies orientées uniquement sur la gestion des émotions peuvent être nécessaires mais pas suffisantes pour gérer le stress, tout comme les incantations simplistes du type : « Il n'y a qu'à... », « Il faut qu'on... », qui ne seraient suivies ni de faits ni d'actions.

Les stratégies efficaces

La prise de conscience du stress et de ses mécanismes, l'acceptation des réalités de la crise sont une première étape nécessaire et utile ; la prise en compte du contexte et de la complexité des interactions également.

Influer sur le contexte et l'environnement, améliorer les interactions sont bien sûr des stratégies fonctionnelles, comme le sont la proactivité face aux événements, l'autocontrôle et la résolution de problèmes.

Ceci passe par l'identification des facteurs et des dynamiques génératrices de stress, la recherche d'informations et de ressources, l'analyse et la recherche de processus alternatifs et de solutions concrètes.

Un autre axe concerne le soutien social : le partage des émotions, la recherche d'assistance, de soutien et de ressources utiles sont des stratégies adaptées.

POUR ALLER PLUS LOIN

Évaluez vos stratégies

Contrairement à certains facteurs relativement stables (personnalité, type de profession...), le *coping* désigne des stratégies ponctuelles ou évolutives : on peut donc en changer.

C'est en prenant conscience de sa façon habituelle de réagir que l'on peut envisager des stratégies plus adaptées. Il est utile de recenser vos réactions en situations stressantes.

1. Dans les situations courantes qui vous stressent le plus au travail, comment réagissez-vous ?
Que faites-vous concrètement ?
Vos réactions tendent-elles à gérer plutôt l'émotion ou le problème ?
À votre avis, sont-elles efficaces ou inefficaces ?

→

2. Quels types de stratégies est-il souhaitable d'adopter ?
Quelles stratégies centrées sur le problème est-il souhaitable d'adopter ?
Quelles stratégies centrées sur l'émotion sont à mettre en œuvre ?
Quels sont les moyens à votre disposition pour les mettre en œuvre ?
Comment pouvez-vous faire pour mettre en place ce type de stratégie dans les situations auxquelles vous êtes confronté ?
Quel est le premier acte à poser pour enclencher le processus ?

9 *Les* besoins fondamentaux à surveiller

Au départ décrite par Abraham Maslow (dans une pyramide à cinq niveaux), la notion de besoins fondamentaux se retrouve dans l'approche de la psychologie humaniste. Comment le stress met-il en danger ces besoins ? Comment l'impossibilité de satisfaire ces besoins crée-t-elle du stress ?

CONNECTEZ-VOUS !

Recul sur l'influence sociale de nos besoins

Les douze besoins fondamentaux

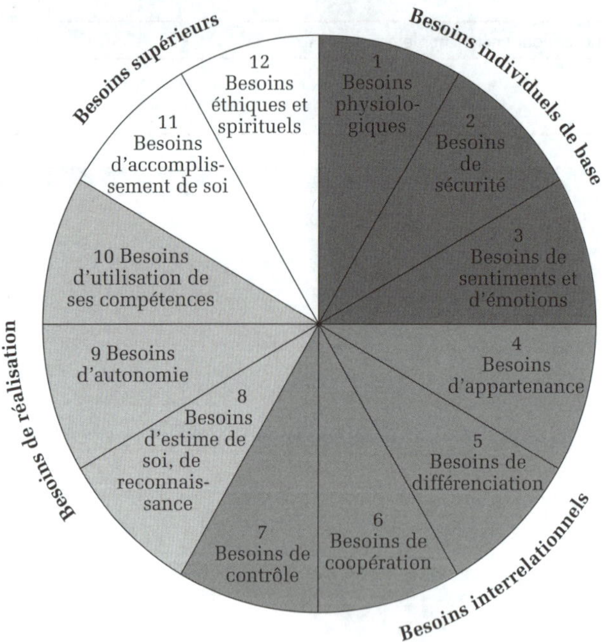

© Anne-Carole Delhommeau

Ces besoins sont présentés sous forme de roue afin de montrer que, tout au long de la vie, « la roue tourne » et que les priorités évoluent. L'ordre de leur présentation suit une logique de cycle de temps, mais n'est pas systématique et dépend des individus et des situations.

EXEMPLE

S'il est plus logique d'avoir à satisfaire d'abord son besoin de sécurité avant de satisfaire un besoin d'utilisation de ses compétences, le stress subi par un salarié qui a l'impression de « régresser » dans ses compétences va parfois le pousser à démissionner et mettre en danger sa sécurité matérielle.

Ces besoins fondamentaux sont au nombre de douze, la description de chaque besoin facilitant l'identification de leur degré de satisfaction.

Les conditions préalables à la réalisation des besoins

Un cadre propice

Dans la prolongation de la théorie d'Abraham Maslow, un cadre préalable est nécessaire pour permettre la réalisation de ces besoins. Voici les critères que chacun peut actuellement veiller à mettre en place et respecter pour favoriser le bien-être au travail :
– un cadre de travail bienveillant autorisant la liberté d'expression, la recherche d'informations, la liberté d'opinion, d'action, d'initiative ;
– des règles de fonctionnement claires et accessibles, permettant des évaluations justes, équitables, honnêtes, modélisées par l'exemplarité de tous ;
– des possibilités de régulation de ses règles en fonction des situations, intégrant le principe d'alerte et de défense en cas d'incident.

Sans la satisfaction des conditions préalables, celle des besoins est, sinon impossible, du moins rendue plus difficile et demande alors des stratégies d'adaptation plus massives. Cet effort crée en soi du stress et ne peut être prolongé trop longtemps sans conséquence.

Selon le sondage CFE-CGC de mars 2008, 28 % des cadres déclarent avoir à effectuer des actions qui ne correspondent pas à leur éthique. Christophe Dejours, psychiatre, psychanalyste, parle de « souffrance éthique », en rapport avec la collaboration ou le consentement à des actes que l'on réprouve.

L'identité privée et professionnelle est en connexion, et même si le salarié endosse un uniforme pour aller travailler, son corps, ses émotions enregistrent tout et le talonnent, lui demandent des comptes, le réveillent la nuit.

Croire en une satisfaction possible de ces douze besoins fondamentaux dans le contexte actuel des entreprises est-il une utopie ?

POUR ALLER PLUS LOIN
L'utopie ou le projet réaliste du bien-être au travail, p. 55

Chacun a le droit de satisfaire et de faire respecter ses besoins légitimes, ainsi que le devoir de respecter les besoins légitimes des autres, voire de contribuer à leurs conditions de satisfaction.

Le seuil minimal incompressible

Pour ne pas tomber dans une frustration permanente en cas d'impossibilité de réaliser ses besoins, il est nécessaire d'être attentif à l'évolution de son « seuil minimal incompressible » et d'en tester en permanence le degré de réalisme par rapport à l'environnement. Est-ce raisonnable et possible de satisfaire ses besoins ?

Savoir évaluer le juste niveau de ses besoins permet aussi de ne pas se mettre une « trop grosse pression » pour satisfaire des besoins « tyranniques ou superficiels ».

Chacun peut prendre du recul et ajuster ses besoins en fonction de ses désirs propres, en prenant de la distance avec les servitudes de classe d'appartenance et de référence, de normes héritées ou inventées.

EXEMPLE

Des phénomènes de mode font peser des exigences décalées de besoins et entretiennent les frustrations : appartenir à une certaine catégorie de population exige de certains qu'ils se conforment à un modèle de consommation, qui passe par l'habitat, l'habillement, les loisirs, les vacances. Attention au diktat de la mode et aux « faux besoins » inventés par la publicité.

Besoins et stress fonctionnent en boucle

Le stress met en danger sa capacité à respecter ses besoins fondamentaux. À l'inverse, un besoin non satisfait engendre du stress, soit brutalement, soit sur la durée.

Les besoins individuels de base

Les besoins physiologiques

Un stress fort peut provoquer ou aggraver maladies et accidents, jusqu'au suicide.

À l'inverse, de mauvaises conditions de travail peuvent nuire aux besoins physiologiques (comme respirer, se nourrir), en créant un stress pour l'individu.

EXEMPLE

Difficulté à prendre des pauses, à s'alimenter et se déshydrater; exposition à la chaleur ou au froid; gêne de la respiration par une atmosphère trop chargée en particules; maladie de peau due à des produits toxiques.

Le bien-être au travail commence par le respect pour chacun de ses besoins physiologiques.

Les besoins de sécurité

Si un stress fort peut faire prendre des risques à un individu en matière de sécurité, comme une démission qui compromet les revenus financiers, le stress est aussi activé par un manque de sécurité, réel ou imaginaire.

La stabilité de l'emploi considérablement réduite, un marché du travail qui devient de plus en plus exigeant, la difficulté à se loger alors qu'on touche un salaire, tous ces critères atteignent de plein fouet les besoins de sécurité.

Les changements permanents, les recompositions d'équipe ont aussi un impact sur le sentiment de sécurité.

Un salarié fragilisé une fois sur ce besoin sera, dès lors, plus méfiant au cours des expériences professionnelles suivantes et portera les stigmates du passé s'il ne prend pas de recul pour élaborer ses souvenirs et s'en libérer.

EXEMPLE

Concernant plus particulièrement les jeunes salariés, le besoin de sécurité peut être fort, en lien avec leur angoisse d'abandon, accentuée par les recompositions familiales ou, au contraire, assez faible car l'apprentissage de la précarité dès leurs débuts dans la vie active leur donne une adaptation supérieure à celle de leurs aînés. Les deux propositions ne s'excluent pas l'une l'autre.

Les besoins de sentiments et d'émotions

Un individu sous stress fort risque de se couper de ses émotions, de ses sentiments, il risque de ne plus oser affirmer et faire respecter ses besoins.

À l'inverse, ne pas pouvoir vivre, ressentir, exprimer ses sentiments au travail et être entendu dans ce besoin est source de stress.

EXEMPLE

Sentiments positifs au travail : enthousiasme, décontraction, être en bonne forme, confiance en soi, sentiment de sa valeur, sentiment de gratitude...

Sentiments négatifs au travail : humiliation, déclassement, dévalorisation, infériorité, faiblesse, impuissance, jalousie, culpabilité, se sentir contestataire, craintif, timide, abattu...

Toutes les émotions fondamentales (peur, colère, tristesse, joie) ainsi que leurs variations sont utiles. Oser dire, entendre et faire entendre la vulnérabilité ou la souffrance au travail n'est possible que dans une relation de confiance et un cadre bienveillant.

Les besoins interrelationnels (à deux ou en groupe)

Les besoins d'appartenance

Un individu sous stress compromet sa participation durable à une équipe et risque de mal s'intégrer.

À l'inverse, l'absence d'équipe, le stress dans l'équipe, le rejet par le groupe et le refus de son droit à des appartenances plurielles sont facteurs de stress individuel.

EXEMPLE

Les politiques d'externalisation, la généralisation de la sous-traitance, les entreprises globales en réseau rendent plus difficile la réalisation du besoin d'appartenance.

Or, les besoins d'inclusion et d'appartenance permettent les liens sociaux, la reconnaissance de signes distinctifs fondant la culture d'un groupe. Ils se jouent à la fois sur le plan d'une équipe et sur le plan de l'entreprise elle-même.

Les besoins de différenciation

Le stress peut exacerber les revendications à la différenciation et compliquer le travail en équipe ou la capacité d'intégration à la culture de l'entreprise.

À l'opposé, l'imposition de cultures hégémoniques, le sentiment d'être un numéro et de ne pas être pris en compte comme personne unique créent du stress.

EXEMPLE

Les grands cabinets d'audit et de conseil étaient réputés, jusqu'à présent, pour exiger de leurs jeunes recrues un respect strict des normes internes de fonctionnement, en échange de perspectives d'évolution de carrière.

Or, les salariés ont aussi besoin de différenciation en sus du besoin d'appartenance. Cela passe par la reconnaissance et l'acceptation des différences de chacun, afin de dépasser les oppositions et de créer des complémentarités dans la diversité.

Les besoins de coopération

Un stress fort ou prolongé peut empêcher la coopération avec les autres à travers un repli sur soi de défense.

Au contraire, le soutien social est un des facteurs référencés pour augmenter sa résistance au stress.

Les besoins de travail en commun, de mixage de compétences, d'entraide et de solidarité permettent, quand ils sont comblés, de faire face aux difficultés dans le travail.

Les besoins de contrôle

Alors que l'exercice du pouvoir et de l'influence est légitime, le stress risque de rigidifier son exercice et de faire basculer l'individu vers de l'autoritarisme et une mise sous contrôle systématique.

À l'inverse, une des variables centrales de régulation du stress est le contrôle que l'on peut exercer sur son activité.

Les besoins d'influence et de contrôle sont en équilibre permanent avec les besoins de coopération. Leur niveau de satisfaction a un impact direct sur son degré de stress.

Les besoins de réalisation

Les besoins d'estime de soi, de reconnaissance

Un individu sous stress fort ou prolongé peut rentrer dans une spirale de dévalorisation, de désintérêt de soi ou de recherche frénétique de reconnaissance.

À l'inverse, les évaluations irrationnelles, les jugements injustes ou fluctuants de la part de l'environnement entraînent du désengagement et du stress.

L'impression d'avoir une valeur élevée et stable, celle d'être reconnu dans ses compétences, ses performances et ses qualités réelles, celle aussi de s'accorder respect et estime et d'en recevoir de même de la part des autres sont des besoins fondamentaux.

Les individus construisent leur identité et trouvent leur place en grande partie grâce à leurs interactions avec les autres, cette évaluation permanente les rassurant sur leur valeur intrinsèque et sur leur utilité dans le monde du travail.

Les besoins d'autonomie

Le stress et la peur associés vont considérablement freiner la recherche d'autonomie, par mécanisme de passivité, ou, au contraire, l'exacerber.

À l'inverse, le manque d'autonomie, mentionné dans le modèle de Karasek (voir fiche 4), est régulièrement cité comme une source de stress.

Avoir une marge de manœuvre, la liberté de prendre des décisions sur son travail, d'apporter une valeur ajoutée, travailler sereinement grâce à la confiance et la délégation de ses interlocuteurs sont des besoins croissants, notamment parmi les nouvelles générations à qui on a demandé d'être autonomes au cours de leurs études.

Les besoins d'utilisation de ses compétences

Un stress fort ou prolongé peut inhiber les capacités intellectuelles d'un individu et l'empêcher d'avoir pleinement recours à ses compétences.

À l'inverse, la difficulté prolongée à utiliser ses capacités cognitives peut faire naître des sentiments de gâchis, de régression, d'incompétence, de « stupidité » constitutifs, à la longue, de stress.

Chacun a besoin d'utiliser et de développer selon son rythme ses capacités intellectuelles (observation, analyse, imaginaire, créativité, prise de décision, mise en œuvre de projets et d'actions...) et de faire appel à ses compétences et savoir-faire. La confiance en ses capacités permet à un individu de résoudre des problèmes en limitant le stress associé.

Les besoins supérieurs

Les besoins d'accomplissement de soi

La peur générée par le stress empêche de libérer sa créativité pour se développer, s'épanouir et maintient l'individu passivement dans une situation insatisfaisante mais connue.

À l'inverse, l'impossibilité de se réaliser peut, à la longue, faire apparaître un stress d'autant plus pernicieux qu'il est difficile pour l'individu de percevoir et de reconnaître cette source invisible de stress.

Chaque individu – même ceux qui n'exercent pas de profession dite « créative » (artistes, chercheurs, publicitaires...) – ressent le besoin de développement de son potentiel, de sa créativité personnelle, afin de réaliser le meilleur de lui-même dans une « mission », taillée sur mesure d'après son parcours.

La satisfaction de ce besoin facilite la capacité à planter ses repères et à bien évaluer les choses, à communiquer, à s'aider et à aider les autres, à faire face aux échecs et au stress.

Les besoins éthiques et spirituels

La souffrance morale crée du stress, tandis que le stress peut induire des comportements peu éthiques, faire affirmer des croyances contraignantes et non des valeurs.

Des valeurs dominantes dans le discours managérial actuel, comme la responsabilisation, l'autonomie, l'initiative, parfaitement recevables en soi, peuvent conduire à des croyances contraignantes justifiant des actions à la limite de l'éthique ou favoriser des dérives comme un management par « laisser-faire » proche du désengagement.

Tout individu a besoin d'évoluer dans un environnement respectant ses valeurs fondamentales. Chacun développe, à sa manière, son besoin de spiritualité, d'esthétique, d'éthique, d'universel. La satisfaction de ces besoins est, entre autres, un bon rempart contre le stress.

POUR ALLER PLUS LOIN

L'utopie ou le projet réaliste du bien-être au travail

D'après Abraham Maslow, lorsqu'un individu est dominé par un besoin donné, toute sa philosophie de l'avenir s'en trouve modifiée.

EXEMPLE

Pour un homme chroniquement affamé, l'utopie se définit très simplement comme un lieu regorgeant de nourriture.

Comme les salariés semblent manquer assez couramment aujourd'hui de reconnaissance et de prise en compte de leurs besoins de bien-être au travail, cela pousse la société entière à l'utopie d'un monde du travail rempli de « bienheureux reconnus ».

Le seul fait que cette aspiration soit perceptible actuellement est, selon la démonstration d'Abraham Maslow, un indice que ce besoin profond est insatisfait.

L'empathie pour les besoins insatisfaits est déjà une manière de les prendre en compte, ce qui réduit le stress. Cette prise de conscience peut permettre de bâtir une démarche globale de prévention du stress, une réponse concrète à ce besoin.

Construire des projets concrets et réalistes dans la direction du bien-être au travail permet donc d'éviter les critiques faciles d'utopie.

10 *Le* changement permanent

Le mot « changement », qui, par définition, peut concerner des améliorations comme des détériorations, est brandi à tout va comme un épouvantail responsable de tous les maux. Comment les effets négatifs du changement en arrivent parfois à prendre le pas sur ses bénéfices ?

CONNECTEZ-VOUS !
Les étapes du deuil après un changement

Toujours plus de changements

L'accélération des changements et le besoin de repères

Les changements résultent d'un effet d'entraînement en cascade liés à l'interdépendance croissante de tous les secteurs de l'économie à l'échelle mondiale, à la nécessité d'atteindre une taille critique, de diminuer les coûts, d'introduire des innovations technologiques et organisationnelles… Les changements sont inéluctables et de plus en plus imprévisibles. Or, la réaction au stress est justement une réaction d'adaptation aux changements.

EXEMPLE

Les décisions stratégiques des entreprises reposent sur une multitude de paramètres parfaitement instables, comme le coût des matières premières, les risques géopolitiques d'une région du globe, l'évolution climatique, les stratégies des concurrents…

Les entreprises et les salariés ont donc besoin de s'accoutumer au changement, quelle que soit leur façon de l'envisager.

La dose d'imprévisibilité est souvent perçue comme trop forte par rapport aux capacités individuelles et collectives. Le manque de repères cadrant ces changements n'inspire pas suffisamment confiance pour piloter son action au milieu des incertitudes. L'entreprise doit réfléchir et se donner les moyens de remettre une organisation au milieu du changement.

***POUR ALLER* PLUS LOIN**
Zoom sur l'étude ANACT-TNS-Sofrès de 2007, p. 63

Les changements subis et les changements choisis

C'est une question de point de vue : le changement n'est pas vécu de la même façon par les dirigeants – qui ont mûri une vision à long terme et ont choisi le changement pour ses avantages – et par les managers et les personnels chargés d'exécuter les décisions – focalisés sur les désavantages qu'ils vont subir, ce qu'ils pensent qu'ils vont perdre.

Le changement peut s'envisager comme une opportunité plutôt que comme une menace. Une entreprise qui anticipe les évolutions de son marché favorise la création d'opportunités de développement.

EXEMPLE

Acquérir une entreprise ou subir une offre publique d'achat (OPA) n'engendre pas le même rapport au changement. Obtenir une promotion ou changer d'entreprise volontairement ne renvoie pas à la même expérience du changement que celle vécue par un salarié licencié ou muté d'office.

Le rapport au changement dépend aussi de la culture.

EXEMPLE

La philosophie bouddhiste considère que « tout évolue en permanence, donc que tout est impermanence, tout est changement ». Le changement y est synonyme de vie, de renouvellement, de liberté et de choix par rapport au passé.

Les changements liés aux différents types de fusion-acquisition

S'il est indéniable qu'une fusion provoque du stress, l'appellation générique de « fusion-acquisition » cache des réalités diverses :

- fusion « pure » : deux entreprises A et B peuvent devenir une entreprise C ;
- fusion-absorption : A disparaît en étant absorbée par B ;
- scission : A se sépare en deux entités B et C ;
- cession partielle des actifs entre deux entités : A revend à B une de ses branches et B fait de même avec A.

Ces différents types de fusion engendrent différentes formes de stress : perte de repères, inquiétudes pour son poste, perte de pouvoir vis-à-vis des acheteurs…

Au-delà du type de fusion, d'autres variables contextuelles viennent majorer ou minorer les effets de stress, comme l'appartenance à un même secteur d'activité ou à des secteurs différents.

Une superposition de changements

L'origine des changements est multiple et exige des adaptations de plusieurs types à la fois : une évolution du cadre juridique national ou international, des innovations technologiques, des évolutions de contour et d'identité de métier, un changement informatique, des modifications d'horaires, de statut, de rémunération…

Cette superposition est source de confusion dans l'esprit des salariés et l'insuffisance de communication descendante, de dialogues et d'échanges peut prêter à des sentiments paranoïaques.

Exemple

Des salariés suspectent leur direction de maquiller des changements non nécessaires en termes de statuts et de rémunérations sous couvert de fusion.

Les différentes natures de changement

Vus sous l'angle du stress, ce ne sont pas forcément les changements radicaux qui sont les plus nocifs, car ils ouvrent de nouvelles perspectives. Ce sont plutôt l'accumulation de changements de même nature qui provoquent une usure et un stress.

Exemple

C'est paradoxal, mais souvent visible dans les fusions : au départ, chacun tremble pour sa situation personnelle, puis commence à espérer en un changement profond de l'organisation qui balaierait les problèmes quotidiens auxquels il est confronté et qui le stressent. Finalement, une fois les décisions prises suite aux fusions, les salariés sont parfois déçus du manque de courage et d'envergure des changements.

Les faux « microchangements »

Un salarié arrive le matin sans savoir sur quel poste de travail il va être affecté, avec quelle équipe ou sur quel emploi du temps : tous ces « microchangements » ont l'air anodin en comparaison d'une délocalisation. Mais ils affectent la personne, ses conditions et relations de travail au quotidien et ils entretiennent l'impression d'impuissance, d'être à la disposition des autres.

Les réactions aux changements

Les conséquences « normales » et excessives

Le changement n'est pas mauvais en soi. Au contraire, le changement, c'est la vie, et les entreprises en ont absolument besoin. Le vrai problème est la façon dont le changement est mené. Certains changements se passent très bien, apportent des améliorations ou limitent considérablement la « casse ». D'autres sont menés en dépit du bon sens et au mépris de ceux qui sont concernés au premier chef. C'est dans ces cas-là que le stress est aggravé, avec un sentiment de gâchis qui s'ajoute aux inquiétudes normales, voire saines, liées au changement.

EXEMPLE

Un déménagement d'entreprise est source d'incertitude (que va devenir mon poste ? Quel sera l'environnement ? Où seront installés mes collègues ?) Il devient une source de stress plus sérieuse lorsque, après avoir annoncé le déménagement, le silence règne sans préciser où l'entreprise va s'installer, ce qui pousse certains salariés à anticiper et à démissionner par crainte du pire.

Les fausses résistances au changement

Les méthodes de conduite du changement apprennent à détecter les poches de résistance, à les encercler pour les faire se rallier ou disparaître, en faisant référence aux stratégies militaires. Bien souvent, l'aspect humain est négligé, alors que les résistants au changement représentent au contraire des réserves formidables de potentiel d'amélioration, à condition de savoir créer le lien avec eux.

TÉMOIGNAGE

Christophe, consultant en organisation : « Lors des ateliers d'accompagnement au changement, quand on donne la parole aux gens, ce sont souvent les plus résistants qui, une fois qu'ils comprennent que l'on va tenir compte de leur avis pour modifier les méthodes de travail, sont les plus contributifs et créatifs. »

Ceux qui souffrent le plus du changement ne sont pas forcément les moins souples mais, paradoxalement, les plus impliqués : ils sont émotionnellement attachés à leur travail et on leur demande du jour au lendemain de faire table rase, comme si les méthodes d'hier n'avaient pas de valeur… au lieu de respecter l'expérience dont ils sont porteurs et qui peut encore être utile.

Le risque de harcèlement et de souffrance au travail

Tout changement est porteur de risques supplémentaires de souffrance au travail et de harcèlement. Cela demande ainsi une stratégie de prévention et de suivi.

Un changement ou même seulement une crainte de changement peut faire éclater les solidarités et générer un stress sérieux.

Exemple

Une délocalisation géographique, des rumeurs inquiétantes, un plan social avec les tactiques individuelles pour éviter le licenciement, une entreprise en réorganisation, dont les périmètres de service évoluent, dont les managers changent sans forcément bénéficier de périodes de « passation d'informations » entre anciens et nouveaux.

Les peurs, notamment sur l'emploi

Les peurs sont individuelles, collectives et s'auto-entretiennent : peur de perdre son travail, sa rémunération et son statut, peur d'être muté avec un éloignement géographique incompatible avec sa vie personnelle ou sur un poste présentant peu de synergies avec ses compétences et ses motivations, peur de quitter ses collègues, de ne pas parvenir à apprendre de nouveaux savoir-faire…, peur d'être le jouet de rivalités ou de vengeances, d'être trompé…

Parfois, la seule menace de changement suffit à récolter une soumission par la peur.

Les appartenances modifiées

Dans certaines situations brutales – telles les fusions où l'acheteur se comporte comme le colonisateur des siècles précédents et impose sa culture et ses méthodes –, les salariés de l'entreprise qui rachète doivent travailler très vite pour sortir des innovations avant leurs homologues de l'entreprise rachetée. Ils pourront alors imposer leur légitimité à diriger tous les projets.

Toute envie d'accueillir l'autre, de voir cette diversité comme une opportunité est écartée soigneusement par peur de perdre sa place.

Les tenants d'anciennes cultures et méthodes de travail se sentent comme des indiens « encerclés » par ces nouveaux cow-boys et ne peuvent pas seulement compter sur leurs compétences, car l'essentiel se joue parfois ailleurs, dans les réseaux d'influence.

Les hypothèses des troubles liés au changement

La métaphore guerrière du changement

La référence à la « guerre économique » entraîne une contamination du langage.

Exemple

« Groupe d'intervention », « mobilisation des troupes », « lutte » de chaque instant, « attaquer de front » et « écraser » la concurrence.

Ce langage induit une pression réelle mais exagérée. Les risques sont peut-être « mortels » pour une entreprise si elle échoue, mais ne le sont théoriquement pas pour les salariés ! Cette « réquisition » bouscule la notion d'engagement volontaire des individus et pourrait pervertir leurs relations au travail et à leur employeur.

Le changement est présenté comme une nécessité absolue et les intérêts individuels des salariés ne sont pas toujours bien pris en compte.

Des enjeux financiers gigantesques

Tout retard dans la mise en place d'un système informatique d'une entreprise peut avoir des répercussions organisationnelles, humaines et financières énormes. C'est pourquoi les « deadlines » sont maintenues coûte que coûte, exigeant des projets à marche forcée.

Le manque d'accompagnement et de suivi

Les coûts techniques du changement sont peut-être souvent sous-estimés, de mauvaises surprises pouvant émerger au fur et à mesure des projets, mais le plus flagrant est la faible budgétisation des accompagnements sur le plan humain.

Seules les formations incontournables à la nouvelle technique sont prévues. Il s'agit donc de ne pas minorer les coûts directs et indirects du changement.

EXEMPLE

Intégrer en grande pompe des « hauts potentiels » venant d'un autre secteur d'activité afin de « tirer la culture managériale vers le haut » semble *a priori* une bonne idée. Le faire sans prévoir les accompagnements nécessaires aux transferts croisés d'apprentissages crée des rivalités liées aux différences de rémunération, de statut, aux différences culturelles, aux écarts de génération.

Parfois aussi, les besoins quotidiens, psychologiques et affectifs des acteurs « terrain » pour effectuer correctement leur travail ne sont pas suffisamment pris en compte. Ils ne sont pas souvent intégrés dans les groupes de travail et ne peuvent alors participer au changement de manière constructive, ce qui est une source de frustration supplémentaire.

Le manque d'anticipation des conséquences du changement

Anticiper les conséquences secondaires du changement permet d'éviter des souffrances au travail. Si tout ne peut pas s'anticiper, des systèmes d'alerte avec premier niveau de réponse rapide puis enclenchement d'actions correctives sont à mettre en place pour éviter ou atténuer ces souffrances.

TÉMOIGNAGE

Martine Arakilian, adjointe au directeur du département des relations sociales et conditions de travail à l'ANPE : « Les agents suivent individuellement un portefeuille de demandeurs d'emploi afin d'effectuer un meilleur suivi et de maximiser les chances de résultat. Devant les avantages évidents de ce changement, les conséquences secondaires ont pu parfois se manifester sans qu'elles aient toutes été anticipées. Certains demandeurs d'emploi sont en effet plus difficiles que d'autres à accompagner. Créer la relation est difficile, construire l'alliance, la confiance : cela s'apprend. On n'est plus seulement un interviewer, on devient un facilitateur, un motivateur, cela change de métier. La capacité à supporter la souffrance du demandeur d'emploi dans la durée est à prendre en compte et à développer. Enfin, il arrive que des agents vivent une remise en cause personnelle et professionnelle en cas d'échec avec des demandeurs d'emploi, et ces situations nécessitent un accompagnement en interne pour favoriser la compréhension des phénomènes et aider à trouver le juste positionnement. »

Le manque de reconnaissance des efforts

Après l'effort, le réconfort ? Célébrer les succès, remercier au moins symboliquement les efforts fournis pour passer le cap du changement font non seulement partie de la notion de respect, mais participent, en plus de la motivation, aux futurs changements. Pourtant, le manque de reconnaissance fréquent désolidarise les salariés de leur entreprise.

Zoom sur l'étude ANACT-TNS-Sofrès 2007 « Les salariés face aux nouvelles exigences du travail contemporain »

Une capacité d'adaptation indéniable

Les chiffres de l'étude démontrent une réelle capacité des salariés à s'adapter : 88 % d'entre eux déclarent faire face aux changements. Toutefois, le besoin d'appui est certain : 64 % des sondés se font aider par leurs collègues, 53 % passent par de la formation professionnelle et 49 %, surtout les plus jeunes, sollicitent leur hiérarchie.

Le changement ne se fait pas sans conséquences, puisque 49 % d'entre eux se disent stressés, 44 % pensent que ces changements ont des impacts sur leur vie privée et 36 % sur leur santé.

Par ailleurs, 51 % des quinquas pensent que leur marge de manœuvre ne progresse plus à travers les changements qui misent plus sur les jeunes collaborateurs.

Les grandes PME et les petits groupes en ligne de mire

L'alerte est donnée au sujet de la classe d'entreprises intermédiaires pour laquelle les perceptions sont moins positives : les « grandes PME » et les « petits groupes » entre 200 et 1 000 salariés. Leur organisation paraît plus difficile à optimiser quand elles ne bénéficient plus de la proximité managériale des plus petites structures, ni des process des plus grandes.

L'idée acceptée du changement inéluctable

L'étude confirme que même si une part importante des salariés n'est pas convaincue de la pertinence des changements en cours et à venir dans leurs organisations, tous conviennent que la meilleure tactique est de s'engager pour la réussite des changements. Les salariés ont accepté que le changement soit indispensable à la survie de l'entreprise.

Avec un accompagnement humain indispensable

C'est l'accompagnement au changement mis en place par l'entreprise qui paraît déterminant dans le degré d'acceptation des changements et, davantage encore, dans l'adhésion au changement par les salariés. Cela passe par une consultation entre collègues, collaborateurs et managers au sujet de l'organisation du travail, par la clarification des responsabilités et des objectifs, ainsi que par les formations et l'accompagnement des managers, notamment en termes de communication.

L'étude démontre qu'il est illusoire d'appliquer un « modèle clés en main » dans une organisation sans une intense réflexion sur ses modalités d'adaptation et, surtout, sans les moyens d'accompagnement.

11 *La* structure des organisations

Quand les organisations d'entreprises évoluent, elles ne sont pas toujours accompagnées d'évolution des cultures managériales. Or, ce sont les hommes qui incarnent et font vivre les organisations. Elles ont beaucoup à gagner à anticiper les risques et les effets internes en termes de stress.

Connectez-vous !

Témoignage sur le double reporting

À chaque structure, son type de stress

Plusieurs modèles d'organisation d'entreprise coexistent aujourd'hui, chaque modèle ayant ses avantages mais engendrant aussi des formes de stress différentes.

La cohérence de la culture managériale, la présence d'accompagnements permettant les nécessaires « ajustements humains » servent de régulateur ou d'amplificateur, selon les cas.

Si un type d'organisation est pertinent à un moment de la vie de l'entreprise et de son marché, il a besoin d'évoluer sous peine de menace de sclérose et de disparition.

La structure fonctionnelle pyramidale

L'entreprise est ici découpée en grandes fonctions (production, marketing, finance…). La croissance de l'entreprise peut conduire à une surabondance de règles appelant de nombreux contrôles, qui peuvent provoquer, à leur tour, la déresponsabilisation des salariés avec le risque en corollaire du renforcement suppplémentaire des règles.

Exemple

Selon le rapport de recherche n° 25 du Centre d'études pour l'emploi en novembre 2005, « Transformations de l'intermédiation hiérarchique », la hiérarchie bureaucratique favorise le rapport dominants/dominés et « infantilise » les salariés.

Remplacer la contrainte par la coopération et, plus généralement, par les relations de confiance permettrait de mettre l'implication personnelle et l'initiative des salariés au cœur des processus de production.

La structure en *Business Units* (BU)

L'entreprise se répartit entre plusieurs branches ou divisions, ayant chacune leur autonomie mais tout en étant rattachée au siège, qui décide toujours des grandes orientations stratégiques.

Plusieurs BU, vigilantes chacune sur leur budget, interviennent sur une même partie d'un dossier client. Les sources de conflit risquent alors de se multiplier.

EXEMPLE

Le jour où le client a besoin d'un service après-vente, chacun se renvoie la balle pour ne pas affecter de salariés à cette tâche sur leur propre budget.

Plus une BU est autonome, plus elle peut facilement être revendue. Cela augmente le stress de l'incertitude de l'emploi pour les salariés.

POUR ALLER PLUS LOIN

Le décalage entre les logiques de « valeur pour l'actionnaire » et de « juste valeur », p. 71

La structure horizontale en mode projet

Elle vient en général se superposer à une des deux structures cités précédemment. Dans certains secteurs fortement concernés par des innovations technologiques, l'entreprise est structurée en portefeuille de projets (comme dans l'automobile, par exemple).

Le projet rassemble des personnes de compétences différentes pour une durée limitée dans le temps. Leurs cultures sont différentes, ainsi que leurs enjeux, ce qui multiplie les risques de conflit.

Par ailleurs, la compétition entre les projets installe un esprit de concurrence entre les équipes qui peut nuire à l'esprit de solidarité. Les échéances de projet induisent aussi souvent des rythmes de travail accélérés.

Les structures matricielles

Une organisation matricielle propose deux types de rattachement à un manager : un rattachement hiérarchique géographique (exemple : filiale en Inde) ou d'activité (exemple : un type de produit industriel) ou par projet (exemple : projet voiture A ou B), croisé avec un rattachement fonctionnel au siège (exemple : département « Finance »).

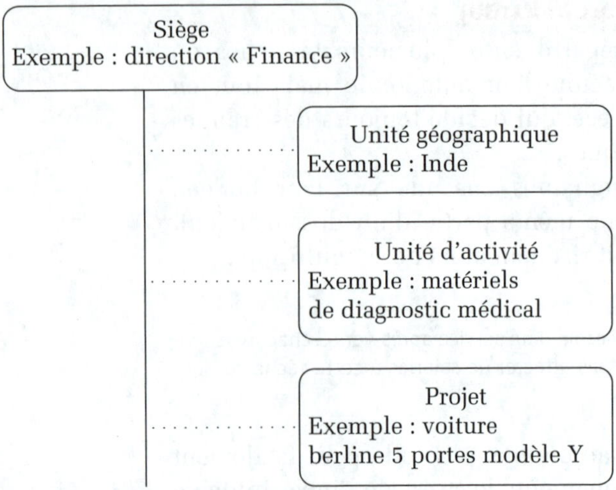

Les priorités de chacun doivent être évaluées et arbitrées en permanence, ce qui demande une culture de négociation.

Le système de contrôle, sur la base de reportings de plus en plus lourds, recentre la communication sur les chiffres au détriment d'une communication relationnelle. Et les exigences accrues de résultats de part et d'autre aboutissent, le plus souvent, à un véritable casse-tête pour le collaborateur, qui ne sait plus à qui il doit répondre en premier.

La structure en réseau

L'appellation « réseau » recouvre plusieurs formes différentes d'organisation. La mondialisation incite les entreprises à répartir leurs activités à l'échelle internationale, à faire des économies en rapprochant les approvisionnements des centres de production et de commercialisation ou à externaliser une partie de leur production à un réseau de sous-traitants.

Le glissement des contrats de travail vers des contrats de sous-traitance fragilise la sécurité de l'emploi et fait peser une contrainte commerciale et financière forte chez les sous-traitants. Le recours accru à la contractualisation en amont et à la judiciarisation en aval accentue également la sensation de dépendance et de stress.

Enfin, les prescriptions fortes de méthodes de travail couplées au contrôle à distance de toutes les entreprises appartenant au réseau réintroduisent le stress de la contrainte, dans un fonctionnement favorisant au départ l'autonomie.

Les conséquences des dernières évolutions organisationnelles

Un retour en force du taylorisme

Ce mouvement qui concerne tous les secteurs d'activité, à travers, notamment, l'« industrialisation des services », est accentué par les concentrations d'entreprises qui généralisent leurs méthodes à grande échelle. Les anciennes techniques tayloriennes sont « recyclées » : les tâches sont hyperspécialisées, éclatées entre services, accessibles à la rotation des emplois précaires, transformant les salariés en exécutants de normes strictes.

Exemple

Sur les plates-formes d'appels, situées dans une zone géographique souvent choisie pour son bassin d'emploi et la modicité des coûts de structure, les salariés se succèdent pour remplir des plages horaires très larges et répondent à des centaines d'appels par jour en suivant des scripts téléphoniques stéréotypés.

L'émergence de nouvelles formes de gouvernance

Les équipements en systèmes de gestion informatisés, l'augmentation du nombre de normes techniques et légales (lois, normes ISO…), l'accentuation des contrôles des services fonctionnels (comme les services juridiques, achats, finance, RH), l'explosion des procédures et des méthodes des départements qualité et des organisations…, en plus d'apporter de nombreux avantages, ont largement contribué à la création de nouveaux inconvénients.

Plus on met de règles, plus on doit mettre en place un système de contrôle de l'application de la règle et de gouvernance pour la faire évoluer.

Le « client roi » et l'entreprise servile

La pression du client n'est plus ressentie que par les commerciaux, mais elle conditionne toute l'organisation et tous les métiers.

Exemple

Un clic de souris permet de transférer un mail de réclamation ; tous les services concernés seront donc informés et devront répondre à ce mécontentement dans les meilleurs délais.

L'augmentation de la pression et la baisse de l'autonomie

Le cumul de trois formes de contraintes

La pression du client et les exigences de l'autorité de gouvernance s'ajoutent à l'autorité managériale. En plus des fortes contraintes de procédure, on constate désormais une absence de négociation réelle des objectifs, de leur niveau ou des moyens utiles pour les atteindre, du fait de l'étroitesse des marges de manœuvre.

L'empilement des prescriptions

Les salariés qui veulent, de bonne foi, respecter toutes les prescriptions, procédures et objectifs doivent prioriser, organiser leurs ressources et leur temps. Ils se mettent dans une posture inconfortable car l'organisation ne leur demande pas de prioriser mais de tout faire.

Exemple

Un directeur d'agence bancaire sait que s'il veut avoir une chance que son agence atteigne les objectifs commerciaux, il est préférable de répartir les campagnes et les challenges habituels par priorités. Car s'il demande à ses commerciaux de tout vendre en même temps, ils ne vendront rien, les clients seront déroutés par un catalogue sans fin. Pourtant, ce faisant, il déroge à l'injonction de l'entreprise qui lui demande de progresser régulièrement, chaque trimestre, sur chacun des objectifs. Il prend le risque que ses primes intermédiaires ne lui soient pas données. Alors qu'objectivement, son choix peut paraître le meilleur du point de vue de la productivité commerciale globale.

Trop d'informations et pourtant pas assez d'informations stratégiques

L'étude comparative 2007 *Quality in work and employment* montre que les entreprises, en France, donnent globalement moins d'information et surtout la partagent moins avec leurs collaborateurs que les entreprises des autres pays d'Europe.

Les salariés manquent de vision sur le devenir de leur entreprise sur son marché, de l'organisation générale et des répartitions métiers : dans ce cas, il est difficile de prendre des initiatives car on risque de se faire répondre : « Non, ce n'est pas ça que nous attendons », sans forcément que ce « que nous attendons » soit explicité. C'est le mécanisme dit « de la double contrainte » : « Sois autonome », sans savoir dans quel périmètre et en fonction de quels critères d'évaluation.

La pression professionnelle ou « *Job Strain* »

Le *Job Strain* (la pression professionnelle, décrit par le modèle de Karasek – voir fiche 4) est provoqué par des pressions et des demandes psychologiques fortes alors que le salarié a peu de marges de manœuvre. Le cumul des trois formes de contraintes décrit précédemment renforce le *Job Strain*.

Les risques présentés dans le modèle de Siegrist (voir fiche 4) peuvent renforcer la sensation de *Job Strain* : le déséquilibre est grandissant entre les efforts élevés des salariés pour remplir les procédures malgré les difficultés quotidiennes et le manque de reconnaissance de leurs efforts par les entreprises.

Une étude de la Darès montre que tous les secteurs d'activité et toutes les catégories socioprofessionnelles sont touchés par le *Job Strain*.

Les dysfonctionnements engendrés par l'organisation

Embouteillage de décisions et invisibilité de la hiérarchie

Le raccourcissement des structures hiérarchiques cumule des responsabilités larges sur peu de têtes, tandis que la culture managériale de délégation n'a pas véritablement emboîté le pas aux évolutions organisationnelles. Les cadres chargés des fonctions de coordination et de supervision sont bombardés d'informations et passent plus de temps en réunion qu'auprès de leurs équipes.

Des contrôles excessifs et des salariés fantômes

Voici un paradoxe supplémentaire : les procédures de contrôle sont extrêmement précises, mais les organigrammes sont extrêmement mouvants ! Entre les démissions, les licenciements, les départs à la retraite, les réorganisations, les déménagements incessants, les emplois temporaires, plus personne ne sait qui fait quoi à l'instant *t*.

EXEMPLE

C'est ainsi que de « simples » intérimaires ou stagiaires se voient échouer des responsabilités lourdes, dans une logique parfaitement contraire à l'esprit même du contrôle. Car le contrôle doit être exercé par des salariés compétents connaissant bien l'organisation ; sinon, le risque est grand que le contrôle ne soit pas bien exercé...

Un stress accru dans les organisations en reconversion

Les secteurs d'activité déjà en déclin ou qui tentent à tout prix de retarder le déclin répercutent immanquablement des pressions fortes sur leurs salariés.

Les entreprises publiques qui ouvrent leur capital, des entreprises traditionnelles ou mutualistes qui sont plus exposées à la concurrence décident d'opérer un changement majeur générateur d'un nouveau stress.

Exemple

Les services de vente auprès du public voient évoluer leur métier de « conseiller » à « vendeur ». On sous-estime le stress que cette évolution peut générer.

Les aberrations organisationnelles

Politique interne, client exclusif

Des conflits politiques internes viennent parfois compliquer inutilement l'organisation, jusqu'à compromettre la réalisation du travail. La productivité de l'entreprise, l'acquisition de nouvelles compétences par les salariés peuvent passer après des rivalités de pouvoir.

Témoignage

Nathalie, directrice administrative d'un centre de rédaction de contrats de province : « Une année, le centre de Lille avait pris des dossiers de celui de Paris pour les aider en période de surcharge. Or, le chef de Paris était contre cette décision qui avait été proposée par le chef du centre de Lille, par peur de perdre ses prérogatives, alors qu'il aurait dû se réjouir de pouvoir soulager ses équipes ! Il a décidé d'envoyer les dossiers chaque matin et a exigé de les récupérer chaque soir. Résultat : ce qui aurait dû être une possibilité de monter en compétences et en reconnaissance pour les salariés de Lille s'est transformé en course contre la montre. »

Un client puissant et influent peut parfois faire évoluer les organisations de manière invraisemblable à son profit, au détriment de toute raison.

L'aveuglement de la réussite, les « baronnies »

Parfois, une entreprise se porte bien parce qu'elle « surfe » sur une bonne tendance de marché, sans forcément bénéficier d'une efficacité organisationnelle et managériale. Le décalage est difficile à vivre pour les salariés : ils excusent moins les erreurs alors que les comptes sont pléthoriques, l'argument de la crise et de la concurrence ne tient pas.

Il arrive encore aussi que l'organisation du travail soit conditionnée par le poids des « baronnies », de personnes avec un pouvoir de pression élevé et qui prennent des décisions à leur avantage plutôt qu'en fonction non seulement des besoins des salariés mais, surtout, de l'intérêt de l'entreprise.

POUR ALLER PLUS LOIN

Le décalage entre les logiques de « valeur pour l'actionnaire » et de « juste valeur »

Le modèle de « *Shareholder Value* » ou « valeur pour l'actionnaire »

Selon Antoine Rebiscoul, président d'AR Conseils et, dans ce cadre, directeur de la stratégie Publicis France, invité lors de la séance d'ouverture, en juin 2008, du Cercle de Prospective Ressources Humaines, le modèle dominant depuis les années 1990 est celui de la « *Shareholder Value* » ou « valeur pour l'actionnaire ». Dans ce modèle, une entreprise est bien valorisée par les instituts de notation quand elle crée de la valeur (sous forme de dividendes) pour ses actionnaires, à travers la bonne gestion de son patrimoine et de son expertise sur un marché spécialisé.

Le nouveau modèle de « *Fair Value* » ou « juste valeur »

Depuis, un nouveau modèle est venu s'adosser en complément de ce premier modèle : celui de la « *Fair Value* » ou « juste valeur ». Ce sont les capitaux immatériels qui créent la valeur de l'entreprise.

EXEMPLE

Capitaux immatériels : les marques, droits de propriété, fichiers clients ou le « capital humain » interne et en réseau.

La *Fair Value* évalue une entreprise à travers les gains éventuels d'une revente d'une *Business Unit* « à la découpe », en fonction de synergies potentielles.

Les conséquences potentielles en termes de stress

Les ventes potentielles « à la découpe » découragent le sentiment d'appartenance, en plus du stress lié au risque de revente avec le changement et de l'insécurité qui l'accompagne.

EXEMPLE

L'activité d'une entreprise n'est plus rattachée de manière évidente à une histoire mythique de création par un fondateur « patriarche », les financiers pouvant prescrire à tout moment une revente « à la découpe » d'une partie de l'entreprise. Cela crée une perte d'identité, de sens et de repères.

Par ailleurs, le modèle « *Shareholder Value* », qui incite les entreprises à améliorer la productivité à tout prix, au détriment des salariés, cohabite difficilement avec la logique de la *Fair Value,* qui repose sur la capacité des salariés à créer une valeur immatérielle.

La « valeur potentielle » du capital humain, un modèle à développer ?

Prendre conscience de la « valeur potentielle » du capital humain dans les organisations, à la fois « dans les murs » et « hors murs » (à travers les liens avec les partenaires extérieurs, les fournisseurs, les clients), contribue à la prévention du stress.

EXEMPLE

Développer les compétences devient donc un investissement créateur de valeur présente et future, source de sécurité pour le devenir des salariés.

Miser sur l'employabilité de tous permet d'accompagner ces évolutions incontournables, en donnant les moyens aux salariés de prévenir le stress du rebond après une perte d'emploi.

12 *Le* management

Les collaborateurs sont stressés par leurs managers. Les managers sont stressés par leurs collaborateurs et leur direction… Les équilibres sont devenus précaires, les relations explosives et la peur grippent le système, avec la sensation pour tous que la dégradation se poursuit inexorablement. Que s'est-il donc passé ?

Connectez-vous !

– Liens vers des enquêtes liées au management et au stress
– Les conditions de travail, source de stress

Le « mal-vivre » des managers et de leurs collaborateurs

Des chiffres et des témoignages

Les enquêtes et les témoignages recueillis convergent tous dans le même sens : le stress est ressenti de plus en plus fortement et la part attribuée au comportement du manager est loin d'être négligeable. L'enquête sur le stress au travail réalisée par journaldunet.com, en novembre 2006 auprès des lecteurs du site, chiffre à 25 % le poids du comportement du manager direct dans les causes de stress.

Témoignage

Géraldine, médecin du travail : « Lorsque nous avons reçu les résultats de l'enquête stress, nous avons constaté que le stress était beaucoup plus lié aux problèmes relationnels dans les équipes et avec les managers qu'à la charge de travail. Car nous avons des services où règnent une forte motivation et une forte charge de travail, une bonne ambiance, avec des managers proches de leurs collaborateurs, qui ont de faibles scores de stress. »

L'étude comparative 2007 *Quality in work and employment* montre que la France est moins bien placée pour obtenir de l'assistance du responsable hiérarchique que les autres pays d'Europe (35 points de moins par rapport à la moyenne européenne).

Le manque de marges de manœuvre (pour des embauches, notamment) stresse les managers et les équipes et peut conduire à des pratiques managériales plus dures, ouvrant la voie à un harcèlement « involontaire ».

Les cabinets de coachs notent également la montée en puissance de problématiques en lien avec la peur chez les managers et les collaborateurs.

Les managers de proximité en première ligne

Qui stresse le plus dans le système ? Dirigeants ? Cadres supérieurs ? Managers de proximité ? Collaborateurs ?

Le terme « manager » recouvre des réalités très diverses, du manager de proximité, premier niveau d'encadrement, au cadre supérieur en lien direct avec la direction. Le décalage des réponses en fonction de la place dans l'échelle hiérarchique lors des enquêtes sur le stress amène plusieurs hypothèses : différences de conditions d'émergence du stress, de moyens disponibles pour le gérer, de représentations du travail et du stress, ou différences dans le degré de liberté pour oser en parler…

EXEMPLE

Le degré d'autonomie et de contrôle, facteur clé de prévention du stress, est généralement plus important chez les managers de direction que chez les managers de proximité. En parallèle, les managers de direction sont exposés à des stress majeurs lors d'OPA, de fusions-acquisitions.

Il ressort néanmoins que les managers de proximité sont lourdement touchés. Ils cristallisent de multiples causes du stress, ce sont les « plaques tournantes » de l'information descendante de la direction, des remontées du « terrain » et des projets transversaux.

Leur comportement relationnel est donc fortement influencé par ce cadre, par la culture managériale de l'entreprise et par les représentations culturelles de leurs collaborateurs sur ce que doit être un « bon » manager.

Le stress de ces managers dépend aussi de leur propre style de management et des relations qu'ils ont su nouer avec leur équipe.

La légitimité des managers remise en cause

Le rapport n° 25 du Centre d'étude pour l'emploi confirme les perceptions des managers : les salariés opposent un refus moral aux rapports de domination, au nom de l'égalité formelle et du respect des libertés individuelles. La hiérarchie doit désormais justifier de sa légitimité ; le « petit chef paternaliste », le « chef expert » ne sont plus d'actualité.

EXEMPLE

Un manager stresse naturellement sur sa légitimité quand il doit encadrer des salariés plus diplômés, plus âgés ou plus compétents techniquement que lui. On ne lui demande plus officiellement d'expertise technique mais des compétences d'animation, sans forcément lui apporter beaucoup de soutien et de moyens dans ce virage de culture managériale.

De nouveaux critères doivent fonder la légitimité des managers, comme le degré de confiance qui les relie à leurs salariés. Le « patron » n'est plus seulement celui qui dirige, décide et fait exécuter, mais celui qui doit fédérer les salariés autour d'un projet mobilisateur.

Un écart qui se creuse entre les dirigeants et leurs salariés

Les scandales financiers depuis l'affaire Enron ne cessent d'éclater et creusent l'écart de confiance entre les dirigeants et leurs salariés. Ces scandales éclaboussent au passage toute la filière managériale et déstabilisent les managers qui tentent, à leur niveau, de donner une bonne image de l'entreprise à leurs collaborateurs, clients et partenaires.

Le manager entre le marteau et l'enclume

Les managers au carrefour d'enjeux et de contraintes

Il est souvent demandé aux managers de faire toujours plus avec toujours moins. La réduction de leur marge de manœuvre, selon le modèle de Karasek (voir fiche 4), augmente considérablement leur stress.

Tout passe par eux, mais tout ne vient pas d'eux ; la plupart du temps, ils ont eux-mêmes très peu d'autonomie.

EXEMPLE

Les managers sont impliqués, sans avoir toujours de puissance de décision, sur la fixation des objectifs et des moyens, sur les embauches, sur le choix des candidats, sur les rémunérations et les carrières, sur les méthodes d'organisation de travail, les procédures, les outils informatiques. Ils ont en même temps peu d'informations sur les décisions stratégiques, sur le projet de l'entreprise.

Le CEREQ (Centre d'études et de recherches sur les qualifications) a mené une étude comparative entre l'Allemagne, le Royaume-Uni et la France : il en ressort que le niveau d'attributions confiées aux managers est moins élevé en France qu'ailleurs. Les responsabilités sont plus diffuses et moins étendues dans les domaines budgétaire et commercial, notamment.

POUR ALLER PLUS LOIN
Le management participatif devient un exercice de haute voltige, p. 76

La descente en cascade du stress et de sa non-reconnaissance

Le baromètre CFE-CGC mars 2008 révèle que 40 % des participants pensent que, dans leur entreprise, un bon cadre est un cadre stressé, et que près d'un sur deux parle de son manager comme d'un vecteur de stress. Le stress retombe en cascade sur toute l'échelle hiérarchique et remonte aussi dans le sens inverse.

Les managers ont besoin de résister aux paradoxes et aux contradictions, de prendre du recul, de « dé-compresser », afin de ne pas répercuter automatiquement la pression en dessous.

Témoignage

Martine Arakilian, adjointe au directeur du département des relations sociales et conditions de travail à l'ANPE : « Il est important de porter une grande attention à la manière de parler aux personnes, de s'adresser à elles, par oral ou par écrit, de s'introduire dans leur bureau. Un manager n'a pas un droit inaliénable de rentrer dans les espaces de travail de ses collaborateurs comme dans un moulin. »

Pourtant, la reconnaissance du stress n'est pas toujours là. Lors des formations à la prévention du stress, il y a deux types de réaction chez les managers : déni total ou prise de conscience attentive. Les DRH ont du mal à aborder avec leur direction le sujet du stress en général et du stress des relations managériales en particulier.

Témoignage

Rébecca Hartmann, psychologue au pôle de soutien psychologique (PSP) de la SNCF : « À ses débuts, le PSP s'est essentiellement centré sur la prise en charge des violences provenant de l'extérieur de l'entreprise, comme par exemple l'agression d'un contrôleur de train par un client. Aujourd'hui, l'équipe est de plus en plus souvent interpellée sur des violences internes (altercation entre agents, tensions suite à réorganisation...). À ce niveau, les processus à l'œuvre s'avèrent complexes et sensibles pour cerner les situations dans toutes leurs nuances. »

Les exigences supplémentaires des nouvelles formes de management

Le management à distance, facteur de complexité

Le raccourcissement de lignes hiérarchiques, les politiques de concentration, d'externalisation, les entreprises globales à l'échelle mondiale amènent les managers à encadrer des équipes de plus en plus nombreuses et éclatées géographiquement. Ces contraintes exigent, de la part des managers, une évolution de leurs méthodes, de leurs repères culturels et l'absence de visibilité et d'expérience dans ce domaine est particulièrement stressante.

EXEMPLE

Le simple fait de ne pas pouvoir rencontrer son collaborateur immédiatement, même quelques minutes seulement, quand une difficulté survient, provoque frustration et stress des deux côtés de la ligne hiérarchique.

Le management multiculturel, source de quiproquos

Les décalages interculturels sont source permanente de stress lorsqu'il s'agit d'organiser le suivi d'un projet, de négocier des délais, d'animer une réunion…

EXEMPLE

Un informaticien français communique à distance avec ses ingénieurs indiens. Ces derniers n'osent pas lui dire non sur les délais et c'est un peu plus tard qu'il s'aperçoit que le planning ne sera pas tenu. Marie Boy, coach, explique : « Les Indiens agissent pour celui qui est le plus proche, car l'importance de la relation est primordiale. Il faut leur téléphoner et les voir physiquement souvent. J'ai constaté qu'ils donnent accès aux meilleurs produits et services s'ils apprécient la relation avec leur interlocuteur. »

POUR ALLER PLUS LOIN

Le management participatif devient un exercice de haute voltige

Faire participer les collaborateurs devient à la fois de plus en plus nécessaire et difficile. Il y a une contradiction flagrante entre l'injonction du discours entrepreneurial vantant l'autonomie, les initiatives, et la réalité des marges de manœuvre et de la considération des idées de chacun.

Plus que du participatif, il est dans le fond demandé un management délégatif, car le spectre du management participatif, c'est que, par essence, les consultations et les participations aux décisions, « cela prend du temps, en discussions sans fin ». Or, le style délégatif ne peut s'exercer qu'avec des collaborateurs compétents et motivés… Donc, il faut se donner les moyens de les rendre compétents et motivés ! Alors que, par ailleurs, il faut atteindre plus vite des performances sans cesse plus ambitieuses, ce qui ne laisse pas beaucoup le temps de former, faire monter en compétences les équipes, prendre le temps de découvrir leurs leviers de motivation.

Certains managers en deviennent désabusés et l'on constate un dérapage entre la délégation et le « laisser-faire total ». Ils abandonnent la responsabilité pleine et entière à leurs collaborateurs, qui n'ont plus qu'à compter sur leur professionnalisme pour tenir bon et faire « du mieux qu'ils peuvent », sans en attendre de reconnaissance pour autant.

13 *Les* relations dans l'équipe

Alors que le travail en équipe est souvent considéré comme épanouissant, une équipe peut aussi devenir un huis clos où les relations entre collègues peuvent être facteur de stress.

CONNECTEZ-VOUS !

Liens vers des études sur le stress en équipe

Ambiance de travail en équipe : facteur de motivation et de stress

Des études en demi-teinte

L'enquête journaldunet.com, réalisée en novembre 2006 auprès des lecteurs du site, chiffre à 8 % le poids des relations difficiles en équipe dans les causes de stress.

L'étude comparative 2007 *Quality in work and employment* indique que la France est moins bien placée que les autres pays pour obtenir de l'assistance des collègues, rejointe par le baromètre CFE-CGC mars 2008, qui précise aussi que les cadres se sentent en concurrence avec leurs collègues.

À l'inverse, la qualité de l'ambiance de travail en équipe devient souvent un refuge face aux autres facteurs de stress dans le travail et peut permettre de supporter le stress général.

Ainsi, une enquête menée par l'Observatoire Cegos en juin 2007 sur le climat et les relations sociales dans l'entreprise indique que 87 % des salariés jugent bonne l'ambiance générale de travail, en faisant référence à l'entourage immédiat.

La compétition dans une équipe, facteur de stress

On demande plus de coordination entre les salariés, qui doivent orchestrer leurs actions, mais ce mouvement cache parfois un manque de coopération sincère entre les membres de l'équipe. L'individualisation d'objectifs favorise, au contraire, les compétitions internes et la perte du sentiment d'appartenance à l'équipe.

L'insécurité de l'emploi favorise aussi les comportements d'opportunisme, chacun essayant de « se placer » en échange de sa performance.

Exemple

Les conflits ont tendance à être larvés. Personne ne veut « risquer sa peau » à les faire émerger. Le mot d'ordre : « pas de vagues », « ne pas se faire remarquer avec des problèmes, soigner son image sur ses réussites».

Cette absence de coopération n'est pas un repli sur soi, un individualisme égoïste, bien au contraire puisque les espaces de solidarité se reconstituent dans la sphère sociale et civique, ainsi qu'en virtuel sur Internet. Des comportements épanouissants se vivent en dehors de l'entreprise, dans des environnements moins stressés.

POUR ALLER PLUS LOIN
Les sources de stress en équipe selon Muchielli, p. 81

L'esprit d'équipe affaibli par les conditions de travail

La polyvalence et les bureaux nomades

Les organisations du travail centrées sur la flexibilité ont un impact fort sur la notion d'équipe. Un technicien arrive le matin et se voit affecter à un poste, parfois seul, parfois en groupe, sans continuité dans le temps avec les mêmes personnes. Les entreprises urbaines rationalisent leurs coûts immobiliers et demandent à leurs employés de se connecter le matin à un poste de travail libre et anonyme, et de ranger leurs affaires le soir dans un casier. Avec le développement du télétravail, on s'éloigne encore plus de l'équipe… Pourtant, il est possible d'organiser une équipe à distance en utilisant des outils collaboratifs et en anticipant des moments de réunion, de convivialité et d'échanges.

Les conditions de travail

La recherche de la performance et de la productivité peut provoquer des « effets secondaires » stressants sur la vie de l'équipe et rendre plus difficile sa cohésion.

Exemple

Horaires et pauses décalés pour l'accueil du public sur toute l'amplitude d'ouverture ; diminution des pauses café, pourtant lieux d'échanges de savoir-faire ; équipement informatique nomade qui invite à se connecter dès que possible au lieu d'échanger avec son voisin de réunion.

Les difficultés inhérentes au travail en équipe

Peu d'habitude de dynamique d'équipe dans le travail

Quand on interroge les gens sur le travail en équipe, ils aimeraient bien le vivre. Mais ils ne sont pas forcément proactifs car ils n'ont pas toujours l'habitude culturelle de travailler en équipe. Depuis les bancs de l'école jusqu'au monde de l'entreprise, cette manière de travailler n'est pas suffisamment encouragée en France.

Des managers vont tisser des relations en « *one to one* » (un par un) avec leurs collègues et leurs collaborateurs, et négliger les coopérations latérales.

EXEMPLE

Les jalousies lors des annonces de primes ou de promotion. Le manque d'esprit d'équipe excite les comportements individualistes de court terme. Celui qui n'a pas eu la prime cette année va suspecter son collègue plus chanceux d'avoir intrigué pour l'obtenir.

La défaillance des uns mal vue et mal comprise par les autres

Quand la prime d'une équipe dépend des résultats collectifs et qu'il règne une mauvaise ambiance dans le service, cela ajoute un stress financier et les boucs émissaires sont vite trouvés.

De même, une répartition inéquitable des charges de travail donnera lieu à des commentaires, des mises à l'écart, des clans, facteurs de stress pour toute l'équipe.

EXEMPLE

Le stress provoqué par des collègues toujours malades au moment des « coups de bourre » ou des challenges. Est-ce de la fainéantise ? Ou de l'incapacité à faire face ?

Les incivilités et les divergences de valeur

La vie en collectivité repose sur un équilibre précaire : repères culturels, éducatifs, culture interne de l'entreprise et du service, qualité de l'esprit d'équipe, mouvements d'humeur de chacun… Toute incivilité rompt l'équilibre et engendre du stress.

Essayer de comprendre les motivations des comportements stressants d'un collègue peut favoriser la résolution du problème.

EXEMPLE

Le stress est engendré par une collègue qui ne parle à personne, ne dit jamais bonjour, se met en retrait de l'équipe. Et quand elle vient reprendre les dossiers créés par ses collègues, elle cherche à « coincer tout le monde » en désignant leurs erreurs pour triompher sur son savoir. Finalement, n'a-t-elle pas besoin de reconnaissance ? Ou n'a-t-elle pas peur d'être « virée » si elle ne prouve pas sa compétence ?

Des fonctionnements individuels parfois opposés

Les biorythmes différents, surtout dans les bureaux partagés, créent un stress quotidien.

EXEMPLE

Chacun n'a pas forcément le même rythme dans la journée pour ses moments d'énergie et de calme. Certains ont besoin d'une température fraîche tandis que d'autres préfèrent la chaleur, d'autres voudront ouvrir la fenêtre tandis que leurs voisins préfèrent la ventilation...

Chacun a l'impression que tout le monde devrait fonctionner comme soi, ressentir, penser et agir comme soi. Mieux prendre connaissance des différences individuelles les rend plus tolérant.

Les typologies de personnalité décrivent des sources classiques de stress entre collègues, liées à des fonctionnements parfois radicalement différents.

EXEMPLE

Alors que Jacques accepte naturellement les anticipations de planning de Lydia, sa tolérance va s'émousser quand Lydia, stressée, bascule dans une planification excessive et rigide. À l'inverse, les changements de dernière minute d'un Jacques affolé vont porter sur les nerfs de Lydia.

Plus on stresse, plus on rigidifie son comportement et plus cela stresse les collègues qui fonctionnent sur un autre mode.

Alors qu'en période « normale », chacun est capable de tolérance envers les comportements des autres, il s'avère que, sous-stress, les excès de comportement ont tendance à s'activer et deviennent insupportables pour les autres.

POUR ALLER PLUS LOIN

Les sources de stress en équipe selon Muchielli, p. 81

Tensions aggravées

Une carence du leadership

Quand un manager n'assume pas son leadership, en général, un autre leader émerge, c'est une loi du fonctionnement des groupes, et cela perturbe tous les équilibres relationnels. L'absence d'animation de l'équipe provoque des fonctionnements individualistes ou des comportements de recherche de pouvoir sur le groupe. La méfiance des uns vis-à-vis des autres, l'absence de structure de l'équipe pour atteindre les objectifs, avec un leader légitime, entraînent du stress.

Des contrats invisibles

Deux personnes peuvent secrètement passer un contrat entre elles, pour se protéger et s'arranger mutuellement. Ce fonctionnment en dehors des règles de l'équipe est un facteur de stress.

Des jeux de pouvoir

Quand une équipe est accaparée par des batailles de pouvoir, elle absorbe beaucoup d'énergie pour se protéger, ne pas se laisser « détruire ». Toute cette énergie gaspillée est détournée de la qualité et de la performance, ce qui entretient un sentiment de gâchis.

Exemple

Un nouveau collègue s'arroge le droit d'ingérence sur les dossiers des anciens : est-ce uniquement un décalage de comportement ? Ou a-t-il été « missionné » par le manager pour surveiller ses collègues ?

POUR ALLER PLUS LOIN

Les sources de stress en équipe selon Muchielli

Mieux connaître les sources de stress en équipe facilite leur prévention.

Les principales sources de tensions

Les quatre sources principales de tension dans un groupe, listées par le psychosociologue Roger Muchielli, peuvent créer du stress :
- l'anxiété : sentiments d'insécurité, inhibitions, silences lourds... ;
- les conflits latents ou ouverts : entre deux leaders, entre plusieurs personnes pour influencer le groupe, entre clans... ;
- l'opposition sourde du groupe à son leader ;
- l'insatisfaction ou les frustrations réprimées : mécontentement, irritation latente, boucs émissaires...

Des facteurs de démoralisation

Par ailleurs, Roger Muchielli recense certains facteurs de démoralisation d'un groupe qui conduisent aussi au stress :
- l'injection de la méfiance entre membres ;
- les injections de la méfiance envers l'autorité formelle ;
- l'injection d'une désespérance à atteindre l'objectif ;
- les efforts de dissociation du groupe ;
- l'intensification des groupes de pression sur le groupe ;
- la perturbation des réunions de groupe ;
- l'injection de fausses informations, rumeurs, croyances, fantasmes.

14 *La* pression du temps

Le manque de temps est un des facteurs principaux de stress. Pourquoi toujours plus d'urgence ? Quelles sont nos différences individuelles dans notre rapport au temps ? Quels sont les liens entre temps et stress ?

CONNECTEZ-VOUS !

Faites le diagnostic de structuration de votre temps

Toujours plus d'urgence

L'urgence banalisée

La pression de la mondialisation est descendue en cascade dans les entreprises à travers le management centré sur le client, de plus en plus exigeant, et la recherche permanente de productivité.

Ceci modifie les modes de travail.

EXEMPLE

Le recours à la sous-traitance renforce les exigences de délai à chaque maillon de la chaîne. Les intérimaires doivent être rapidement opérationnels.

Les nouvelles technologies de l'information et de la communication (téléphones mobiles, ordinateurs portables, Internet et messageries, PDA) ont un effet paradoxal : gain de temps au départ contre déluge d'informations ensuite, à moins de discipliner leur usage.

Urgence ou sentiment d'urgence ?

De la même façon que le stress est différent du stress perçu, l'urgence est différente du sentiment d'urgence perçu. Il faut alors garder la tête froide et prendre du recul afin de bien évaluer le degré réel d'urgence, sans se faire influencer par la culture ambiante. La préférence « monochrone »/« polychrone » (voir ci-après) ou les messages contraignants influencent notre carte du monde et notre rapport à l'urgence.

POUR ALLER PLUS LOIN

Les cinq messages contraignants et leur antidote, p. 88

Quelles sont les différences dans le rapport au temps ?

La différence entre les personnes « monochrones » et « polychrones »

L'anthropologiste américain Edward Hall a mis en évidence des différences interculturelles de rapport au temps.

Les personnes de préférence « monochrone »	Les personnes de préférence « polychrone »
Ne commencent qu'une seule chose à la fois.	Font plusieurs choses à la fois.
Se concentrent uniquement sur le travail en cours.	Se laissent facilement interrompre, se créent des interruptions elles-mêmes, passent facilement d'une tâche à l'autre.
S'estiment tenues de respecter les dates, les délais.	Considèrent que leurs engagements constituent un objectif idéal à atteindre, mais non contraignant. Sont moins centrées sur la tâche que sur les personnes.
S'organisent sans ou avec une faible référence au contexte, en se centrant sur leurs besoins d'organisation à leur manière.	S'organisent en fonction du contexte, tiennent compte des contraintes de la situation pour réajuster l'engagement pris.
S'en tiennent strictement au plan ou au programme.	Abandonnent ou modifient facilement le plan ou le programme initial.
Gèrent les urgences en fonction de tâches.	Gèrent les urgences en fonction des personnes.

La tendance actuelle en entreprise

La tendance actuelle de la société et du fonctionnement en entreprise fait pencher la balance très nettement du côté de la polychronie. Les « monochrones » n'osent plus se déclarer comme tels de peur de passer pour psychorigides !

Or, pour être efficace, une entreprise a besoin de collaborateurs « monochrones » et « polychrones », qui n'auront pas les mêmes réflexes en matière de gestion du temps. Et chaque collaborateur a besoin d'élargir sa palette de rapport au temps en fonction des tâches qu'il a à accomplir et des autres personnes avec qui il travaille afin de faciliter la coordination en équipe.

La question à résoudre est donc d'adapter son mode d'organisation à sa préférence, tout en étant capable de travailler autrement si nécessaire.

Quels sont les liens entre temps et stress ?

Un sentiment de perte de contrôle

Terminer sa journée en pensant déjà au retard accumulé qu'il va falloir gérer le lendemain en plus des nouvelles demandes est un sérieux facteur de stress. Cette impression d'accumulation inexorable diminue sa capacité de décision, d'organisation pour faire face et pour gérer les priorités.

Des différences en fonction des métiers et des générations

Chaque secteur d'activité, chaque métier comporte des contraintes de temps et c'est la qualité de l'organisation de l'entreprise qui pourra les moduler.

Les salariés qui travaillent selon une organisation décidée par d'autres doivent s'adapter aux horaires, à la monotonie des tâches, aux variations de la charge de travail. Tandis que les cadres souffrent d'une absence de frontière claire entre travail et vie privée.

La nouvelle génération de jeunes professionnels déclare davantage rechercher à équilibrer vie professionnelle et épanouissement personnel.

Quel est l'impact des stresseurs professionnels sur le temps ?

Dans la vie quotidienne, de multiples agents stresseurs ont un lien direct avec le capital temps : panne du matériel informatique, du matériel électroménager, de la voiture, de réveil, perte de papiers, des clés, du téléphone mobile, de l'agenda, retards de transport…

La nature et la multiplicité des tâches

Certaines tâches professionnelles sont perçues comme monotones, peu stimulantes. Même si la préférence d'un « monochrone » ou d'un « polychrone » aura une incidence sur sa capacité à supporter la routine, trop de tâches monotones, comme dans les métiers de surveillance d'incidents, créent une perturbation de la gestion du temps. Comment rester concentré, vigilant, efficace et motivé sur la durée ?

De même, la multiplicité des activités avec des cycles de temps très différents rend difficile une bonne coordination de son emploi du temps.

EXEMPLE

Organiser un salon professionnel annuel demande une répartition de tâches de fond sur l'année, tâches qui requièrent de la concentration et un minimum de temps pour se plonger efficacement dans un dossier. Tandis qu'au quotidien s'accumulent des demandes urgentes de clients, des points réguliers avec les collaborateurs, des réunions avec les autres services : ces tâches sont en général plus courtes, plus urgentes, et risquent de toujours repousser les tâches de fond. Cela finit par créer un sentiment d'insatisfaction et de stress, à force de passer à côté de tâches pourtant importantes, souvent créatrices de valeur ajoutée dans son travail et constitutives de son identité professionnelle.

La charge, les cadences et le rythme de travail

La quantité de travail est variable mais souvent lourde et en augmentation permanente, sachant que l'impression de ne pas pouvoir réguler les cadences est génératrice de stress.

Parfois, au contraire, suite à une réorganisation, certaines personnes n'ont plus rien à faire et l'absence de travail génère un sentiment d'inutilité stressant.

Certains mettent du temps à démarrer puis tiennent la concentration sur la durée (les « Diesel »). Tandis que d'autres démarrent au quart de tour, puis ont besoin de changer rapidement d'activité pour, de nouveau, se concentrer sur autre chose (les « Ferrari »).

Le principal est de comprendre quel est son rythme, pour ensuite négocier une adaptation, supporter la contrainte quelque temps ou choisir de changer.

Les horaires de travail

Les changements de rythme et d'horaires en fonction des semaines déstructurent son rapport au temps et compliquent l'interface avec la vie personnelle. L'imprévisibilité des pics d'activité, l'impossibilité de négocier les horaires ainsi que les demandes de dernière minute sont facteurs de stress.

Des rôles et des territoires mal définis

La mauvaise répartition des territoires et des activités génère des conflits qui font perdre beaucoup de temps et d'énergie aux salariés de ces entreprises.

Exemple

Les différences entre l'organigramme sur le papier et les démarches réelles à lancer pour mener ses tâches à bien font non seulement perdre du temps, mais induisent un stress d'incompréhension, une inquiétude de ne pas savoir détecter les enjeux « cachés », les règles « implicites » qu'il faut deviner sous peine de faire une erreur d'étiquette.

Les facteurs relationnels et psychosociaux et le temps

Si la nature des tâches et de leur organisation dans le temps est facteur de stress, une source supplémentaire de complication réside dans les facteurs relationnels, les dynamiques d'équipe et les cultures d'entreprise.

Un climat d'entraide ou l'habitude de se « refiler la patate chaude » changent le rapport au temps dans une équipe, de même que le style de management.

Exemple

Un responsable hiérarchique donne ses ordres toujours au dernier moment, puis les annule par des contrordres, chamboule l'emploi du temps de ses collaborateurs et crée un sentiment de désorganisation.

Selon la culture d'entreprise, il est plus ou moins exigé de rester tard le soir. Les différences de rituels se remarquent particulièrement lorsque des salariés se regroupent à la suite de fusions et constatent qu'ils n'ont pas le même rythme de travail. L'injonction, pour certains, de changer de rythme pour adopter celui des autres est source de stress si ce rythme ne leur convient pas.

L'environnement de l'entreprise et son rapport au temps

La pression de l'urgence, l'usage intensif des nouvelles technologies (avec l'explosion des mails, par exemple), les modes des open space modifient la façon de gérer son travail dans le temps, ces nouvelles exigences étant facteur de stress.

Le lien entre carrière, temps et stress

À chaque étape de sa carrière, les rapports au temps se modifient et génèrent des formes différentes de stress.

Si l'absence de visibilité de carrière empêche un individu de se projeter dans le temps et amène une inquiétude croissante, à l'inverse, un changement de poste génère une perte de temps au départ, tant que les compétences ne sont pas acquises, et peut provoquer un stress pendant la phase de transition.

Un licenciement bouleverse complètement son rapport au temps et demande de se reconstruire une organisation personnelle pour éviter le stress du vide. Sous un autre angle, créer son entreprise après avoir été salarié modifie profondément ses rythmes de travail et l'absence d'identification préalable des conséquences de ces changements peut renforcer le stress d'adaptation.

L'interface « temps » entre vie professionnelle et vie privée

La qualité et la souplesse d'adaptation de l'interface « vie professionnelle/vie privée » permettent d'absorber les exigences de son emploi du temps au travail. L'entreprise porte aussi la responsabilité d'aménager les horaires afin de respecter les besoins et les contraintes de ses salariés, en particulier en matière d'égalité hommes/femmes.

L'impression de ne pas avoir de sas, de coupure entre son travail et sa vie personnelle ou la culpabilité rampante de ne pas avoir assez de temps pour soi, sa famille, ses loisirs, tous ces facteurs rajoutent du stress.

La contrainte et l'autonomie dans sa gestion du temps

Les contraintes exercées sur son temps de travail peuvent être ponctuelles ou durables, subies ou choisies, uniques ou multiples, voire antagonistes. Certains métiers, certaines cultures managériales ou certaines circonstances (comme, par exemple, les périodes de changement) vont directement influencer ce niveau de contrainte et le stress engendré.

EXEMPLE

A-t-on la capacité à décider de son agenda seul ou est-on, au contraire, très dépendant des demandes des autres (comme le métier d'assistant ou les métiers de dépannage), ce qui permet moins d'anticipation, de marge de manœuvre ? Comment refuser une réunion programmée d'office sur un agenda électronique ?

Les cinq messages contraignants et leur antidote

Il existe cinq messages contraignants qui créent du stress en général, en gestion du temps en particulier. Voici, dans la colonne de gauche, ces injonctions qui nous aiguillonnent et leur antidote dans la colonne de droite. Chacun peut ainsi faire son propre diagnostic : quels sont leur ordre et leur degré d'influence ? Que ressentir, se dire et faire pour modifier leur influence et préserver sa liberté d'action dans la gestion de son temps ?
L'usage du tutoiement dans ces injonctions est volontaire et universel dans la littérature liée à l'analyse transactionnelle.

Message contraignant	Antidote
Les « **Sois parfait !** » : ils ont besoin de tout savoir, de tout contrôler avant de prendre difficilement une décision. Ils se noient dans les détails, délèguent difficilement, corrigent sans cesse, finissent par manquer de recul.	« Jusqu'à quel idéal être parfait ? Peux-tu décrire ce niveau de perfection ? Quand l'auras-tu atteint ? L'erreur est humaine, la perfection n'est pas de ce monde. Tu peux distinguer l'essentiel de l'accessoire et être plus réaliste sur le degré de qualité que tu t'imposes. »
Les « **Fais plaisir !** » : ils n'osent pas dire non pour être aimés, pensent d'abord aux autres et se chargent de travaux qui ne leur incombent pas directement et qui ne sont pas dans leurs priorités.	« Tu es aussi important que les autres. Tu as le droit de penser à tes besoins, de te fixer tes objectifs et tes priorités, et d'exprimer ton point de vue personnel aux autres. Tu as le droit de discerner les demandes normales des demandes abusives et de dire stop, je ne peux pas ! »
Les « **Sois fort !** » : adeptes de discipline et de rigueur, ils ne demandent pas d'aide car ils doivent se débrouiller seuls, ils n'ont pas le droit de montrer leurs émotions et leurs sentiments. Ils peuvent aller jusqu'à prendre trop de risques, se surmener.	« Tu as le droit de dire que cela ne va pas et d'adapter, voire de renoncer à ton objectif avant le *burn-out*. Tu as le droit de te faire aider, un être humain est aussi vulnérable. Sois ouvert : prévenir que l'on ne pourra pas y arriver sans moyens supplémentaires est un signe de compétence car on a fait une bonne analyse de la situation et on ne met pas le résultat en danger. »
Les « **Fais des efforts !** » : ils pensent : « La vie est difficile et il faut consacrer beaucoup d'efforts avant d'obtenir peut-être un résultat. Ce n'est pas encore assez bien, tu pourrais rester encore une heure de plus. »	« Tu ne peux pas tout faire, même si tu travaillais 24 h/24. Tu peux faire les choses simplement et facilement. Réussir sans beaucoup d'efforts, c'est possible, et tu peux te féliciter et célébrer cette réussite autant que celles acquises avec beaucoup d'efforts. Tu as aussi le droit de changer pour une voie plus facile, avant de te faire mal. »
Les « **Dépêche-toi !** » : ils finissent les phrases des autres, sont stimulés par la précipitation et les travaux de dernière minute car ils se sentent utiles. Ils peuvent alors faire des erreurs, enchaînent les projets sans souffler, se stressent et stressent les autres.	« Il y a un temps pour chaque chose et chaque chose en son temps. Ne pas analyser avant d'agir est source d'erreurs qui te font perdre ton temps ensuite. Tu as le droit de suspendre la pression que tu te mets, prioriser, prendre moins d'objectifs, négocier tes délais. Tu n'es pas une machine et tu as besoin de moments pour souffler, te ressourcer, afin de conserver ton efficacité et ta rapidité. »

15 *Les* aléas du parcours professionnel

Alors que l'emploi « à vie » a disparu dans les sociétés modernes, son mythe reste encore tenace dans les représentations, tandis que le chômage, synonyme de stress majeur, génère des répercussions très étendues. Chaque étape de carrière est potentiellement reliée à un stress spécifique, depuis l'insertion dans la vie active, le déroulement de carrière, puis le travail des seniors jusqu'au « virage » de la retraite.

Connectez-vous !

– Les Echos : articles sur la vie professionnelle après 50 ans et sur les métiers et les secteurs d'avenir
– Enquêtes et études

À chaque étape de carrière son stress

Le stress dès les études et les choix d'orientation

En France, le diplôme initial continue à avoir une valeur forte dans les représentations. Les parents stressent très tôt au sujet du devenir professionnel de leur enfant. La course à la performance commence désormais en bas âge, avec le calcul de débouchés potentiels en fonction des institutions d'enseignement, des filières. Les familles ont du mal à faire le tri des informations pour aider leur enfant à s'orienter, c'est un facteur de stress.

Exemple

Les filières manuelles et techniques sont dévalorisées dans l'opinion, alors qu'un bon mécanicien, plombier ou pâtissier peut gagner sa vie en exerçant une activité qui l'intéresse. Quelles décisions encourager chez son enfant ?

Le stress à l'entrée dans la vie active

Les jeunes étudient plus longtemps pour augmenter leurs « bagages ». Pourtant, c'est souvent le « déclassement » qui les attend. Le premier emploi, comportant généralement peu de tâches complexes à forte valeur ajoutée, ne sollicite pas l'étendue de leur potentiel, ce qui contraste parfois durement avec leur niveau d'études. La durée d'insertion se rallonge avant qu'un jeune atteigne une stabilisation de carrière sur un contrat à durée indéterminée. En moyenne, ce n'est qu'au bout de dix ans que le taux d'emploi des jeunes rattrape celui des autres actifs.

Cette situation commence déjà à s'inverser pour les jeunes diplômés du fait du papy-boom, les hasards de la démographie provoquant déjà une pénurie de « talents ».

Un stress amplifié par les inégalités d'emploi

Certaines populations sont plus touchées que d'autres par les inégalités et les discriminations en termes de contrat de travail, de durée du travail, d'horaires, de tâches…

Exemple

Selon le colloque 2007 « Âge et travail » de la Darès, 36 % des ouvriers entre 50 et 59 ans quittent prématurément leur travail, pour 15 % suite à un accident du travail ou une maladie professionnelle. Les jeunes avec une faible formation initiale supportent des conditions de travail difficiles (horaires de travail atypiques, pénibilité des tâches) et des taux d'emploi plus faibles.

Les inégalités ethniques demeurent: d'après l'étude Sprew (*General Approach to the Social Patterns of Relation to Work*) d'octobre 2006 pour la Commission européenne, un jeune diplômé de l'enseignement secondaire dont les parents sont nés hors de France a deux fois plus de risques de connaître le chômage que celui dont les parents sont nés en France.

POUR ALLER PLUS LOIN

Bonnes pratiques en matière d'insertion, p. 96

Le cercle vicieux des politiques d'emploi et de formation

Les politiques d'aide à l'emploi engendrent parfois des phénomènes de substitution: on embauche plus en fonction des coûts qu'en fonction des compétences, d'où un cercle vicieux de productivité et de performance.

La formation professionnelle continue, au cours de la vie professionnelle, fonctionne surtout pour les catégories les plus favorisées et qualifiées, et pour les grandes entreprises. Les PME et TPE y ont moins recours.

Le stress pour concilier travail et vie personnelle

Comment exercer harmonieusement son rôle de professionnel, d'homme ou de femme, de père ou de mère, d'ami, de bénévole… ?

De nombreuses femmes sont pénalisées dans leur carrière du fait de leur absence pendant les congés maternité, ou de leur choix de congés parentaux, ainsi que de leurs contraintes horaires quand elles élèvent des enfants (certains pères le sont aussi sur ces derniers points).

Conscientes de ce phénomène, certaines entreprises signent des accords sur l'égalité professionnelle entre les hommes et les femmes, ce qui peut contribuer significativement à diminuer le stress des femmes souhaitant concilier vie professionnelle et vie familiale.

EXEMPLE

Information en amont dans les filières étudiantes, élargissement des sources de recrutement, amélioration de la qualité des temps partiels, flexibilité de carrière pour ne pas pénaliser les congés maternité et parentaux, aide à la réintégration et vigilance en matière de rémunération après une période d'absence, flexibilité des horaires et des absences pour maladies d'enfants, facilités de garderie, formations pour manager vie professionnelle et vie familiale.

Le stress des seniors

Il ne fait pas bon, en France, vouloir changer de travail après 50 ans, voire déjà bien avant... Les politiques de départ en préretraite et autres dispositifs de cessation anticipée d'activité ont contribué à la croyance qu'un senior n'est plus productif.

Rebondir après un licenciement à cet âge demande une capacité de remise en question, une souplesse d'adaptation aux besoins du marché, une facilité à mobiliser un réseau autour de soi. Les aides à l'embauche proposées par l'État facilitent le retour à l'emploi.

EXEMPLE

Le colloque 2007/« Âge et travail » de la Darès montre que les deux tiers des seniors ayant bénéficié d'un contrat initiative emploi (CIE) accèdent à une trajectoire professionnelle stable, dont la moitié chez le même employeur.

Le stress des départs à la retraite

Plus la société actuelle entretient le culte de la performance, plus les entreprises demandent à leurs salariés un engagement total et plus le risque est grand de générer « le choc du vide » à l'âge de la retraite. Les salariés qui ont trop investi leur vie professionnelle (*Workaholic*) au détriment de leur vie personnelle risquent la dépression à l'âge de la retraite, surtout s'ils sont mis en retraite plus tôt, à travers le système des préretraites.

TÉMOIGNAGE

Gabrielle Roland, auteur : « Certains cadres en préretraite sont ravis de partir avec un pactole pour commencer une deuxième vie. Les trois premiers mois, ce sont de grandes vacances. Puis arrive la perte d'identité. »

Certaines entreprises mettent en place des programmes d'accompagnement à la retraite.

Ces derniers comportent généralement deux volets :

– un volet pour faciliter les démarches administratives (changement de complémentaire santé, de système de prévoyance...) ;

– un volet pour organiser la reconversion : recul sur le sens à donner à cette nouvelle tranche de vie, réflexions sur la gestion du temps à la retraite, exploration des centres d'intérêts permettant de réaliser ses « vieux rêves de toujours » ou de découvrir des passions nouvelles, accompagnement sur l'acceptation de la perte de pouvoir, de statut professionnel...

La carrière : tenir, progresser

Le stress pour « tenir bon » à son travail

Par peur du chômage, par envie de « bien faire son travail » malgré toutes les difficultés, de conserver sa source de revenu et son statut social, les salariés gardent pour eux leurs états d'âme quand « on leur marche sur les pieds » et continuent coûte que coûte à venir travailler... jusqu'à ce que le stress soit trop fort et que les digues de fortune lâchent sous la pression.

Le stress de l'employabilité

Pour certains, le travail n'est qu'un échange de temps contre de l'argent, une aliénation et une souffrance. Pour d'autres, c'est aussi un moyen d'accomplissement de soi, de reconnaissance, de façonnage permanent de son identité et de sa place.

La différence dépend énormément du degré d'espoir dans son potentiel et dans la capacité du marché à favoriser ses attentes de réalisation.

Prendre son « employabilité en main », ne pas hésiter à demander des formations, à se remettre en question, à anticiper son évolution de carrière est recommandé.

Le stress à chaque mobilité

Toute mobilité est une prise de risques car elle demande à se réadapter à un nouvel environnement de travail, à de nouvelles exigences de performance. Souvent, cette peur de la mobilité masque le risque, tout aussi réel, à rester dans un même poste et manquer de cultiver son « employabilité ».

EXEMPLE

L'enquête APEC « Mobilité des cadres » 2007 révèle le clivage entre les juniors et les seniors (plus de 45 ans) au sujet de la mobilité externe : 15 % des juniors l'ont connue en 2006 contre 3 % des seniors. De plus en plus de cadres sont sur le qui-vive et restent en veille du marché de l'emploi, afin de repérer les opportunités et d'anticiper un licenciement potentiel. Mais les seniors sont frileux car ils savent que quitter leur employeur peut devenir un parcours semé d'embûches et ils déclarent « avoir été contraints » à la mobilité externe.

C'est souvent par manque de possibilités de carrière internes que certains tentent leur chance ailleurs. Le système devient parfois absurde quand certaines entreprises consacrent plus de temps et d'argent à recruter qu'à faciliter les évolutions de carrière.

Le stress du chômage

Les représentations collectives du phénomène « chômage »

L'incertitude est mal supportée en France et renforce la peur du chômage. Dans la représentation collective, le chômage conduit le plus souvent vers la rue, le « sans domicile fixe ». C'est la honte, la déchéance, la non-existence. Le chômeur fait peur car il casse le mythe de la performance, de l'excellence.

TÉMOIGNAGE

Françoise Bollot, coach : « Le chômage est vécu comme une tare, une maladie ; les chômeurs se cachent, n'osent pas affronter le regard de leur environnement social proche. Comme des malades atteints du cancer qui se terrent. Il ne fait pas bon dire que l'on est malade, déprimé, cela fait fuir les gens autour de soi. »

Le phénomène est encore plus marqué quand une bonne partie de l'entourage social possède un emploi « protégé » ou stable.

Un éclatement des soutiens

Le déni par l'entourage de la difficulté à retrouver un emploi fragilise le chômeur dans ses compétences, sa valeur.

EXEMPLE

Il n'est pas rare que les personnes de l'environnement du salarié licencié lui demandent au bout de cinq semaines : « Ah bon, tu n'as pas encore retrouvé de travail ? »

Pourtant, la France fait face à un chômage endémique depuis des années, la crise financière de 2008 risquant de faire bondir les chiffres. Il existe un clivage de perception entre la réalité des difficultés d'un chômeur et la capacité de soutien de l'entourage.

C'est pourquoi on entend des faits divers illustrant stress ou détresse profonde des chômeurs.

Les « dommages collatéraux » du chômage, comme le divorce, viennent également modifier les équilibres familiaux, handicapant le retour à l'emploi.

Le stress par l'anticipation du chômage

Paul Watzlawick, docteur en philosophie, psychanalyste jungien, fondateur de l'école de Palo Alto (voir fiche 42), met en lumière les conduites paradoxales universellement partagées. Celui qui redoute le chômage stresse de plus en plus du fait de la pression dans son travail, mais il « ne doit surtout pas s'arrêter, être loyal envers lui-même et redoubler d'efforts » ; il n'est alors plus attentif à ses signaux d'alerte et risque le *burn-out* par évitement du chômage (voir fiche 21).

Le stress de dégradation avant la perte d'emploi

Les mois qui précèdent un licenciement individuel ou collectif, *a fortiori* si des pratiques de harcèlement ont eu cours, participent de la montée subversive et insidieuse du stress. Cela explique le besoin de temps nécessaire ensuite pour refaire surface.

La norme d'internalisation ou « c'est de ma faute »

Le chômeur va souvent surestimer sa part de responsabilité au détriment des explications situationnelles et ressentir de la culpabilité. Les représentations culturelles de la réussite en France accordent plus de poids à la responsabilité de l'individu plutôt qu'à celle de son environnement. Ce décalage avec la réalité des moyens facilitant le retour à l'emploi (la part du réseau sociale est majeure) fragilise encore plus le chômeur.

La chute dans la réalisation de ses besoins pendant la période de chômage

Le chômage et le stress associé peuvent perturber simultanément l'équilibre de plusieurs niveaux de besoins d'un individu (voir fiche 9). En voici l'illustration pour certains d'entre eux.

• **Le besoin physiologique**

Pour des raisons budgétaires, de honte sociale, de dépression, on s'alimente moins bien, on entretient moins son équilibre physique, on désinvestit sa vie sexuelle, on développe des maladies…

• **Le besoin de sécurité**

La perte de revenus et de stabilité fait voler en éclats ce besoin et peut pousser malgré soi à une dépendance envers la société, la famille ou des amis.

• **Le besoin d'appartenance**

La perte d'appartenance à une entreprise, un corps de métier, une classe sociale, un groupe d'amis, de collègues, de voisins… met à mal ce besoin.

• **Le besoin d'estime de soi**

Immanquablement touché, il peut se reconstruire avec un accompagnement et un nouveau départ professionnel.

• **Le besoin d'autonomie**

La perte financière freine considérablement l'autonomie.

• **Le besoin de pouvoir**

La frustration est énorme devant la sensation de perte de contrôle et de responsabilités.

• **Le besoin de réalisation de soi**

Certains trouvent le moyen, pendant leur période de chômage, de profiter de leur temps pour entamer des activités qu'ils voulaient faire depuis longtemps ou se reconvertir. Mais cela demande un bon niveau d'estime de soi, une capacité à faire le deuil de ses anciennes formes de pouvoir, d'accepter une période avec moins d'autonomie financière. Tout le monde ne peut pas se le permettre.

La perte d'estime de soi et du sentiment de son identité

« L'existence sociale des individus se mesure notamment à l'aune de leur employabilité », indique l'Institut international de sociologie clinique. La perte de confiance en soi et d'estime de soi laisse une trace profonde et durable, qui peut se réactiver à chaque nouvel épisode. Une récidive de chômage peut être mieux vécue si l'individu a mis entre temps au point un apprentissage de la recherche d'emploi. Mais cela peut aussi être considéré comme une confirmation supplémentaire de sa « non-valeur ».

Bonnes pratiques en matière d'insertion

Une mise en place difficile

Les résultats de l'enquête « Les pratiques en matière d'insertion » de mars 2008, menée par l'ANDRH (Association nationale des directeurs de ressources humaines), indiquent que peu d'entreprises sont engagées dans une politique d'insertion pour les populations handicapées, les jeunes, les seniors, les femmes et les personnes très éloignées de l'emploi.

Les bonnes pratiques et leurs conditions de succès

Celles qui se sont lancées dans des politiques d'insertion signent des accords d'entreprise, mettent en place des partenariats avec les acteurs locaux, des contrats d'apprentissage, des mesures internes d'accompagnement, des formations, des actions ciblées sur une population précise.

Leurs facteurs clés de succès dans ces démarches reposent sur l'implication du management, qui dépasse ainsi ses préjugés, sur un accompagnement personnalisé de type tutorat, coaching et formation, sur une bonne communication et sensibilisation en interne, et enfin, sur la motivation des publics cibles et les facilités des contrats aidés.

Un exemple : Paprec SA et sa politique de diversité

L'entreprise Paprec SA, premier groupe indépendant français de recyclage, a bâti sa réussite sur sa politique de diversité. Sa politique de recrutement donne une chance aux jeunes de banlieue ainsi qu'aux seniors et facilite leur intégration tout en respectant leurs différences. Point de départ du Tour de France de la Diversité avec le ministère pour la Promotion et l'Égalité des chances, cette entreprise, à travers sa réussite économique, démontre les bienfaits de la diversité.

TÉMOIGNAGE

Jean-Luc Petithuguenin, président fondateur de Paperc SA : « Quand on croit en eux, les gens sont formidables ! »

16 *L'évaluation* des compétences et de la performance

L'évaluation des compétences et de la performance des salariés est une source majeure de stress quotidien, de frustrations et de conflits larvés, qui déstructurent parfois les solidarités d'équipe et les équilibres organisationnels et stratégiques. Ces décalages posent en profondeur la question de l'évaluation.

CONNECTEZ-VOUS !

– Les Echos : article sur l'évaluation des salariés sous contrôle du CHSCT
– Les frustrations et le manque de reconnaissance
– Témoignage sur le décalage entre court et moyen terme

L'évaluation des compétences et de la performance : un risque de dérapage constant

L'utilité d'un système d'évaluation

Un salarié a besoin d'être évalué pour se positionner dans son travail ; un manager a besoin d'évaluer ses collaborateurs pour piloter ses équipes ; l'employeur en a besoin pour sa gestion des carrières et des compétences, voire en cas de plan social pour calculer l'ordre des départs. Si le principe de l'évaluation n'est pas remis en cause, c'est la question du « comment » qui fera la différence.

La confusion entre compétences et performance

La compétence est l'un des fondements de la performance, mais ce n'est pas le seul critère. On peut distinguer les facteurs internes à l'entreprise des facteurs externes, relevant de son réseau et des conditions de son marché.

La motivation et l'état de stress ou de bien-être du salarié participent à la performance d'un individu, ainsi que bien d'autres critères relevant de la qualité de l'équipe, du management, des moyens matériels et de l'organisation du travail.

Au-delà de la qualité de chaque facteur, c'est la fluidité des liens entre eux qui conditionne la cohérence et l'efficacité de l'ensemble de l'entreprise.

EXEMPLE

Un service bien équipé en machines peut ne pas fonctionner à pleine puissance s'il manque des salariés qualifiés et motivés pour utiliser les machines. À l'inverse, un salarié compétent peut être freiné dans sa performance par une carence managériale, des moyens vétustes ou une concurrence soudainement plus agressive.

Compétences et performance : un apprentissage individuel et collectif

La compétence est certes actionnée individuellement par un salarié à chaque fois qu'il exécute une tâche, qu'il prend des initiatives pour résoudre un problème, mais elle ne s'acquiert pas qu'individuellement et passe par un apprentissage collectif. Quant à la performance d'un individu, elle ne repose pas uniquement sur ses compétences individuelles ; elle est, au contraire, majoritairement le résultat d'actions collectives.

L'équilibre entre performances individuelles et collectives

Cet équilibre résulte d'un savant dosage, alors que la tendance actuelle favorise pourtant à l'excès les performances individuelles et déséquilibre parfois la cohésion des équipes, ce qui est un facteur de stress majeur au quotidien.

EXEMPLE

Une équipe de commerciaux évaluée exclusivement sur les résultats collectifs nourrit les inégalités : certains s'investiront plus que d'autres, alors que tout le monde profitera des avantages (si l'objectif est atteint) ou sera pénalisé (si l'objectif n'est pas atteint).
À l'inverse, des performances uniquement basées sur des résultats individuels vont altérer la coopération dans l'équipe et favoriser des comportements individualistes, chacun essayant de « récupérer » la meilleure zone, les meilleurs clients, de garder ses « astuces ».

POUR ALLER PLUS LOIN
Comment fixer l'objectif « moins de stress » dans une équipe ?, p. 105

La performance à court terme menace celle à moyen et à long terme

Un salarié qui applique à la lettre les critères d'évaluation quantitative de performance qui lui sont fixés peut avoir de très bons résultats à court terme tout en dégradant d'avance les résultats à moyen terme.

Or, cette dégradation qualitative ne sera pas visible au moment de son évaluation, il en empochera le bénéfice et ses successeurs devront démarrer leurs objectifs sur un terrain parfois malsain.

Exemple

Un manager impose un rendement excessif à ses commerciaux, les incitant à engranger des contrats en vente « quasi forcée » vis-à-vis des clients. Il est félicité par sa hiérarchie, on lui offre une promotion. L'année suivante, il n'occupe plus cette fonction quand les résiliations de contrat se succèdent et que la mauvaise image du service se fait connaître du public. Il n'est pas redevable de ces mauvais résultats dans son nouveau poste. Son ancienne équipe et son remplaçant « malchanceux » écopent de la situation et doivent la redresser en essuyant les critiques sur la dégradation de leurs performances.

La performance à court terme menace la compétence à moyen terme

Ceux qui ne voient qu'à court terme la satisfaction de leurs objectifs de performance risquent d'atténuer le développement de leurs compétences.

Exemple

On entend parfois la phrase suivante : « Plutôt que de chercher à innover, autant continuer à appliquer les mêmes méthodes qui ont fait leurs preuves en cherchant juste à augmenter les cadences. » C'est un calcul qui se comprend, mais qui handicape la pérennité des performances. À l'inverse, les individus centrés sur l'amélioration à moyen terme de la performance peuvent être taxés de « chercher la petite bête », de « vivre dans les projets au lieu d'être focalisés sur la production et le rendement » et d'être mal évalués lors de leur entretien annuel.

Or, ce calcul induit trois problèmes majeurs :

– les situations évoluent et si l'on ne prend pas régulièrement le temps de repenser les méthodes, de mutualiser les compétences collectives, il sera de plus en plus difficile d'obtenir les résultats fixés ;

– les compétences clés resteront l'apanage de certains qui n'auront aucun intérêt à les partager avec les autres, sous peine de voir leurs objectifs fortement augmentés l'année suivante ; car si tout le monde y arrive plus vite, les objectifs augmentent plus vite aussi ;

– si l'on considère qu'un salarié développe ses compétences face à une situation problème, en prenant l'initiative de prendre du temps pour chercher de nouveaux moyens, il prend alors un risque sur sa performance à court terme.

Des situations inverses se rencontrent toutefois, qui prouvent que certains secteurs ont pris conscience de l'importance de l'anticipation.

Exemple

Chez de nombreux éditeurs de logiciels américains, on incite les développeurs de talent à prendre un temps important de recherche et développement pur pour concevoir des technologies innovantes, qui seront ensuite à la base de produits leaders.

La performance opérationnelle prime parfois sur la stratégie générale

Le management par objectifs est basé sur la fixation d'objectifs de performance annuels pour chacun. Or, si, au bout de la chaîne, les critères pour mesurer la performance des salariés proches du terrain sont en décalage avec les besoins attendus quotidiennement par les clients, cela crée un décalage porteur de stress pour ces salariés. Parfois, les objectifs « terrain » sont même en décalage avec les évolutions stratégiques récentes de l'entreprise, du fait du temps d'inertie entre la décision prise par la direction et la déclinaison concrète dans toutes les strates de l'entreprise.

Exemple

La stratégie d'une entreprise demande de fidéliser les clients à travers une personnalisation et une qualité de service en toute cohérence avec les attentes exprimées par les clients à leurs interlocuteurs opérationnels et fonctionnels. Pourtant, ces derniers continuent d'être évalués sur la performance quantitative, les « bâtons » du nombre de ventes...

Les écueils classiques d'un processus d'évaluation

Les critères d'évaluation restent encore « à la tête du client »

Évaluer quoi ? Comment ? Bien souvent, la complexité d'élaboration des critères qualitatifs, leur risque d'évaluation subjective poussent les managers à choisir des critères quantitatifs, réputés plus objectifs.

Or, ces mêmes critères quantitatifs sont fixés par des hommes et des femmes... nécessairement subjectifs.

Exemple

Ainsi, un manager, de plus ou moins bonne foi, peut répartir les charges de travail de manière inéquitable, confier des tâches plus difficiles à certains ou encore leur donner moins de moyens. Pour des raisons de méconnaissance de l'activité réelle de son service ou pour des raisons inconscientes de préférence entre ses collaborateurs.

Les distorsions dans le phénomène d'évaluation

Des distorsions bien connues des chercheurs, inhérentes au phénomène de l'évaluation, engendrent du stress et de la frustration chez les évalués : ils ont l'impression qu'on néglige les conditions réelles d'exercice de leur travail en focalisant trop le jugement de leur performance sur leur comportement (« norme d'internalisation ») ou qu'on les juge en bloc sans tenir compte des nuances pour un même comportement (« effet de halo »).

EXEMPLE

« Mon chef pense que j'ai des difficultés de communication, mais je sais peut-être plus finement si cela vient d'une inhibition à parler en public, d'un manque de confiance en moi pour m'affirmer face à de fortes personnalités, ou sur un sujet que je ne connais pas, d'un manque d'expérience des réunions ou de repères dans les situations conflictuelles... »

L'entretien d'appréciation, s'il est réalisé dans un climat de confiance mutuelle, doit permettre d'approfondir ces éléments par un dialogue sincère et constructif, qui permettra justement de réduire les incompréhensions, du côté du collaborateur comme du côté du manager.

Une sous-estimation de l'influence culturelle dans l'évaluation

Évalué et évaluateur sont, plus qu'ils ne le pensent, influencés par la norme culturelle qui définit ce qu'est une performance.

EXEMPLE

Une étude de 2006 menée par HR Markus compare les réponses des Américains et des Japonais à la question : « Que faut il faire pour gagner les jeux Olympiques ? » Dans le contexte japonais, la réussite est à la fois liée à l'effort de l'athlète et à des facteurs sociaux et émotionnels. Aux États Unis, la performance est expliquée avant tout par des caractéristiques personnelles positives ainsi que par le contexte de la compétition.

Selon cet exemple, la performance d'un salarié en France ne sera peut-être pas évaluée de la même façon par un manager américain ou un manager japonais. Et sans aller si loin, deux managers exerçant en France dans le même secteur d'activité, ou la même entreprise, ou le même service, pratiqueront des évaluations différentes à partir de leur socle culturel personnel.

Certaines entreprises tiennent compte de ces risques de distorsion en veillant à la qualité du cadre général des évaluations : de la définition des critères à la pertinence des supports, en passant par la formation des évalués et des évaluateurs, la mise en place d'un système de recours et, surtout, le processus de suivi après les évaluations.

Les limites des évaluations dans le contexte économique actuel

Autonomie des salariés dans la fixation des objectifs et des moyens

Quelle est la marge exacte de manœuvre des salariés dans la fixation de leurs objectifs, en nature, en quantité, en qualité ? La pression de la concurrence a tendance à réduire les zones de négociation pour tendre vers la distribution d'une enveloppe prédéterminée.

Exemple

Chaque année, les directeurs se réunissent pour partager les objectifs dans leur région. Chacun argumente sur ses potentialités compte tenu de la situation de son marché, de ses équipes et de ses équipements matériels. Puis, à la fin de la réunion, chacun reprend une ou deux « louches » d'objectifs supplémentaires afin de finir de vider la soupière à objectifs qui n'est de toute façon pas négociable...

En théorie, si un salarié n'a pas trop le choix de ses objectifs, il en a un peu plus sur les moyens à mettre en œuvre pour les atteindre. Or, les politiques récurrentes de réduction de budget diminuent souvent les effectifs et les moyens matériels.

À l'extrême, le phénomène du « chacun pour soi » apparaît.

Exemple

Un manager lui-même désabusé se contente de fixer les résultats attendus et laisse le soin à son collaborateur de se débrouiller en toute autonomie pour les atteindre, sans assumer sa responsabilité de « facilitateur ».

L'évaluation oui, mais par qui ?

Quand un salarié est muté en cours d'année, ou que son manager lui-même change d'affectation, il est nécessaire de garantir la continuité et l'homogénéité dans l'évaluation.

Le salarié peut alors être évalué par les deux managers, ou par l'un qui aura au préalable pris les renseignements de l'autre. Dans une organisation matricielle, les salariés peuvent être évalués par leur responsable opérationnel, ou fonctionnel, ou les deux. Pourtant, ces managers partagent des intérêts souvent contradictoires à leur échelle. Si le processus d'évaluation n'est pas défini clairement, cela devient alors un terrain de jeux d'intérêts et peut pousser le salarié à privilégier la performance d'après les attentes de celui qui l'évalue, pour que l'entretien lui soit favorable.

Les irrégularités de l'évaluation à cause de changements de contexte

L'environnement incertain justifie parfois des reports d'investissement (comme une embauche supplémentaire), mais il n'est pas souvent retenu pour justifier le décalage entre les conditions de la réalisation d'un objectif pendant l'année écoulée et les conditions ayant déterminé sa fixation une année auparavant. Cette incohérence est source de frustration pour les salariés.

Exemple

À la fin de l'année, un manager est évalué de la même façon, que ses effectifs aient été stables ou non. Tant pis pour lui s'il a dû faire face à des congés maternité, des absences pour maladie, des démissions, des mobilités... et s'il n'a pas pu obtenir de remplacements ou de détachements de salariés de même niveau de compétences.

Ainsi, dépasser la réticence des managers à embaucher des femmes demande une prise en compte de leurs départs dans l'organisation du travail et l'évaluation de la performance : anticiper les absences puis réorganiser le fonctionnement du poste et du service, tenir compte de ces événements dans l'évaluation des résultats en fin de période.

Un manque d'anticipation des répercussions latérales des décisions

Les répercussions des décisions stratégiques d'un service ne sont pas toujours intégrées dans le calcul des objectifs des autres services de l'entreprise.

Exemple

Un service « achats » décide de faire des économies dans sa chaîne d'approvisionnement. Or, les objectifs fixés aux responsables de l'entretien des machines dans les usines n'ont pas tenu compte de cette décision stratégique du service « achats ». Résultat : leurs performances risquent d'être mal évaluées. La crainte de la perte de leur prime ainsi que la pression des collègues de production qui veulent à tout prix faire redémarrer la machine peuvent pousser les responsables de l'entretien à effectuer des réparations de fortune en attendant la véritable pièce de rechange.

Anticiper l'interdépendance des résultats entre services permet d'éviter une source majeure de stress et de prévenir des risques graves en matière de sécurité des machines et des personnes.

La difficulté d'appréciation des efforts

Comment reconnaître si un salarié, pour atteindre ses objectifs, a dû résoudre beaucoup ou peu de problèmes, simples ou complexes, mettant en œuvre une plus ou moins grande compétence ?

Le manager est parfois perçu comme un « évaluateur de travaux finis », quand il ne montre pas sa reconnaissance pour un effort fourni, même si l'effort n'est pas couronné immédiatement de succès.

Exemple

D'après l'étude comparative 2007 *Quality in work and employment*, en France, le rythme de travail dépendant d'objectifs chiffrés de production/performance est de 24 % supérieur à la moyenne européenne, alors que les salariés doivent résoudre plus fréquemment des problèmes imprévus (14 % de plus).
De surcroît, les salariés français sont moins bien placés pour obtenir de l'assistance des collègues (25 % de moins), du responsable hiérarchique (35 % de moins) ou de l'assistance extérieure (48 % de moins).

L'accélération des mobilités bouleverse les anciens équilibres statistiques sur la durée

À l'époque de la stabilité des entreprises et de l'emploi, et des progressions de carrière essentiellement verticales, les salariés restaient longtemps dans leur poste. Aujourd'hui, avec l'accélération générale, l'instabilité des emplois, les politiques de mobilité obligatoire, les salariés restent en moyenne moins longtemps sur un même poste.

Les « injustices » liées aux aléas survenant pendant la réalisation des objectifs devaient théoriquement se « lisser » sur la durée, un salarié pouvant espérer compenser dans le temps les aléas positifs ou négatifs. Désormais, si un salarié reste trois ans sur son poste, il n'a pas le temps d'« amortir » les aléas négatifs.

POUR ALLER PLUS LOIN

Comment fixer l'objectif « moins de stress » dans une équipe ?

Fixer à un collaborateur un objectif de « réduction de son stress » ne paraît pas de l'ordre du possible : en effet, ce n'est pas avec des injonctions de cet ordre que le stress peut se réduire comme par magie ! Et le stress d'un collaborateur provient de facteurs à la fois professionnels et personnels.

Développer la capacité à gérer le stress

Donner les moyens à un collaborateur de réduire son stress, en l'aidant à « muscler » sa capacité à gérer son stress et en mettant en œuvre des actions au niveau de l'équipe et de l'organisation, paraît, à l'inverse, tout à fait utile, en dehors du système de fixation d'objectifs.

Si personne ne peut prendre l'engagement à l'avance de réduire son stress, chacun peut, en revanche, veiller à ne pas diffuser son stress dans son entourage, participer à la diminution du stress d'une équipe ou de ses interlocuteurs internes, et chacun peut contribuer, à sa façon, à l'harmonie, la cohésion et le bien-être collectif. C'est sur cette base que des objectifs d'équipe ou d'entreprise pourraient être testés.

Les précautions à prendre

Certes, ces objectifs doivent être adaptés au cas par cas et ne peuvent se généraliser, sous peine d'être à leur tour facteur de stress ! Des précautions sont à prendre, certains postes éveillant plus que d'autres le stress des autres membres de l'équipe et de l'entreprise.

Exemple

Un collaborateur chargé du contrôle interne risque de stresser les collaborateurs pris en flagrant délit de non-respect des procédures.

Toutefois, au-delà de la nature des tâches de chacun, c'est la manière de s'adresser aux autres qui fera la différence.

Exemple

Le même collaborateur chargé du contrôle interne pourra accomplir sa mission en respectant ses interlocuteurs dans ses relations avec eux, en cherchant à comprendre ce qui peut les amener à ne pas respecter les procédures, dans un esprit orienté « solutions » plutôt que dans un esprit de jugement.

À chacun alors de se poser la question : « Qu'ai-je fait aujourd'hui pour diminuer le stress de mes interlocuteurs et contribuer à leur bien-être au travail ? »

17 *Les* nouveaux enjeux de la relation avec la clientèle

Cultiver de bonnes relations avec ses clients est devenu un impératif pour les entreprises. Pourtant, la gestion de la relation client est également une source potentielle de stress de type relationnel.
Comment une relation humaine basée sur la satisfaction du client peut-elle devenir une nouvelle source de stress ?

CONNECTEZ-VOUS !
Témoignage sur la relation avec la clientèle

Les enjeux de la relation client

Sécuriser le modèle économique de l'entreprise

Les aléas du contexte économique poussent les entreprises à privilégier des modèles de développement permettant de leur assurer des revenus réguliers. Pour réduire les incertitudes qui pèsent sur elles, de nouvelles méthodes de gestion se sont développées, comme la gestion de la relation client (GRC), en anglais « *Customer Relationship Management* » (CRM).

EXEMPLE

De plus en plus de contrats de service obligent les clients à s'abonner, pendant une durée assez longue, aux services en question. C'est le cas dans la téléphonie et les assurances. L'entreprise s'assure ainsi des revenus récurrents.

La pression de la concurrence pousse les entreprises à « chouchouter » leurs clients afin de les fidéliser de façon durable.

Des pressions en temps réel à tous les niveaux

Ainsi, la gestion de la relation clientèle se place au cœur de certaines stratégies d'entreprise.

Les nouvelles technologies permettent de suivre la relation clientèle de façon transversale. Depuis la prospection jusqu'à la commande, de la production au renouvellement des stocks, de la satisfaction client au taux de fidélisation observé, la société X peut connaître à tout moment l'état de sa relation globale à la société Y et s'ajuster immédiatement, ce qui est, dans certains secteurs, une nécessité vitale pour l'entreprise. Par ailleurs, de plus en plus de personnes sont en contact direct avec les clients, à toute l'échelle de l'entreprise.

Tous les services de l'entreprise, et non plus seulement le service commercial, vivent au rythme des succès et des échecs de cette relation et de la pression qu'elle induit en temps réel.

Nouvelles exigences, nouvelles tensions

Le client est devenu zappeur : il faut le fidéliser à tout prix

Sous l'effet de cette hyperréactivité de la concurrence, le client courtisé devient parfois très exigeant : il n'est plus « roi » mais se fait quelquefois « dictateur ». Il joue de la concurrence pour exiger toujours plus et mieux, tout et tout de suite, sous peine de zapping commercial immédiat. La surenchère commerciale augmente les pressions exercées sur les salariés, qui doivent produire plus et mieux et garder, de plus, le sourire avec le client.

Comme si cela allait de soi, on demande aux salariés de séduire et de rassurer le client. Affronter son agressivité en restant calme demande aux salariés de « réélaborer » leurs ressentis et d'influer sur ceux des clients.

Exemple

Les hôtesses de l'air doivent rassurer les voyageurs dans les turbulences tout en gérant leur propre stress, celui des passagers qui ont peur, ainsi que les incivilités de certains.

Cette compétence n'est pas toujours reconnue comme telle ou accompagnée de formations.

Des contraintes sans réelles marges de manœuvre

Les salariés n'ont pas toujours de réelles marges de manœuvre pour calmer le client : la plupart des aspects qui agacent le client ne dépendant pas d'eux, ils servent juste de relais pour un éventuel traitement ultérieur par un autre service, sans qu'ils puissent s'engager sur des promesses de satisfaction.

Exemple

Un comptoir commercial a peu de prise sur l'efficacité d'un service après-vente.

Le manque d'effectifs et le manque de motivation parfois rencontrés dans les services internes ajoutent de la pression aux personnels affectés à la relation clientèle, qui doivent tout « encaisser en première ligne » sans pouvoir compter sur le *back-office*.

Des contraintes paradoxales

Un exemple de contrainte paradoxale concerne les objectifs qualitatifs et quantitatifs. Les procédures demandent souvent à des téléopérateurs de répondre très précisément aux clients suivant un guide d'entretien et de respecter des objectifs quantitatifs élevés. Si des salariés expérimentés sortent du modèle pour mieux renseigner, ils risquent de ne pas avoir les primes quantitatives, car ils conseillent et fidélisent plus qu'ils ne vendent. Et s'ils enchaînent les appels, certains clients rappellent et se plaignent de la qualité.

Exigences et agressivité

Les exigences créent des tensions qui favorisent l'agressivité et les incivilités.

TÉMOIGNAGE

Anne-Sophie, 38 ans, responsable d'un service de GRC d'un opérateur de téléphonie mobile : « Il est normal que le client soit exigeant, il a le droit au produit ou au service de qualité pour lequel il a payé. Ce qui est par contre difficilement supportable pour nos agents qui se plient en quatre pour leur apporter satisfaction, c'est la façon dont ils sont traités, pressurisés, agressés verbalement, menacés ou insultés... Ceci est malheureusement plutôt fréquent. »

POUR ALLER PLUS LOIN
Arts martiaux et gestion de l'agressivité, p. 109

Centre d'appels et stress

Les plateaux d'appels sont le haut lieu de la GRC. Ils multiplient souvent les facteurs de risque du stress : pression et surveillance permanente des chefs qui écoutent les communications et vérifient qu'on ne déborde pas d'un mot du guide d'entretien téléphonique, pression du client, objectifs quantitatifs et qualitatifs élevés en nombre d'appels et en qualité de service rendu, open space géant et bourdonnements incessants des sonneries et des voix, contrats précaires avec incertitudes sur l'avenir…

Notons, par ailleurs, que la tension est partagée de part et d'autre du téléphone : qui n'a jamais attendu impatiemment au téléphone 30 minutes facturées inutilement au prix fort pour voir son appel interrompu, avec retour à la case départ ?

Des pistes pour une gestion de la relation clientèle conviviale et saine

Aménager les contraintes

Il ne s'agit pas de tomber dans la caricature. Certaines directions sont conscientes de ces pressions et prennent des mesures : petit bureau semi-cloisonné pour redonner une intimité au téléagent, formation à la gestion de l'agressivité pour que le salarié apprenne à ne pas devenir une « éponge » émotionnelle, meilleure modularité des horaires et des rythmes, informations sur le nombre d'appels en attente et hiérarchisation des urgences, multiplication des pauses, voire pauses massages occasionnelles pour les mieux lotis... Il existe donc des solutions pour aménager certaines des contraintes inhérentes à ce type d'emploi.

Développer la « compétence de service »

Développer la « compétence de service » est un des moyens de sortir des contraintes paradoxales et de redonner des marges de manœuvre. Ceci est possible :
– en favorisant la capacité à prendre une décision non prévue ;
– en personnalisant les ressources au lieu de les tayloriser ;
– en redonnant de l'autonomie aux équipes ;
– en développant la compétence collaborative, qui permet d'allier le travail en amont et en aval (par exemple, service marketing + SAV).

POUR ALLER PLUS LOIN

Arts martiaux et gestion de l'agressivité

Les sagesses asiatiques peuvent être utiles dans le quotidien professionnel pour agir différemment face aux comportements agressifs.

EXEMPLE

Au judo, on ne cherche pas à frapper l'autre, ni même à se mettre en opposition frontale. Pourquoi ? Voici la réponse imagée du Maître Zen à l'élève « Petit scarabée » : « Que se passe t-il si on lance deux trains l'un contre l'autre sur les mêmes rails ? »
Petit scarabée : « Je comprends bien, Maître, c'est la destruction réciproque... Mais quand l'ennemi, plus fort et plus grand que moi, me fonce dessus, que puis-je faire ? »
Maître : « Plus il est fort, plus il est facile d'utiliser sa propre force et de faire levier pour le faire basculer... Deviens le levier, Petit scarabée ! »

Plutôt que de renforcer la spirale de la violence, il est plus sage d'éviter de rentrer trop directement dans le jeu de l'autre. Prendre en compte les motivations de l'autre permet de mieux influer sur les dynamiques relationnelles.

18 Démotivation et absentéisme

Les DRH s'inquiètent devant un climat de démotivation qui s'installe, à la fois cause et conséquence du stress. Quelles sont les manifestations de la perte de motivation ? D'où provient-elle ? Comment créer un cadre favorable à la motivation des salariés ?

CONNECTEZ-VOUS !

- Liens vers des études sur la démotivation et l'absentéisme
- Frustrations et reconnaissance

Les différentes manifestations de la démotivation

L'absentéisme

La hausse très sensible de l'absentéisme depuis la fin des années 1990 remet en cause les politiques répressives (contrôle des abus) et incitatives (primes d'assiduité). Avec un taux de 4,5 % du temps de travail d'absentéisme hors congés de maternité et congés conventionnels, la France serait, d'après une étude de PricewaterhouseCoopers, la plus mal classée d'Europe en 2006.

L'absentéisme apparaît comme le symptôme du vrai problème : le désengagement des salariés face à la dégradation des conditions et des ambiances de travail, à la rupture de confiance avec les employeurs. Le stress au travail, selon la Commission européenne, aurait provoqué 50 % de l'absentéisme en 2002. Selon l'INRS, le coût de l'absentéisme dû au stress en 2000 était au minimum de 370 millions d'euros pour les entreprises.

Le présentéisme

Le présentéisme consiste à venir travailler pour faire « acte de présence » sans véritable motivation et productivité. C'est une forme de « grève molle ».

Actuellement, les entreprises craignent en effet moins les conflits sociaux organisés par les syndicats que le présentéisme ou d'autres formes de conflits soudains et sauvages. La précarité du marché de l'emploi, la baisse du pouvoir d'achat, conjuguées aux faibles taux de syndicalisation et à la désorganisation des collectifs de travail peuvent expliquer le phénomène : ils n'incitent pas les salariés à se mobiliser collectivement et à s'absenter.

TÉMOIGNAGE

Jacques, ouvrier dans le secteur du BTP : « Depuis l'annonce des nouvelles affectations, au lieu de voir les collègues se mobiliser, j'ai le sentiment d'un calme plat, d'absence de vent, de point mort, de lourdeur. L'espoir et la volonté d'agir ont disparu. »

Stress, démotivation et passivité

Une des formes du stress conduit à la démotivation et à la passivité.

TÉMOIGNAGE

Julie : « J'avais l'impression d'être prise dans un véritable cercle vicieux : plus j'étais stressée, moins je dormais, plus j'étais fatiguée, plus j'accumulais les erreurs d'inattention. Je terminais un dossier quand mes collègues en avaient réalisé quatre. Je finissais par baisser complètement les bras devant la charge de travail. L'absence de soutien de ma hiérarchie et de mes collègues achevait de me démotiver. »

L'inverse existe également : la démotivation progressive crée un stress chez l'individu qui ne supporte pas de ne pas trouver du sens à son travail. Du retrait à la passivité, puis au cynisme (attitude qui consiste à braver ostensiblement et brutalement les principes moraux et les conventions sociales), les frontières sont fines. Le cynisme apparaît quand une personne perd son estime de soi et la confiance en son entreprise et en la société. Le cynisme est contagieux dans l'entourage professionnel et au sein des équipes.

Des indicateurs dans le rouge

L'Observatoire international des salariés de TNS-Sofrès publie chaque année un baromètre, assorti de l'indice d'engagement TRI*M. Validé auprès de 4 millions de salariés sur 90 pays, il agrège cinq grandes dimensions : la satisfaction au travail, la motivation, la reconnaissance de son employeur, l'intention de postuler à nouveau (« si c'était à refaire ») et la perception des performances des entreprises.

Les résultats de mars 2007 indiquent que la France est le seul pays européen où le management intermédiaire est à peine plus engagé que les collaborateurs.

Exemple

– Indice TRI*M tous salariés France : 43, contre 53 pour l'Allemagne et 58 pour les États-Unis.
– Indice TRI*M managers France : 47, contre 65 pour l'Allemagne et 68 pour les États-Unis.

Le faible engagement des managers français alerte sur leur capacité à motiver et à dynamiser leurs équipes.

Les salariés français montrent beaucoup plus de pessimisme et de lassitude que ceux des autres pays et cette étude prouve que leur insatisfaction résulte aussi de l'insuffisante performance des modes de management.

Exemple

Indice de pessimisme/lassitude : 34 pour la France, contre 20 pour l'Europe et 5 pour les États-Unis.

Le faible engagement des Français n'est pas uniquement le produit d'une sinistrose nationale. Car les salariés français qui travaillent dans des filiales de groupes étrangers mettant en œuvre d'autres modes de management manifestent à la fois plus de satisfaction et d'optimisme.

Les attentes des entreprises et des salariés

L'exigence accrue d'engagement

Les entreprises n'attendent plus seulement de la motivation de leurs salariés, mais elles leur demandent des compétences de « savoir-être », la capacité à prendre des initiatives, « l'engagement subjectif total » dans leur travail et vis-à-vis de leur employeur.

Exemple

Certaines primes dépendent de l'appréciation aléatoire du manager sur le degré « d'engagement » de son collaborateur. Le culte de la performance exige de « s'engager » pour réaliser l'objectif à 110 ou 120 %.

S'il semble parfaitement normal d'attendre l'implication de ses salariés, il est en revanche nécessaire de rendre cette exigence réalisable et de la moduler en fonction des collaborateurs sans l'imposer comme un diktat.

Les salariés qui souhaitent simplement « faire leur travail » sans déséquilibrer leur vie personnelle ne rentrent pas dans la norme. Ceux qui adhèrent à ces attentes par espoir d'une évolution de carrière déchantent souvent devant l'inadéquation de leurs moyens pour prouver leur engagement.

Le paradoxe dû au manque d'adéquation des moyens

Une entreprise qui demande de l'engagement et de la coopération à ses salariés doit s'engager en retour à ne pas tomber dans l'écueil des méthodes procédurières freinant l'autonomie. Faire évoluer les cultures managériales dépassées, ajuster les moyens humains et matériels est la preuve de la réciprocité de l'engagement.

Exemple

Certaines entreprises font des salariés à « haut potentiel » des ressources choyées et démotivent parfois, par une politique maladroite, ceux qui ne font pas partie des « élus ».

Créer les conditions préalables à la motivation et à l'engagement

L'inquiétude des DRH : pas de solution 100 % motivante pour tous !

Un salarié ne peut pas être motivé durablement par des avantages financiers, qui risquent d'être insuffisants malgré les efforts. Au-delà des montants des investissements, il est important de rappeler que de petites actions ciblées peuvent apporter un grand confort matériel et psychologique et renforcer la motivation.

Exemple

La motivation passe largement par la question de la reconnaissance. Faire participer les collaborateurs à des décisions qui concernent leurs conditions de travail dans l'équipe, comme les plans d'aménagement d'un bureau, permet d'éviter des sources inutiles de frictions entre collègues qui n'auraient sinon pas pu être anticipées.
Valoriser des collaborateurs ou des équipes dans les journaux internes, sans tomber dans le risque des « actions cosmétiques », est un bon moyen de reconnaissance et de mutualisation des bonnes pratiques.
Proposer aux salariés d'amener une fois par an leurs enfants sur leur lieu de travail facilite leur compréhension de l'environnement professionnel de leurs parents.

Pour qu'un salarié donne le meilleur de lui-même, il faut que ses motivations internes, personnelles et subjectives soient en adéquation avec les buts, les objectifs, les valeurs, la culture, le métier de l'entreprise. Cela nécessite de connaître ses sources de motivation et d'avoir les moyens d'aménager l'organisation du travail pour favoriser leur satisfaction.

Les attentes des salariés sont multiples et diverses en fonction de leur âge, de leur niveau de diplôme, de leur place dans la hiérarchie, de leurs circonstances de vie.

POUR ALLER PLUS LOIN
Les facteurs de motivation annoncés par les salariés, p. 116

Distinguer la motivation de l'engagement

L'enquête de Pactes Conseil de 2004 sur le désengagement repose sur la distinction entre motivation et engagement :
– la motivation dépend du rapport d'un individu à son métier, son environnement de travail, sa mission, son degré d'autonomie. Les situations professionnelles qui intègrent le mieux le projet de vie de l'individu contribuent à sa motivation ;
– l'engagement combine les aspects d'image, de confiance, de loyauté et de fidélité. Cela concerne le rapport « moral » du salarié à son entreprise.

EXEMPLE

Un commercial peut être motivé par son travail mais désengagé par rapport à son entreprise s'il ressent que son manager et la DRH n'ont pas tenu leurs promesses d'évolution de carrière, de formations de professionnalisation et si ses valeurs sont déniées par des licenciements impliquant des situations de harcèlement.

Le baromètre « bien-être » 2008 d'Accor Services alerte sur la baisse de fidélité : 51 % des salariés du secteur privé ont souvent pensé à quitter leur entreprise, examinent avec attention toute proposition et, pour certains, ont déjà planifié leur départ. La surprise concerne les salariés du secteur public, qui répondent de la même façon, à 29 % pour la fonction publique d'État, 45 % pour la fonction publique hospitalière et 42 % pour la fonction publique territoriale.

Les conditions de l'implication

L'implication est le fruit de la rencontre entre les attentes du salarié et ce que lui propose son environnement de travail. Si le salarié réalise ses enjeux personnels dans son travail, son implication conduit à sa satisfaction, tandis qu'elle peut le mener à l'insatisfaction en cas d'échec.

L'implication est conditionnelle et comporte plusieurs cibles : un salarié peut être impliqué dans son entreprise mais pas dans son travail, ou l'inverse. Il peut être démotivé par ses conditions de travail mais rester impliqué par espoir d'une mutation.

Exemple

Un informaticien peut être motivé par son métier mais peu engagé dans son entreprise si les conditions pour son engagement ne sont pas présentes et que, par ailleurs, le marché de l'emploi lui permet une large mobilité externe.

Selon Maurice Thévenet, professeur de management, il existe trois leviers d'implication des salariés :
– la cohérence : du fonctionnement global, des objectifs et des moyens, des discours et des actes ;
– la réciprocité : des engagements entre salariés, managers et employeurs, entre collaborateurs, avec équité, respect, reconnaissance ;
– l'appropriation : de leur métier par les salariés qui ont l'impression de le maîtriser, de pouvoir être autonomes.

Redonner du sens au travail, facteur de motivation

La métaphore du casseur de cailloux permet d'illustrer les différences de sens que chacun donne à son travail.

Exemple

Un voyageur s'arrête pour demander à un casseur de cailloux sur le bord de la route ce qu'il fait. Celui-ci lui répond simplement qu'il casse des cailloux. Un peu plus loin, il s'arrête à la hauteur d'un deuxième casseur de cailloux et lui pose la même question. Celui-là explique qu'il gagne sa vie à casser des cailloux. Enfin, le voyageur questionne un troisième casseur de cailloux, qui lui répond avec enthousiasme qu'il est en train de bâtir une cathédrale.

Cette anecdote illustre bien la notion de motivation professionnelle. Le travail est décrit :
– d'après les tâches qui le composent (casser des cailloux) ;
– selon une motivation externe (gagner sa vie) ;
– selon une motivation interne (donner du sens à son travail, le casseur de cailloux étant un maillon de la chaîne des artisans qui bâtissent une cathédrale).

Redonner une vue globale du cycle d'activité de l'entreprise, de ses enjeux, de sa finalité permet aux salariés de situer leur participation et contribue à leur motivation.

Exemple

Les parcours d'intégration des nouveaux embauchés, les mobilités internes, la communication interne sur les métiers, les groupes de pratique, les projets transversaux sont autant de façons de créer une appartenance à un métier, à une entreprise et à son projet de développement.

Les conditions préalables à l'émergence de la motivation

D'autres pistes de solution contribuent, au préalable, à l'émergence de la motivation :
– favoriser la qualité des échanges dans les relations avec le manager et l'équipe ;
– organiser une gestion souple des carrières qui propose des parcours en fonction des compétences et des aspirations, et pas seulement selon les postes occupés précédemment ;
– revaloriser les collectifs de métiers et rapprocher au passage les jeunes des seniors ;
– apprendre aux salariés à décoder l'implicite et à supporter les paradoxes ;
– entretenir la mémoire des « racines » de l'entreprise, oser communiquer sur sa « vision » de l'avenir proche ;
– redonner du sens au travail à travers des occasions d'apprendre et de se développer, ainsi que le sentiment de faire un travail « utile ».

Pour aller plus loin

Les facteurs de motivation annoncés par les salariés

Le sondage CSA/*Le Parisien/Aujourd'hui en France* du 20 février 2006 indique les facteurs d'amélioration du travail des actifs :
– rémunération plus élevée : 64 % ;
– possibilité d'évolution de carrière : 40 % ;
– plus de facilités pour équilibrer vie professionnelle et vie privée : 37 % ;
– charge de travail moins stressante : 33 % ;
– plus d'autonomie : 16 % ;
– travail plus intéressant au quotidien : 15 % ;
– plus de responsabilités : 15 % ;
– rien de cela : 3 %.

Le dialogue sur des pistes d'amélioration possibles est en soi un facteur de motivation.

19 *L'anxiété* et la dépression

Le stress chronique génère différentes conséquences, aux niveaux physiologique, émotionnel, relationnel, comportemental et, bien sûr, au niveau psychologique.

Connectez-vous !

Les Echos : article sur le stress au travail et les troubles psychiatriques

L'anxiété

Stress et anxiété

Le stress active différentes émotions, au premier rang desquelles figurent l'anxiété et autres émotions connexes. L'anxiété, l'inquiétude, la peur sont des émotions humaines normales qui font partie de la vie ; elles servent à alerter l'individu des dangers et à s'y préparer.

Le stress et l'anxiété sont distincts, mais le stress peut démultiplier le niveau d'anxiété.

L'anxiété devient pathologique quand elle est forte et récurrente, quand elle devient souffrance et perturbe le quotidien. La personne anxieuse perçoit les événements comme menaçants. Elle éprouve une crainte diffuse se traduisant par des sensations physiques d'oppression, des manifestations physiologiques semblables au stress, des comportements marqués comme l'évitement, des sentiments comme l'angoisse et l'impression d'être en permanence sur le qui-vive. Les risques pour la santé sont accrus.

Les troubles anxieux

L'anxiété peut générer des troubles anxieux, maladies spécifiques de l'anxiété, comme :
– le trouble anxieux généralisé : inquiétude permanente et durable ;
– le trouble de l'adaptation : persistance d'une anxiété modérée durant quelque temps, alors que la cause initiale du stress n'est plus d'actualité ;
– le trouble panique : crises d'angoisse, se déclenchant brusquement et régulièrement, souvent sans lien direct avec une cause particulière ;

– les phobies spécifiques : peur intense d'objets ou de situations ;
– la phobie sociale : peur intense du regard et du jugement d'autrui ;
– le syndrome de stress post-traumatique : à ne pas confondre avec le stress. Ce syndrome peut survenir à la suite d'un événement particulièrement violent (attentat, agression, prise d'otages...), installant un état anxieux profond et durable. La personne a l'impression de revivre sans cesse la scène traumatique, jour et nuit.

POUR ALLER PLUS LOIN

Les médicaments sont-ils la solution au stress ?, p. 120

La dépression

Le lien entre anxiété et dépression

À force de résister au stress et de s'y épuiser, en voyant tous leurs efforts pour faire face réduits à néant, un sentiment d'impuissance et de résignation peut atteindre certains salariés, allant jusqu'à la dépression.

Le passage du stress à l'anxiété, puis à la dépression n'est pas automatique, de nombreux facteurs comme l'hérédité ou l'environnement rentrent en interaction, mais les troubles anxieux peuvent faciliter une dépression ultérieure.

Le test rapide HAD (échelle hospitalière de dépistage de l'anxiété et de la dépression) en quatorze questions, de A.S. Zigmond et R.P. Snaith (1983), permet aux professionnels d'effectuer une première évaluation du niveau d'anxiété et de dépression.

La dépression peut aussi s'envisager comme une forme de résistance du sujet, de révolte intime, avec la difficulté d'assumer un choix, un désir de changement, affectif ou professionnel.

Déprime ou dépression ?

Se sentir triste ou passagèrement déprimé n'est pas anormal. La dépression, quant à elle, est caractérisée par l'association de différents symptômes durables, en particulier :
– des perturbations de l'humeur avec tristesse inhabituelle ;
– une perte d'intérêt et de plaisir dans tous les domaines de la vie ;
– une fatigue chronique, parfois des douleurs ;

– un fonctionnement au ralenti ;
– des perturbations du sommeil et de l'appétit.

Ceci perturbe de façon permanente la vie quotidienne et devient une véritable douleur morale.

L'un des risques les plus graves est le suicide (voir fiche 23), la personne ayant perdu tout espoir et n'envisageant plus d'autres issues.

Les autres effets et troubles psychologiques

La fatigue chronique

Sans raison physiologique précise, la fatigue chronique, psychique, se rencontre de plus en plus souvent. Ceci n'est pas étonnant quand on sait que le stress permanent siphonne, en quelque sorte, l'énergie de la personne.

Le *burn-out*

L'épuisement professionnel, littéralement « brûlure interne », est aussi l'une des conséquences sérieuses du stress permanent (voir fiche 21). À bout de forces, la personne finit par s'effondrer.

Les dépendances et les addictions

Ayant l'impression de ne pouvoir régler leurs problèmes, certaines personnes vont trouver des soutiens ou des compensations à leur stress quotidien dans la nourriture, les stimulants, l'alcool, le tabac, le jeu compulsif, les drogues. Là encore, il ne s'agit pas de nier les prédispositions individuelles ou le rôle de l'environnement, mais de souligner l'influence du stress dans un mode de vie déséquilibrant. Le tabac et autres drogues peuvent donner une impression immédiate de soulagement, mais en dehors de leur toxicité bien établie, les études montrent que les fumeurs ont des niveaux d'anxiété et de dépression significativement plus importants.

POUR ALLER PLUS LOIN

Les médicaments sont-ils la solution au stress ?

Les Français « friands » de médicaments actifs sur leur psyché

Les enquêtes montrent que de plus en plus de salariés souffrent du stress, de fatigue chronique, d'anxiété, d'épuisement, de dépression. Ils se réfugient fréquemment dans les médicaments, assez souvent de façon inadéquate à leur cas.

La France est malheureusement la première consommatrice au monde de psychotropes : des centaines de millions de boîtes d'antidépresseurs, de somnifères et d'anxiolytiques sont ainsi remboursées par la Sécurité sociale chaque année. Bien sûr, pour des maladies établies comme les troubles anxieux et la dépression, il est important de disposer d'un traitement médical et psychologique car on peut en guérir. Il existe aujourd'hui des traitements efficaces proposés par les psychiatres, les psychologues, les psychothérapeutes. En fonction des cas, ils peuvent associer une psychothérapie à un soutien médicamenteux adapté au contexte de la personne.

La prévention par des compétences accessibles à tous

À titre préventif, il existe tout un éventail de moyens qui permettent de se passer partiellement ou totalement de médicaments, peu adéquats pour certaines situations.

Pour les uns, cela sera la pratique du yoga ou du qi-qong ; pour d'autres, plutôt une pratique corporelle et artistique comme le chant ou la danse ; pour d'autres encore, cela consistera à renforcer leur résistance au stress avec un sophrologue.

Il faut savoir, par exemple, qu'un relaxologue ou un thérapeute spécialisé peut enseigner, par un accompagnement relativement bref – c'est-à-dire quelques semaines à quelques mois – des techniques simples pour faire baisser par soi-même son niveau de stress et d'anxiété en quelques instants. Ces compétences pratiques sont acquises à vie et seront d'un grand secours dans des situations nombreuses et variées.

En France, des ateliers réguliers commencent à être proposés dans certaines entreprises qui ont compris qu'il vaut mieux prévenir que guérir.

20 *Les* risques pour la santé

À côté des troubles psychologiques comme l'anxiété et la dépression, le stress chronique met la santé du salarié en danger. Quelles sont les maladies que le stress favorise ?

Connectez-vous !

Les Echos : article sur le stress et la santé

Le stress et la santé

Le stress, une maladie ?

L'employeur est responsable de la prévention de la santé physique et mentale de ses salariés en vertu de l'article L. 4121-1 (ancien L. 230-2) du Code du travail.

Contrairement à certains pays, le stress en tant que tel n'est pas répertorié en France comme maladie professionnelle, mais ses conséquences peuvent l'être (voir fiche 5).

Les mécanismes du stress sur la santé

À l'image d'une automobile dont le moteur tournerait en permanence à son maximum, provoquant une usure d'autant plus rapide, le stress chronique provoque l'épuisement des ressources du corps.

Le stress active des mécanismes biologiques, hormonaux et immunitaires complexes, ce qui présente des effets notables sur la santé. Le stress n'explique pas tout, il est un facteur parmi d'autres : vulnérabilité personnelle, infections, environnement…

Le stress permanent génère une hyperactivité du système nerveux sympathique et provoque la libération des hormones du stress, comme le cortisol et les catécholamines, entrainant de multiples modifications physiologiques pouvant déclencher, influencer ou aggraver de nombreuses pathologies. Le stress chronique ou aigu affaiblit les capacités de défense du système immunitaire.

Des troubles courants

Il est assez fréquent d'expérimenter dans son quotidien des gênes et des maux plus ou moins bénins et passagers, pouvant être largement influencés par le stress. Mais ils peuvent aussi constituer une première étape vers des troubles plus sérieux et durables. Ils sont extrêmement variés (fatigue, douleurs dorsales, thoraciques, maux de tête…).

POUR ALLER PLUS LOIN
Les troubles psychosomatiques, p. 123

Chacun réagit différemment au stress et développera plutôt tel ou tel trouble. C'est la théorie de la chaîne, trop étirée de chaque côté : c'est le maillon le plus faible qui casse.

En dehors de la gêne elle-même et de sa répercussion sur la qualité de vie, il est vivement indiqué de prendre conscience à temps du lien entre le stress et ces manifestations. Ces premiers signes d'alerte, pris à temps, permettent d'agir afin de prévenir l'aggravation.

Les maladies en lien avec le stress

Le stress intervient aussi dans les maladies somatiques, affectant le corps et les organes.

Les troubles musculo-squelettiques (TMS)

Cette catégorie regroupe des pathologies hétéroclites comme les maux de dos, les tendinites, les inflammations et les lésions des articulations. C'est la première maladie professionnelle en France. 13 % des salariés en souffraient en 2004. Ces chiffres représentent les trois quarts de l'ensemble des maladies professionnelles et sont en augmentation de 20 % chaque année. Bien que l'origine de ces troubles psychosociaux soit multifactorielle (haute cadence des gestes répétitifs, mauvaise posture, par exemple), le stress multiplie leur intensité par la tension permanente qu'il engendre dans le corps. La tension permanente génère de la douleur, la douleur maintient la tension : voici le « parfait » cercle vicieux qui alimente ce type de maladie.

Témoignage

Jean, 48 ans, ouvrier : « J'ai remarqué que l'expression "en avoir plein le dos" n'était pas vide de sens. Quand je suis stressé, j'ai mal au dos, alors que lorsque je suis en vacances, mon dos est détendu… Comme moi ! »

Les maladies cardio-vasculaires

De nombreux travaux scientifiques montrent l'influence que le stress peut avoir sur l'infarctus, l'hypertension artérielle et les maladies coronariennes, comme le note le Docteur Dominique Servant. Le stress entraîne la combinaison de plusieurs mécanismes, comme l'augmentation de la consommation d'oxygène par le biais des catécholamines et des mécanismes hémodynamiques et neuroendocriniens.

La récurrence de sentiments d'hostilité, comme l'agressivité et la colère refoulée, augmente significativement les risques d'accident cardio-vasculaire.

À l'inverse, les programmes de gestion du stress ont démontré leur efficacité pour réduire la mortalité et les risques de récidive des maladies coronariennes, notamment, alors que la maladie coronarienne est l'une des toutes premières causes de mortalité en France.

D'autres pathologies

Le stress peut faciliter ou renforcer d'autres pathologies qui ne sont pas en lien direct avec le stress (ORL avec l'« otite de l'expert-comptable » durant les bilans, par exemple).

Concernant le déclenchement du cancer, les études montrent des résultats contrastés, même si les effets du stress sur le système immunitaire pourraient avoir un effet indirect.

Par contre, en cas de cancer déclaré, le niveau de stress joue un rôle important dans le vécu des patients, sur l'évolution favorable ou défavorable et la survie, selon le Docteur Patrick Légeron.

POUR ALLER PLUS LOIN

Les troubles psychosomatiques

Ils recouvrent les troubles dans le corps occasionnés plus particulièrement par des causes psychologiques, même si les frontières entre psychisme et somatique sont souvent discutables. Les facteurs génétiques, biologiques et environnementaux sont aussi présents. Le stress peut ainsi favoriser ou aggraver toutes sortes de maladies:

– les troubles gastriques et intestinaux: le stress augmente l'acidité gastrique, ce qui favorise ulcères de l'estomac et gastrites;

– les affections dermatologiques, comme l'eczéma, les récurrences de l'herpès, le psoriasis, les pelades...;

– certains troubles sont difficiles à classer car à l'intersection entre plusieurs disciplines, comme la migraine, l'asthme, la prise ou la perte de poids, voire sujets à débat comme la fibromyalgie, la spasmophilie...

Le stress semble jouer un rôle important dans la survenue de ces troubles: consulter un médecin en cas de doute ou de trouble avéré reste bien sûr une mesure de bon sens et nécessaire avant de tirer des conclusions pour un individu en particulier.

21 *L'épuisement* professionnel : le *burn-out*

On entend parler depuis quelque temps de « *burn-out* », littéralement « combustion intérieure », conséquence du stress au travail. Que recouvre cette notion ? Comment reconnaître l'épuisement professionnel ?

CONNECTEZ-VOUS !

– Un témoignage représentatif
– Le questionnaire MBI

Une « brûlure interne »

À l'origine, l'épuisement des soignants

Le *burn-out* désigne un syndrome d'épuisement professionnel et émotionnel. Initialement, il décrivait l'épuisement spécifique des soignants et des professionnels de la relation d'aide, comme les infirmières, fruit de leurs contraintes spécifiques (comme, par exemple, le contact permanent avec la souffrance et la mort) et de leur forte implication personnelle.

Aujourd'hui, on parle de ce syndrome dans les autres secteurs professionnels. Il se rencontre de plus en plus couramment, notamment dans les métiers à composante relationnelle.

POUR ALLER PLUS LOIN

Une brève histoire du *burn-out*, p. 128

Un état de fatigue physique et psychologique

Sous l'effet d'une forte pression professionnelle chronique, dépassant leurs capacités, certains individus peuvent connaître cet état de fatigue intense, qui est autant physique que psychologique.

La personne est submergée par ses soucis professionnels au point d'être envahie dans sa vie personnelle, elle n'arrive plus à faire face et se sent « au bout du rouleau ».

Il ne faut pas confondre *burn-out* et stress passager : l'épuisement professionnel est une conséquence grave de tensions professionnelles importantes pour la personne, qui se maintiennent dans le temps. Douleurs, troubles intestinaux, insomnies, irritabilité, anxiété, démotivation, déprime, voire dépression, accompagnent cet épuisement.

Des conséquences néfastes pour tous

Outre les multiples troubles de santé sérieux occasionnés pour le salarié et le coût important pour la collectivité, l'entreprise et l'équipe de travail sont aussi fortement pénalisées par la perte de productivité et d'intérêt, par les perturbations émotionnelles, par l'absentéisme et les arrêts maladie que génère l'épuisement professionnel.

Témoignage

Jean-Michel, un manager victime d'épuisement professionnel qui a vu les résultats de son unité s'effondrer : « Le *burn-out* n'est pas la maladie des plus faibles, mais celle des plus motivés... C'est du perdant/perdant ! »

Les trois dimensions de Maslach

Christiana Maslach identifie trois dimensions caractéristiques de l'épuisement professionnel.

L'épuisement émotionnel

La personne a la sensation d'être vidée émotionnellement, elle n'a plus d'énergie pour soi et les autres.

Exemple

Alors que Martin avait toujours été considéré comme un pilier pour l'intégration des jeunes « recrues » et se donnait sans compter, l'accumulation du stress l'a fait basculer dans une autre forme de comportement : il se concentrait sur ses tâches, ne parlait plus à personne à part un petit cercle fermé de quelques « anciens », ne se proposait plus pour les visites de service, ne s'intéressait plus aux nouveaux. Il fonctionnait à « petit régime » pour tenir à son poste, les autres efforts étant devenus au-dessus de ses forces.

La dépersonnalisation puis la déshumanisation des relations

L'assèchement émotionnel génère un détachement et un désintérêt pour autrui, le désinvestissement relationnel pouvant mener au cynisme.

Exemple

Pour éviter de se confronter à des émotions douloureuses qui remettent en question ses choix, un individu peut se mettre à exécuter son travail mécaniquement, sans engagement dans les relations professionnelles. Ce système de défense permet de tenir temporairement à son poste, le revers de la médaille étant la sensation progressive pour l'individu d'être vidé de toute émotion.

L'inaccomplissement personnel et la démotivation

L'autodévalorisation, le sentiment d'impuissance, la contre-performance et la démoralisation accompagnent l'épuisement professionnel.

EXEMPLE

Sarah est devenue infirmière par vocation, pour aider les autres, pour se sentir utile par et pour les autres. Après s'être surinvestie et avoir connu le *burn-out*, c'est finalement le sentiment d'échec personnel et de remise en question de sa propre valeur et de sa mission de vie qui l'a le plus ébranlée, au-delà des difficultés quotidiennes qu'elle a rencontrées.

C. Maslach (1981) est l'auteur du questionnaire MBI (pour « *Maslach Burn-Out Inventory* »), qui explore ces trois versants à travers vingt-deux questions.

Les quatre stades du *burn-out*

L'épuisement professionnel peut, selon Jerry Edelwich et Archie Brodsky (1980), se décomposer en quatre stades successifs.

Stade 1 : l'enthousiasme

Plein d'espoir, l'individu démarre un nouveau travail avec un grand dynamisme et s'investit complètement dans son travail.

TÉMOIGNAGE

Pierrick, adjoint du responsable « sécurité » d'une usine fabriquant des matériaux de construction : « J'ai démarré mon travail deux jours après l'officialisation de mon embauche. J'avais une énergie prête à abattre des montagnes ! L'entreprise accordait une véritable place à la notion de sécurité et m'a donné les moyens de mettre en place des projets innovants. Je suis bien dans mon travail et cette satisfaction me permet de faire la coupure en rentrant à la maison, chaque partie de ma vie s'équilibrant naturellement. »

Stade 2 : la stagnation

La vision idéalisée de sa mission se dissipe, des doutes apparaissent, les premières manifestations corporelles et émotionnelles négatives se font sentir.

À ce stade, il est encore temps pour l'individu de prendre conscience de cette dynamique pour en sortir et adopter des mesures avant qu'il ne soit trop tard.

Témoignage

Catherine, animatrice d'un réseau de franchisés sur une gamme de produits de loisirs : « Pendant les deux premières années, je n'ai pas vu le temps passer. Puis la fatigue liée aux déplacements, le manque de renouvellement dans notre organisation et la routine de mes interventions faisaient que je me levais le matin sans entrain et que je rentrais le soir en ayant une impression de vide. J'ai commencé à prendre un peu de poids, par compensation sur mon alimentation. »

Stade 3 : la frustration

Irritabilité, débordement, sentiment de culpabilité et d'impuissance conduisent au retrait face aux situations difficiles.

Témoignage

Carlos, opérateur de saisie : « J'ai toujours aimé mon métier parce qu'il présentait au départ de nombreux avantages : je pouvais travailler en horaires décalés et concilier ainsi mon activité professionnelle avec mes sorties entre amis ; j'avais beaucoup d'autonomie dans mon organisation. L'essentiel était que toutes les saisies soient faites à la fin de ma journée ou de ma soirée. J'étais un des plus rapides du service. Puis les problèmes ont commencé à s'accumuler : changement de système informatique, de méthodes de travail, de manager, recul de l'autonomie, dégradation de l'ambiance sur le plateau... Je me sentais pris au piège, sans voir aucune possibilité d'amélioration de la situation. C'est à ce moment-là que mon entourage à commencer à s'inquiéter pour moi. J'étais parfois incapable d'aller travailler et je souffrais de mal de dos. »

Stade 4 : la démoralisation

La personne, apathique, se met à l'écart. Elle se sent épuisée, désabusée et parfois désespérée. Cela peut déboucher sur une maladie, une dépression, un accident, voire un suicide.

Témoignage

Monique, infirmière : « Tout allait bien jusqu'à notre regroupement avec l'unité B dans un souci de rationalisation des coûts. L'ambiance de travail, la qualité des relations personnalisées avec nos patients, la gestion collective intelligente du matériel, tout a volé en éclats. Il fallait faire "tourner les lits" de plus en plus vite, les patients devenaient quasiment des numéros pour nous, nous devions nous concentrer sur les gestes techniques sans prendre le temps d'accompagner "humainement" les malades. J'avais l'impression de ne plus servir à rien, toute une vie de professionnalisation réduite à néant ! La goutte d'eau qui a fait déborder le vase et m'a poussée à donner ma démission peut paraître futile vue de l'extérieur : c'est quand la saleté qui s'était accumulée par restriction de budgets d'entretien a fini par remettre en cause les bases de mon engagement professionnel. »

Une brève histoire du *burn-out*

Un terme dérivé de l'industrie aérospatiale

En 1970, Herbert Freudenreich, psychiatre et psychanalyste, est le premier à parler de *burn-out* pour décrire ce syndrome d'épuisement professionnel, qu'il a observé chez des soignants bénévoles s'occupant de toxicomanes. Il en aurait lui-même souffert.

Dans l'industrie aérospatiale, le terme « *burn-out* » désigne la désintégration par surchauffe des machines à court de carburant.

Dans les années 1980, d'autres spécialistes, comme Jerry Edelwich, Archie Brodsky et surtout Christiana Maslach, ont ensuite affiné les notions recouvertes et les moyens de quantifier l'épuisement professionnel.

Des recherches pour prévenir et traiter le *burn-out*

Toujours dans des années 1980, plusieurs auteurs, comme Pines, MacBride, Burrows, Hamberger et Vaughn-Stone, ont proposé des approches pour prévenir et traiter le *burn-out*.

Ceci passe par :

– l'acquisition de compétences de régulations du stress et des émotions ;

– la réévaluation de ses priorités ;

– faciliter l'évolution personnelle aux plans physique, émotionnel, mental, spirituel, social et professionnel ; le fait de donner du sens à sa vie et à son vécu ;

– une meilleure communication et collaboration entre collègues de travail ;

– le développement de réseaux d'entraide...

22 *La* souffrance et le harcèlement au travail

Face à l'augmentation inquiétante de la souffrance au travail, les salariés, managers, dirigeants, DRH et représentants du personnel sont démunis. Sous quelles différentes formes se manifeste la souffrance au travail ? Comment lire et déchiffrer cette souffrance inchiffrable ? Quelles précautions prendre dans l'analyse de ce phénomène ?

CONNECTEZ-VOUS !

Liens vers des études sur la souffrance au travail et les addictions

Comprendre le mécanisme de souffrance au travail

Les principales sources de souffrance au travail

Le stress chronique est un mal-être quotidien qui finit par générer une véritable souffrance morale, voire physique.

Multiplication des agressions externes, paradoxes intenables, conditions de travail dégradées, relations internes difficiles, changements, perte de sens, *burn-out*… les peurs sont de plus en plus perceptibles par les professionnels. Il s'agit, notamment, de la peur d'avoir un accident du travail, celle de perdre son travail, de ne pas y arriver, de ne pas être à la hauteur, de perdre « son âme »…

POUR ALLER PLUS LOIN

Filmographie sur la souffrance au travail, p. 135

L'évaluation du niveau de souffrance personnelle et situationnelle

Pour certains, une situation engendrera stress et souffrance, et pas toujours pour d'autres.

La souffrance générée par le travail est le fruit d'une rencontre complexe et difficile à mesurer entre :
– un individu, ses facteurs personnels de résistance et de vulnérabilité, son état général (physique, psychologique, moral), ses représentations culturelles ;

– la hauteur de ses enjeux dans la situation, la problématique, la ou les personnes identifiées comme source de souffrance, le système général dans lequel se déroule cette situation;
– l'étendue de ses ressources internes et externes pour lutter contre cette souffrance.

Si une situation appuie sur les « mauvais boutons » d'un individu, au mauvais moment, cela crée de la souffrance. La liste des sources de souffrance au travail est universelle, mais l'ordre et l'intensité des réactions sont éminemment personnels.

Exemple

Différences de représentations culturelles pouvant moduler la souffrance :
– un ancien pourra souffrir de l'« asservissement à l'informatique » qui encadre son autonomie;
– un jeune pourra souffrir de la vétusté des équipements informatiques qui le bloquent dans sa productivité.

Un collectif de travail (entreprise, association, administration), suivant le niveau de maturité de la culture interne sur ce thème, peut plus ou moins autoriser à détecter sa souffrance, oser la dire et engager des actions. La souffrance la plus nuisible, c'est celle sur laquelle on ne peut pas mettre de mots, car elle crée des maux internes qui rongent l'individu.

Les « règles du jeu » collectives focalisées sur une personne

Un degré supplémentaire est atteint lorsqu'un individu en particulier symbolise le « symptôme » d'une équipe qui va mal : en accumulant la souffrance de tous, en se mettant « hors jeu », il permet au reste de l'équipe de continuer à fonctionner. Il peut aussi être le bouc émissaire d'une ou de plusieurs personnes. Dans ce cas, les « règles du jeu » collectives implicites empêchent l'individu en souffrance de nommer son problème car parler équivaut à remettre en cause l'ensemble du système. C'est par la capacité à s'affirmer et à faire respecter ses besoins qu'un enfermement de cette nature peut être rompu.

Les changements et le temps, facteurs d'accumulation de souffrance

Un mal-être est susceptible d'émerger à chaque changement d'organisation du travail, surtout si ce changement n'est pas accompagné de mesures préventives : l'individu doit alors se recréer des repères et des habitudes pour se roder, éviter les pertes de temps et rester productif.

La notion d'accumulation sur la durée peut aussi faire varier la perception initiale du stress en souffrance régulière à laquelle on ne peut pas échapper.

TÉMOIGNAGE

Rébecca Hartmann, psychologue au pôle de soutien psychologique de la SNCF : « Dans les consultations, les agents mettent en avant le nombre croissant d'outrages. Cet aspect renvoie immanquablement à la dimension d'usure professionnelle illustrée par une phrase récurrente : "Je ne supporte plus que l'on me parle ainsi." »

Les stratégies d'adaptation et de défense devant la souffrance

Chacun va mettre en place, consciemment et inconsciemment, des stratégies d'adaptation et de défense, en fonction de la situation. Les conséquences de ces stratégies peuvent parfois avoir un impact sur l'équipe (dans le cas où le choix d'adaptation relève du « chacun pour soi », par exemple). Christophe Dejours, psychiatre, spécialiste de la psychodynamique du travail, a montré à quel point une stratégie de défense, à première vue efficace, retardait d'autant la véritable prise de conscience de la souffrance, et donc l'initiative d'agir à la source.

EXEMPLE

Des ouvriers du BTP bâtissent des stratégies de défense paradoxales : pour lutter contre la peur des accidents, ils prennent parfois des risques devant leurs collègues pour prouver qu'ils sont dignes de la « norme culturelle interne » : seuls ceux qui n'ont pas peur ont leur place dans le groupe.

Les stratégies de « contre-effectuation »

Philippe Zarifian, sociologue, spécialiste de la notion de compétence, détaille également les « stratégies de contre-effectuation », chez des téléopératrices notamment.

Pour lutter contre le stress des nouvelles méthodes de travail (script de vente à suivre à la lettre), contre la souffrance générée par l'écart entre les valeurs fondatrices de leur identité professionnelle d'origine (conseil et service aux usagers) et les valeurs implicites de leur nouveau métier (conseil pour mieux vendre aux clients), certaines téléopératrices aménagent leur script de vente. Elles s'appuient sur leur connaissance de l'entreprise pour conseiller le client selon leur éthique, créant paradoxalement une forme d'innovation utile sur le moyen terme (fidélisation des clients), alors qu'elles dérogent à la règle de l'entreprise sur le court terme (vendre rapidement selon un objectif quantitatif fixé). Ces décisions leur permettent de trouver un sens à leur engagement professionnel, tout en leur créant une autre forme de stress (se mettre en dehors de la règle et supporter la critique de la hiérarchie).

Les addictions pour faire face à la souffrance au travail

Classées comme une « stratégie d'adaptation au stress », de nouvelles formes préoccupantes d'addictions commencent à se révéler au grand jour.

Exemple

Addictions sans produit (*Workaholic*, cyberaddiction, jeux d'argent, achats compulsifs), avec produit autorisé (nourriture, tabac, alcool, médicaments de type anxiolytiques, somnifères, antidépresseurs) ou avec produit illicite (drogue de type cannabis, opiacées, amphétamines).

Ces addictions et polyaddictions (plusieurs formes d'addictions en parallèle) mènent à des problèmes de santé et à des problèmes sociaux, avec risque de sortir de la société pour surendettement, délit, infraction, maladie, accident… Tous les secteurs et professions sont désormais touchés.

Exemple

Une étude de 2006 de l'INPES (Institut national de prévention et d'éducation pour la santé) et de l'ANPAA (Association nationale de prévention en alcoologie et addiction) sur les addictions en entreprise auprès des DRH et des salariés révèle que les questions de toxicomanie sont jugées de plus en plus préoccupantes par plus de 65 % des DRH de plus de 50 salariés, 71 % des dirigeants d'entreprises de moins de 50 salariés. La majorité des DRH ont le sentiment d'être démunies : les initiatives de prévention restent encore limitées.

L'addiction comme moyen de faire face à la souffrance est assimilée au « dopage au quotidien ». Une étude de 2006 de la faculté de médecine et du service médical interentreprises de Toulouse montre que l'organisation actuelle du travail incite 20 % des salariés aux comportements dopants (alcool surtout), et ce, quel que soit le type d'entreprises. Les salariés les plus touchés sont ceux qui considèrent que leur travail n'est pas valorisant, qui subissent des pressions.

De la maltraitance au harcèlement

La maltraitance

Pendant les décades précédentes, le code social de base, la politesse, le respect avaient l'air de « fonctionner à peu près ». Plus récemment, la violence, verbale en tout cas, augmente, dans les mails, au téléphone, en face-à-face, en réunion…

Si cela n'est pas considéré comme du harcèlement, ces attaques visent directement les personnes plus que leur travail.

Les abus de pouvoir

Il est normal qu'un manager exerce son pouvoir, qu'il mette en œuvre ses ressources pour satisfaire sa mission et faciliter celle des autres, sans perdre de vue l'intérêt général, celui de l'entreprise. L'abus de pouvoir commence dès qu'un individu use de ses prérogatives pour exiger des autres qu'ils satisfassent ses propres besoins, dans un rapport de domination/soumission, négligeant alors complètement l'intérêt de l'entreprise.

EXEMPLE

Les interruptions intrusives : le droit, à tout instant, de « débarquer » dans un bureau en perturbant le travail, signe que la personne qui travaillait est en permanence « à la disposition de quelqu'un ».

Le harcèlement : une définition encadrée mais encore floue

La loi encadre la notion de harcèlement, toute la difficulté réside dans la preuve. Il convient de ne pas confondre le « simple » stress avec les situations de harcèlement, bien que le harcèlement génère un stress profond et chronique.

Voici quelques exemples de situations qui, en fonction d'indices « caractérisés », pourraient correspondre à des pratiques de harcèlement :

EXEMPLE

– Ordres et contrordres différents de ceux donnés aux collègues : dossier plus difficile, délais plus courts, sous-estimation des moyens nécessaires, consignes orales puis mensonges en disant que ce n'était pas ça qui était demandé...

– Humiliation du salarié devant un de ses partenaires réguliers de travail (un fournisseur, par exemple), en faisant croire que le salarié s'est trompé dans la préparation du dossier, qu'il n'a pas écouté les consignes, en le reprenant systématiquement pour le contredire quand il parle...

– Isolement physique dans un coin du bureau, attributions des plus mauvaises places, empêchement de bien travailler de par l'éloignement des matériels, fournitures, mise en quarantaine du reste de l'équipe...

– Disparition des sollicitations de l'avis du salarié, non seulement sur une question générale, mais aussi sur une question relevant théoriquement de son domaine de compétences : son professionnalisme est ainsi bafoué, l'isolement grandit.

L'absence de réponses quand le salarié harcelé vient solliciter une entrevue d'explication, pour mettre les choses à plat, restaurer la confiance est un critère clé de détection de la situation de harcèlement. Quand le harcelé fait seul les efforts pour améliorer la situation et qu'il se heurte à un mur, c'est qu'il n'y a pas réciprocité d'intention, qu'il n'y a pas égalité des positions, car le harceleur, qui bloque les possibilités de solutions, se place dans une position distributive en matière de conflits : il garde la main et le pouvoir sur la définition du cadre de la relation.

Le harceleur parfois lui-même victime

Dans le harcèlement, qui est la vraie victime ? Parfois, en effet, le harceleur l'est devenu sans le vouloir, manipulé par un harcelé qui l'y contraint. La question est donc plutôt de savoir comment former les salariés afin qu'ils sachent détecter ce genre de situations malsaines pour se préserver d'y tomber. Et que, s'ils y tombent, ils aient le réflexe, dans ce cas, d'alerter leur hiérarchie et leur DRH pour résoudre le problème avant que manager ou salarié ne bascule dans l'extrême (*burn-out*, violences, suicide, procédure judiciaire).

Quand un manager est accusé de harcèlement, l'entreprise doit aussi faire son *mea-culpa* et regarder les injonctions culturelles et organisationnelles qui pèsent sur lui.

Exemple

Une culture managériale exigeante, dont la performance se mesure exclusivement aux résultats, qui n'écoute pas les demandes de moyens, peut induire des comportements de harcèlement.

Les manœuvres possibles des harceleurs devant la justice

Autant il arrive qu'un individu soit accusé à tort de harcèlement, autant il arrive qu'un harceleur se débrouille pour se faire « blanchir ».

Le harceleur accusé réussit alors à projeter la faute sur la victime. Le salarié victime a supporté les agissements du harceleur sans trouver à s'en sortir à temps, puis il est à son tour vu comme le harceleur qui tente de faire accuser un innocent et le « harcèle » sans raison !

Il est nécessaire de bien former les professions juridiques au « petit jeu » des harceleurs afin de ne pas tomber une énième fois dans leurs filets.

La notion de harcèlement collectif

La jurisprudence récente, avec l'arrêt de la Cour de cassation du 11 octobre 2007, amène la notion de harcèlement moral collectif à travers des pratiques managériales généralisées de notes de service incitant à la productivité.

Exemple

Extrait de l'arrêt : « Ces très nombreuses notes de service visant manifestement à mobilier les troupes en leur indiquant les priorités de travail de l'instant, qui se veulent drôles, n'en constituent pas moins de véritables menaces pour les salariés. Si elles sont parfois considérées par l'employeur, voire par certains salariés, comme une méthode de management moderne, elles n'en constituent pas moins, vu leur caractère répétitif, une forme de harcèlement moral individuel et collectif de nature à entraîner une dégradation des conditions de travail susceptible de porter atteinte aux droits et à la dignité, voire à la santé physique ou mentale, des salariés. »

Pour aller **plus loin**

Filmographie sur la souffrance au travail

- 1987, Luc Moullet, *La Comédie du travail* : le bizutage d'un ouvrier au grand cœur met en lumière les valeurs masculines populaires comme la virilité, la domination, la place des femmes.
- 1995, Laetitia Masson, *En avoir ou pas* : une employée d'une conserverie se retrouve au chômage pour « mesures de restructuration » et recommence tout à zéro dans une ville inconnue.
- 1998, Fabrice Cazeneuve, *De gré ou de force* : le harcèlement comme stratégie de licenciement.
- 1998, Éric Monami et Agnès Lejeune, *La Chaîne du silence* : une enquête sur le suicide par balle à son poste de travail d'un ouvrier automobile.
- 1999, Laurent Cantet, *Ressources Humaines* : un jeune diplômé en ressources humaines effectue un stage dans l'entreprise où son père ouvrier va se faire licencier.
- 2001, Philippe Le Gay, *Trois huit* : une collaboratrice d'une agence pour l'emploi favorise un chômeur dont elle est amoureuse au détriment d'un autre.
- 2004, Jean-Marc Montout, *Violence des échanges en milieu tempéré* : un jeune diplômé se fait « coacher » par un aîné de cabinet d'audit pour effectuer, sans état d'âme, un audit devant déboucher sur un licenciement.
- 2005, Constantin Costa-Gavras, *Le Couperet* : un cadre supérieur au chômage liquide tous les concurrents qui postulent au même poste que lui.
- 2006, Sophie Bruneau et Jean-Marc Roudil, *Ils ne mouraient pas tous mais tous étaient frappés* : documentaire sur quatre patients de consultation de souffrance au travail.
- 2006, Fabienne Godet, *Sauf le respect que je vous dois* : l'histoire d'un harcèlement.
- 2007, Lars von Trier, *Le Direktor* : le propriétaire d'une PME invente un directeur fictif derrière qui s'abriter pour prendre des décisions impopulaires.
- 2007, Nicolas Klotz, *La Question humaine* : un psychologue travaillant à la DRH d'une entreprise se voit confier une enquête sur la santé mentale du directeur.

23 *Le* suicide en entreprise : hypothèses et réalités

De quel suicide parle-t-on ? Comment en repérer les causes ? En quoi le travail peut-il pousser au suicide ? À quel moment bascule-t-on du stress au suicide ? Comment ne pas perdre sa vie à la gagner ?

CONNECTEZ-VOUS !

- Les Echos : articles sur les suicides
- Liens vers des enquêtes et études

Suicides dont suicides liés au travail

Des chiffres en augmentation en France

Un suicide toutes les quarante minutes, environ 160000 tentatives de suicide par an. Le nombre de suicides, en nette augmentation depuis vingt ans, s'est stabilisé aux alentours de 12000 par an. Les chiffres sont certainement sous-estimés du fait de « suicides cachés » (accidents, intoxications). La France se classe au quatrième rang des pays européens ayant la plus forte mortalité par suicide, après la Finlande, le Danemark et l'Autriche (hors anciens pays communistes).

Les chiffres des suicides liés au travail sont récents et très prudents, étant donné que les critères d'évaluation d'un suicide lié au travail relèvent plus d'hypothèses que de données de recherche. Au moins un suicide par jour serait lié au travail, selon une estimation considérée comme prudente.

POUR ALLER PLUS LOIN

Comment distinguer les suicides liés au travail ?, p. 143

Des idées suicidaires à la tentative de suicide

Les idées suicidaires peuvent être communiquées à l'entourage et ne sont jamais à prendre à la légère. Derrière l'idée suicidaire se profile la probabilité d'une tentative de suicide (TS). La TS est une prise de risques réels, qui dépend de la gravité du mode choisi. Les TS « ratées » peuvent aboutir à un suicide si la personne qui voulait au départ simplement alerter l'entourage commet son geste sans qu'une aide extérieure puisse la sauver à temps.

La vision des théoriciens

La « sortie de scène » de Jacques Lacan

Pour Jacques Lacan, psychiatre et psychanalyste, le passage à l'acte dans le suicide est « une sortie de scène ». Tant qu'il est sur scène, le sujet est encore dans la relation à l'autre et à l'environnement. Quand le dialogue devient impossible, il choisit cette forme ultime et paradoxale de communication, pouvant mener à une interruption totale des échanges. Le sujet n'entrevoit aucune possibilité d'amélioration de sa situation, se résigne (voir « l'impuissance apprise » de Martin Seligman, fondateur de la psychologie positive – voir fiche 7), rentre en dépression, développe une « indifférence quant au futur ».

Les différentes issues de Eric Berne

D'après Eric Berne, psychiatre américain, fondateur de l'analyse transactionnelle, il existe quatre types d'issues pour l'individu, quand il est, selon une appellation usitée aujourd'hui, « sous stress élevé chronique » :

– l'individu peut sortir du champ social avec la clochardisation ;

– il peut développer des maladies ou provoquer des accidents qui le conduisent à l'hôpital ou à la morgue ;

– il peut être tenté par un arrangement avec la procédure interne ou la loi ;

– il peut passer à l'acte : se suicider.

Émile Durkheim : les causes sociales et les circonstances aggravantes

Fondateur de la sociologie en France, Émile Durkheim a déterminé trois types de causes sociales des suicides : le suicide « égoïste », dû à un manque d'intégration sociale, le suicide « altruiste », qui fait passer les impératifs sociaux avant l'instinct de conservation, et le suicide « anomique », lorsque les perspectives d'avenir semblent absentes.

Or, il est souvent question de manque de liens et de soutien dans l'entreprise (suicide égoïste ?), de salariés aveuglément attachés à leur mission « urgente et primordiale » (suicide altruiste ?) et de perte de repères, de pessimisme sur l'avenir (suicide anomique ?).

Les situations de crise économique peuvent favoriser le geste suicidaire parmi les personnes les plus fragiles.

L'engrenage conduisant au suicide lié au travail

Une méconnaissance des issues à son problème

Les salariés qui ne supportent plus la pression professionnelle peuvent, dans la plupart des cas, demander une mutation, démissionner, chercher un autre travail, rentrer en conflit, aller aux prud'hommes, mais la plupart d'entre eux respecteront toujours l'interdit fondamental de passage à l'acte de suicide.

Ce qui est différent chez ceux qui font une TS ou qui se suicident, c'est qu'ils méconnaissent totalement les options pour s'en sortir, qu'ils n'identifient plus aucune « issue de secours » ; ils abandonnent alors la lutte.

Une mauvaise évaluation de la réalité du contexte de travail

Un sentiment d'incompétence peut provenir de l'impossibilité matérielle d'effectuer tout le travail demandé en quantité, qualité, délais. Une demande irréaliste, des démissions mal interprétées laissent place à une distorsion du jugement qui peut être grave.

EXEMPLE

« Il lui donnait trop de travail et elle se sentait incapable de lui faire comprendre que c'était trop. Elle l'avait déjà prévenu plusieurs fois et il n'en tenait pas compte, si bien qu'elle finissait par ne plus rien dire. Elle se culpabilisait de ne pas avoir été à la hauteur, comme si une "vraie professionnelle" aurait pu se débrouiller. Deux personnes avant elle avaient démissionné mais, pour autant, elle continuait à se sentir responsable. »

Une généralisation abusive de son problème

Quand des informations positives sont niées, elles ne permettent que la croyance d'être un mauvais professionnel. Cette absence d'espoir de sortie de crise, cette généralisation abusive sont des indices forts, surtout si c'est un changement chez l'individu.

EXEMPLE

« Elle avait bonne réputation et ses collègues et collaborateurs la soutenaient, mais cela ne changeait rien. Elle ne savait vraiment pas ce qu'elle pourrait faire en rentrant de son arrêt de travail. Elle pensait qu'elle perdrait sûrement son poste. La DRH lui proposerait peut-être autre chose, mais elle ne voyait rien qui pourrait lui convenir. De toute façon, même dans un autre service ou chez un autre employeur, cela serait partout pareil. »

Un écroulement des fondations de ses choix professionnels et personnels

Toute la pyramide des besoins s'écroule. Avec des sacrifices sur ses espoirs, son équilibre vie privée/vie professionnelle, l'estime de soi tombe en chute libre.

L'appartenance à un statut (de manager, de professionnel d'un métier) qui vole en éclats, un sentiment de perte d'autonomie et de pouvoir mettent en danger les équilibres avec la vie personnelle et peuvent conduire au suicide.

Exemple

« Elle remettait aussi en cause son choix professionnel car elle avait moins le temps de voir ses enfants, ce qui la culpabilisait. Comme elle gagnait aussi moins d'argent, elle devait faire attention à ses dépenses. »

Une approche multifactorielle des causes

Ne pas confondre facteurs déclencheurs et raisons

Les causes sont ce qui provoque le changement : les facteurs déclencheurs, les « détonateurs ». Il y a les facteurs profonds, installés durablement dans l'entreprise, et les facteurs circonstanciels, la fameuse « goutte d'eau qui fait déborder le vase ».

Exemple

Une ambiance délétère due aux rumeurs de fermeture amplifie durablement la tendance suicidaire, ou bien les événements de la vie négatifs précédant d'une semaine la TS ou le suicide.

Les raisons sont ce qui explique qu'un changement s'est produit : c'est la « résonnance » de ce « détonateur » à l'intérieur de l'individu.

Exemple

Le conflit avec son responsable peut réactiver chez un salarié des conflits anciens et récents, susciter une angoisse et une perte brutale de confiance et d'espoir qui conduit au passage à l'acte.

C'est dans la limitation des facteurs déclencheurs que réside la responsabilité majeure des entreprises : veiller aux équilibres internes afin de favoriser une bonne « hygiène » des relations doit permettre de diminuer les violences interindividuelles.

Les trois facteurs du classement de l'OMS

Ces classifications peuvent apporter des éclairages et servir à mettre en place une prévention, mais ne doivent pas être considérées comme des certitudes ou des prédictions.

• **Les facteurs individuels**

Les facteurs individuels regroupent, entre autres : antécédents suicidaires, troubles de la santé mentale (addictions, troubles de la personnalité...) et physique (maladie, handicap...), tempérament et style cognitif (impulsivité, rigidité de la pensée...).

• **Les facteurs familiaux**

Les facteurs familiaux et de vie enfantine regroupent, entre autres : violence, abus (ambiances ou passages à l'acte) sur le plan physique, psychologique ou sexuel, relations conflictuelles avec les parents, perte et abandon précoce, conflits conjugaux majeurs, comportement suicidaire chez l'un ou les deux parents.

• **Les facteurs psychosociaux**

Les facteurs psychosociaux concernent, entre autres : présence de difficultés économiques persistantes, isolement social et affectif de l'individu, séparations et pertes récentes de liens importants, deuils, placement en institution ou en centre de détention, traitement discriminatoire, difficultés scolaires ou professionnelles...

Le lien entre les personnes à risques et leur place dans un groupe

Les personnes à risques développent une hypersensibilité à tout. Une démotivation générale, une absence de responsabilisation et de mobilisation vers un objectif porteur de sens vont les toucher de plein fouet : elles vont stocker cette mauvaise ambiance comme des éponges et l'amplifier intérieurement.

Certaines personnes servent aussi de « symptôme » ou de bouc émissaire pour une équipe, une entreprise. Elles absorbent une bonne partie du stress du système et lui permettent de continuer à fonctionner.

Une continuité des facteurs : lors de l'enfance, à l'école, pendant l'enseignement secondaire et supérieur

Si les carences du milieu familial sont à prendre en compte, la situation dans les établissements scolaires doit également être étudiée. Un enfant harcelé à l'école court quatre fois plus de risques de faire une tentative de suicide. Les brimades répétées entre élèves, ainsi qu'entre corps enseignant et élèves, peuvent avoir des répercussions une fois adulte : faible estime de soi, tendances dépressives, phobie sociale et baisse de l'ambition.

Les étudiants ressentent aussi un mal-être, dû en partie à la course à la performance, aux difficultés matérielles pendant les études et à la crainte du chômage.

Prévenir ces situations en amont de l'entreprise permettrait de limiter les risques de répétition de facteurs potentiels de suicide.

Le lien entre l'hyperstress professionnel et le suicide

Un surinvestissement professionnel conduisant au suicide

Certaines motivations au travail conduisent à un surinvestissement, comme pour « réparer » quelque chose de son histoire. Cette loyauté qui verrouille un contrat moral inconscient est mise à mal à chaque difficulté professionnelle. Si l'on ne « réussit » pas son travail, on ne tient pas son engagement moral et le manque de reconnaissance peut apparaître comme d'autant plus douloureux après plusieurs sacrifices. Ne pas atteindre un idéal trop haut placé sonne le glas de l'exécution de son contrat moral, voire de son droit à exister pour certains.

La souffrance au travail, le harcèlement et le suicide

Le harcèlement est une des causes importantes de suicide, pendant ou après le harcèlement. Après être sorti une première fois d'une situation difficile de type chômage, harcèlement ou conditions éprouvantes, une personne peut retrouver l'espoir. Mais à la deuxième vague de souffrance au travail, sans capacité de résilience ou de recul, cette même personne peut être amenée à un geste extrême de désespoir.

Les causes organisationnelles en première ligne

La responsabilité de l'organisation du travail est encore plus décisive en cas de suicide lié au travail. L'influence des facteurs organisationnels est parfois instantanée, avec rupture brutale, ou parfois une usure progressive.

EXEMPLE

Réduction d'effectifs, réorganisation, quête d'économies, optimisation des chaînes de valeur, dématérialisation, généralisation de progiciels de gestion nécessitant des recyclages de connaissances, procédures de contrôle contraignantes, découpage des processus avec parcellisation de tâches ou polyvalence extrême, changements d'organisation internes imposés...

Le conflit de valeur comme facteur déclencheur

Le phénomène de déresponsabilisation dû au cloisonnement des tâches sans vue globale sur l'activité de l'entreprise peut provoquer un facteur déclencheur du suicide. Cet effet « pion dans un système » ôte la capacité critique des individus à juger de l'éthique de leurs actes. C'est quand ils sortent du système qu'ils se « réveillent » brutalement. La honte de leurs actions peut ainsi les conduire au suicide.

Des salariés « désensibilisés », au bord de la crise

La méconnaissance des signaux internes (pensées, sensations et émotions) et externes (comportements au travail et interrelationnels) empêchent les individus de poser le problème à temps et de chercher des options de sortie de crise.

TÉMOIGNAGE

Une ex-cadre RH d'une société automobile : « L'entreprise développe de plus en plus le travail en mode projet. Ce fonctionnement percute les habitudes et la culture de l'entreprise anciennement pyramidale, bouleversant les repères des managers. La pression des managers redescend sur les collaborateurs, les gens en arrivent à s'insulter dans les e-mails. Le stress valorise l'héroïsme identitaire. Il y a une angoisse de ne plus servir à rien et de ne plus exister, alors pour éviter d'être mis sur la touche, tout le monde rentre dans une escalade, c'est un challenge interne : montrer que l'on est débordé, très utile et qu'en plus, on résiste au stress du système. Les salariés nient leur seuil de résistance. Beaucoup d'entre eux sont au bord de la crise, ils peuvent rester un temps sans basculer. Ils se désensibilisent, ne se rendent plus compte de la réalité et sont aveuglés par la norme du système, en essayant de tenir au moins aussi longtemps que les autres, voire plus ».

Ce phénomène relève de la même nature que les conduites dangereuses d'ouvriers du bâtiment décrites par Christophe Dejours : ne pas respecter certaines consignes de sécurité permet paradoxalement de se faire croire que l'on n'a pas peur du danger permanent et autorise l'appartenance à un corps de métier fondé sur la reconnaissance de ces pratiques.

La responsabilité de tous

La responsabilité du salarié en danger : oser parler

Chacun peut apprendre à se connaître, à détecter ses situations à risques, ses signaux précurseurs, à mettre en œuvre ses ressources personnelles et demander de l'aide.

La responsabilité civile et pénale de l'employeur

En cas de qualification par une CPAM d'un suicide ou d'une tentative en accident du travail, la victime ou ses ayants droit peuvent demander réparation des préjudices subis (voir fiche 5).

La victime peut également être un partenaire de l'entreprise et la responsabilité de cette dernière pourra être mise en cause pour son lien indirect mais réel.

La responsabilité de tous : une piste de prévention

Chacun dans l'entreprise peut directement ou indirectement, consciemment ou inconsciemment devenir un facteur déclencheur du suicide d'un individu. Inversement, chacun peut détecter des individus traversant une situation à risques, tenter de les soulager directement, tout en les orientant vers les acteurs internes de la prévention des risques psychosociaux.

POUR ALLER **PLUS LOIN**

Comment distinguer les suicides liés au travail ?

La définition de l'OMS

D'après l'OMS (Organisation mondiale de la santé), « les suicides liés au travail sont surtout ceux qui se produisent sur le lieu de l'entreprise et ceux qui sont accompagnés par une lettre d'adieu explicite ». Ainsi, une CPAM a déjà refusé de classer comme accident du travail le suicide d'un salarié qui s'était donné la mort à son domicile alors qu'il avait laissé une lettre mettant en cause son employeur. Inversement, un employeur peut contester la qualification en accident du travail d'un suicide s'il pense que le salarié s'est suicidé pour raisons personnelles et non professionnelles.

Une réalité délicate à appréhender

Cette approche paraît donc partielle. Certains salariés n'osent pas se suicider sur le lieu de travail. La honte empêche de retourner sur le site, d'affronter les regards des persécuteurs, s'il y en a, ou des collègues. Se suicider sur le lieu de travail demande un infini courage et une envie de « spectaculaire ».

Il est donc vraiment très délicat de conclure qu'un suicide non perpétré sur le lieu de travail n'est pas lié à la souffrance au travail. Les autres suicides se font à bas bruit, mais sont tout aussi ravageurs, voire plus pour l'entourage... Ne pas pouvoir bénéficier d'une qualification symbolique de suicide pour raisons professionnelles rend plus difficile le travail de deuil de la famille.

Le lien entre facteur déclenchant le suicide et travail

Le facteur déclencheur peut être lié au travail ou s'y produire, ou concerner le travail mais se produire dans la sphère personnelle.

EXEMPLE

Un membre de la famille qui s'inquiète des problèmes financiers d'un de ses proches ou qui attise la honte de celui qui n'a pas obtenu le statut et le niveau de poste espéré.

24 Repenser le fonctionnement des organisations

Une façon de résoudre durablement et profondément le stress, c'est d'agir au cœur même du fonctionnement des entreprises : dès leurs choix stratégiques et les décisions organisationnelles qui en découlent, en cohérence avec leurs modes de management.

CONNECTEZ-VOUS !

- Les Echos : article sur l'INRS et le guide de dépistage du stress en entreprise
- Une étude d'USE sur la prévention par le travail en équipe
- Recommandations de l'ANACT

Responsabilité sociale des entreprises : prévenir les risques de stress organisationnels

Détecter le lien entre organisation et stress

La prévention durable des risques psychosociaux, en lien avec la responsabilité sociale des entreprises, passe d'abord par une prise de recul sur le lien entre choix organisationnels et stress.

TÉMOIGNAGE

Vincent de Gaulejac (professeur de sociologie, directeur du laboratoire du changement social), propos recueillis lors de la conférence « Face à la souffrance au travail » organisée par la Société française de coaching le 21 mai 2008 : « Il y a deux solutions pour se sortir du mal-être au travail : permettre aux individus de donner du sens à ce qu'ils vivent et "toucher le hard", c'est-à-dire l'organisation du travail. Jusqu'à présent, le salut était individuel, c'était le sauve-qui-peut général. Pour s'en sortir, il est nécessaire de passer au niveau collectif. »

Les recommandations de l'ANACT (Agence nationale pour l'amélioration des conditions de travail) pour la conduite du changement organisationnel mettent l'accent sur trois clefs :
- la participation des salariés dès l'amont ;
- l'anticipation des modifications induites dans le quotidien du travail de chacun et dans ses relations avec les autres ;
- une démarche globale reliant les décisions stratégiques d'investissement aux décisions d'organisation du travail.

La nécessité permanente de réévaluer la pertinence d'une organisation

Une organisation peut être pertinente à un moment de l'histoire, du cycle de vie de l'entreprise et de son marché, et avoir besoin d'évoluer sous peine de menace de sclérose et de disparition. Ce sont souvent les décalages entre la stratégie de l'entreprise et son organisation, entre ses besoins urgents d'évolution et la lenteur de ses prises de décision, entre ses décisions techniques sans prise en compte des conséquences humaines qui génèrent du stress.

Anticiper le stress des changements organisationnels

Quand un changement d'organisation est en prévision, il est recommandé de faire une analyse stratégique centrée sur le stress.

Exemple

Analyse stratégique du stress : quels sont les avantages (les facteurs de stress qui seront supprimés par ce changement), les inconvénients (les facteurs de stress immédiatement repérables), les risques (les conséquences stressantes potentielles en fonction de différents scénarios), les opportunités (des gains de bien-être potentiels) ?

Et comme tout ne peut pas se déterminer à l'avance, il faudra surtout prévoir un système d'alerte pour remonter les dysfonctionnements et les régler rapidement.

Utiliser les expertises de chacun

Chacun doit accepter de remettre en cause ses acquis et ses schémas de pensée pour faciliter les changements nécessaires. Cela passe par la confiance réciproque pour prendre le risque du changement. Tous les acteurs sont concernés. La prise en compte des enjeux individuels et collectifs, la concertation et la négociation seront des facteurs déterminants de réussite.

Il est nécessaire de passer de la participation lointaine des utilisateurs à la « collaboration » pleine et entière à chaque étape des processus, afin de réintroduire des marges d'autonomie, de faire appel aux connaissances de chacun, d'enrichir les solutions, de partager les bonnes pratiques et de mutualiser les compétences collectives.

Les facteurs clés de succès des organisations, favorisant efficacité et bien-être

Bâtir une vision claire et des repères pour faciliter les décisions

Une vision claire permet de faciliter le pilotage d'une entreprise dans des environnements incertains. Bien penser la stratégie, redonner du sens et une vision prospective constitue des repères utiles pour tous. Les décisions sont prises plus vite et l'écoute des retours d'information de l'organisation permet de les faire évoluer ensuite selon les besoins.

La vision peut aussi se construire en impliquant les collaborateurs et les managers, ce qui facilite ensuite son appropriation et sa déclinaison par tous dans les décisions quotidiennes.

Exemple

C'est ce que Yann Charon, DRH de Médéric, membre fondateur du Cercle de prospective ressources humaines, appelle la « stratégie du pétard » : la direction du groupe a placé, en période de redéfinition de la stratégie, des « pétards » dans les jambes des managers, en sollicitant l'avis de l'ensemble des collaborateurs lors de réunions a-hiérarchiques. Les innovations recueillies ont été soumises aux managers, qui ont expliqué à leur tour pourquoi certaines n'étaient pas retenues et qui ont décidé de mettre en œuvre les autres. Les innovations retenues ont contribué à la constitution du projet d'entreprise.

Dans un contexte de changement, quel que soit le degré d'incertitude, communiquer sur la finalité du changement, partager les hésitations et les doutes, rassurer sur des engagements permet aux dirigeants d'associer leurs salariés au changement. Le respect et l'attention aux « forces vives » de l'entreprise vaut mieux que l'absence chronique d'information qui laisse la place aux fausses rumeurs anxiogènes.

Faire évoluer la culture de la créativité et du droit à l'erreur

Si la capacité à prendre rapidement des décisions est fondamentale, la qualité de la décision repose sur une double autorisation : accepter le décalage d'une idée créative avec les normes culturelles internes et admettre le droit à l'erreur.

La peur de prendre des risques et de faire une erreur entretient en effet un immobilisme stressant les hommes et l'organisation. Chercher longtemps « la » bonne solution est un réflexe périmé. Les problèmes d'aujourd'hui sont complexes, leurs causes dépendent de paramètres variables en constante interaction et s'il est nécessaire de réduire les risques, il est encore plus urgent d'accepter d'en prendre et d'adapter ensuite d'autres décisions, dans une culture d'action empirique.

Remplacer les procédures par des processus évolutifs

Il semble nécessaire de lâcher prise sur l'illusion de toute-puissance d'une organisation qui prescrit et contrôle tout. La logique linéaire et immuable de la procédure n'est plus adaptée à l'accélération et l'interaction permanente des systèmes modernes.

Exemple

Les DRH savent qu'un organigramme est déjà obsolète quand il est publié !

Les processus, au contraire, indiquent des règles de fonctionnement et prévoient dès le départ le système de gouvernance, c'est-à-dire la façon de suivre et de faire évoluer les règles en fonction des évolutions des situations réelles de travail.

Exemple

Un projet fonctionne nécessairement avec des échéances. Cependant, une « deadline » peut devenir littéralement une « ligne mortelle » si la date limite ne se négocie pas, quels que soient les événements intermédiaires. Introduire dès le départ des marges de manœuvre en fonction des scénarios fait baisser le niveau de stress grâce aux « réservoirs » de souplesse dans les projets.

Ces processus seront d'autant plus efficaces s'ils sont bâtis avec les principaux acteurs concernés, à savoir les utilisateurs des règles. Accorder une plus grande autonomie aux salariés et miser sur leurs compétences paraît incontournable car l'individu est plus compétent pour faire face à la complexité et à l'incertitude qu'une procédure préétablie.

Parier sur l'implication des salariés en organisation apprenante

Au Danemark, aux Pays-Bas, en Suède, plus de la moitié des salariés travaillent dans des « organisations apprenantes », caractérisées par des tâches peu répétitives et une large autonomie, un large autocontrôle, contre 38 % en France. Par ailleurs, 25 % des Suédois sont soumis à des tâches répétitives, contre 44 % des Français. Les organisations industrielles avec des chaînes de production ne font pas exception à cette observation.

EXEMPLE

Il est possible de diminuer la cadence d'une chaîne tout en augmentant la productivité grâce à la diminution des pertes de matière et une augmentation de la qualité, en associant étroitement les groupes de travailleurs concernés à la conduite des projets d'investissement ou de réorganisation.

Le léger allongement de la conception dans les méthodes participatives est compensé par une mise en œuvre plus rapide et de moindres difficultés au démarrage, grâce notamment à la meilleure maîtrise du système que les salariés ont acquise en participant à la conception.

POUR ALLER PLUS LOIN
L'expérience concrète d'une organisation apprenante, p. 150

Les avantages du travail en équipe sur la prévention des risques

Un cas d'école rapporté en 2001 par HSE (*Health Security Executive*), « *Effective teamworking: reducing the psychosocial risks* », montre les liens entre le travail en équipe efficace et la réduction des risques psychosociaux.

Les études depuis les années 1980 sont stables et montrent que les salariés travaillant étroitement en équipe ont une meilleure motivation et un bien-être supérieur. En termes de performance, les études prouvent des améliorations sur :
- les stratégies de résolution de problèmes et de passage à l'action ;
- l'amélioration de la qualité, de l'innovation ;
- des diminutions d'absentéisme, de turn-over, de taux d'accidents du travail ;
- ainsi que, pour les équipes autonomes, les gains d'économie de salaire des managers habituellement chargés de contrôler !

Les besoins des individus et des organisations en matière de changement

Professionnaliser l'apprentissage du changement

Vivre des expériences de changement, apprendre « sur le tas », se former, partager dans des réseaux professionnels permet aux entreprises et à leurs salariés de professionnaliser leur apprentissage du changement et de construire une compétence collective de résilience (capacité à se développer malgré l'adversité et un environnement défavorable).

Intégrer ces réflexes d'apprentissage dans l'action dès l'enseignement technique, secondaire ou supérieur permettra de doter les futurs professionnels de capacités d'adaptation face au changement.

S'engager dans un code de conduite du changement

Changer, oui, mais pas n'importe comment : en instaurant un code de conduite des changements, afin de partager les responsabilités et de donner des repères aux salariés.

TÉMOIGNAGE

Béatrice Quasnik, coach : « Dans la rue, il y a un code de la route et, malgré la circulation dense, il est légitime d'avoir l'espoir de ne pas se faire écraser. Tandis que, dans les entreprises, il n'y a aucun règlement, aucune protection au sujet des changements. Il est nécessaire d'instaurer un code de conduite des changements. »

Il est nécessaire de distinguer le contenu du processus : le contenu n'est pas connu à l'avance, mais des garanties peuvent être négociées sur les processus de conduite de changement.

EXEMPLE

Les rotations et les polyvalences utiles aux entreprises peuvent s'anticiper dans la mesure du possible, afin de prévenir les salariés au minimum 48 heures à l'avance, leur permettre de concilier leur vie professionnelle et privée, et d'arriver moins stressés au travail.

Se donner du temps entre les changements et célébrer les étapes

Les entreprises et leurs salariés ont besoin de temps pour digérer les changements, prendre du recul et tirer profit de l'analyse avant de se lancer dans de nouveaux changements. Le temps est nécessaire pour faire le deuil du passé, pour découvrir et s'acclimater aux nouvelles situations.

Célébrer, pas seulement les succès, mais les simples efforts et étapes permet symboliquement de prendre conscience des changements d'organisation en marche et de les intégrer. Ainsi que d'envoyer un signe de reconnaissance des efforts fournis, ce qui entretient la motivation.

Reconnaître et faire évoluer les différences culturelles

Toute personne travaille avec des représentations culturelles différentes et plus ou moins éloignées de celles de ses collègues. Le « narcissisme des petites différences », décrit par Sigmund Freud, est à l'œuvre, ne serait-ce que dans un déménagement d'étage induisant une recomposition de voisinages.

Savoir reconnaître, accepter et faire évoluer ces différences, s'appuyer sur leur richesse plutôt que de générer du stress par crispation sur son socle inviolable de « valeurs », apparaît de plus en plus nécessaire.

Attention aussi aux cultures d'entreprises trop imposantes. La généralisation des organisations en réseau à un niveau international ainsi que les évolutions de société ne tendent pas dans cette direction.

POUR ALLER **PLUS LOIN**

L'expérience concrète d'une organisation apprenante

L'expérience de Bernard Martin chez Sulzer (1984-1994) présente un bel exemple d'organisation apprenante et de ses effets bénéfiques sur la gestion du stress: il a miraculeusement redressé l'entreprise Sulzer (fabricant de pompes pour les chantiers navals) dans laquelle il est arrivé en 1984, à un moment de crise grave. Mais il ne l'a pas fait tout seul.

Les 1 000 salariés de l'entreprise impliqués dans les décisions

Il s'est appuyé sur plus de 1 000 salariés, en leur demandant de décider collectivement des mesures de redressement à prendre. Il n'est pas intervenu dans le choix des contenus et des compositions des groupes. Il leur a fait confiance *a priori*, car ils étaient experts de leur domaine, ce qui a permis d'atteindre en retour un rare niveau de confiance partagée.

Puis il les a réunis lors d'une grande « assemblée d'entreprise » pour écouter leurs suggestions. Ce fut un moment de libération de la parole et de l'énergie, d'élaboration d'une vision commune partagée, ainsi qu'une célébration collective.

Les conditions du succès

Des conditions sont nécessaires pour le succès:
– une sincérité face à la réalité;
– un appel à tous sans préalable;
– une écoute;
– une liberté d'expression hors de toutes contraintes (hors organisation, hors hiérarchie, hors tabous, hors contrôle, hors exclusion).

Quels rêves ont exprimé les salariés ?
– Un rêve personnel: être reconnu, être considéré, respecté;
– un rêve relationnel: cesser de se battre, s'aider au lieu de se combattre;
– un rêve collectif: être solidaires, tous ensemble.

Comment s'en inspirer ?

Quelles sont les questions sous-jacentes qui peuvent interpeller les dirigeants ?
– Est-ce raisonnable de dire la vérité ?
– La confiance n'est-elle pas une folie ?
– Abandonner son pouvoir, est-ce possible ?
– Donner l'autonomie, n'est-ce pas prendre le risque d'une erreur ?

Ainsi, alors que l'entreprise traversait un stress majeur, la mise en place d'une organisation apprenante a permis de tirer profit des pistes de solution élaborées par les salariés. La participation pleine et entière dans le processus a contribué à limiter l'émergence de stress dans une période difficile de risque de fermeture de l'usine.

Bernard Martin a depuis témoigné de cette aventure dans un ouvrage collectif, *Oser la confiance* (avec Bruno Jarrosson, Vincent Lenhardt, Insep Consulting, 1997).

25 *Les* acteurs de la prévention

Quels sont les acteurs impliqués dans la prévention et l'accompagnement du stress et, plus largement, des risques psychosociaux et du bien-être au travail ? Devant leur multitude, comment parvenir à mutualiser les initiatives de chacun ?

Connectez-vous !

Liens vers des études et textes sur le stress

Trois sources complémentaires

Le recensement de l'ensemble des acteurs intervenant dans la prévention et l'accompagnement du stress est en soi une gageure : ils sont nombreux et leur action est plus ou moins visible. Ils proviennent globalement de trois sources : un cadre géopolitique, une sphère nationale et de très nombreuses disciplines d'expertise.

Réseau national de prévention des risques psychosociaux et de bien-être au travail

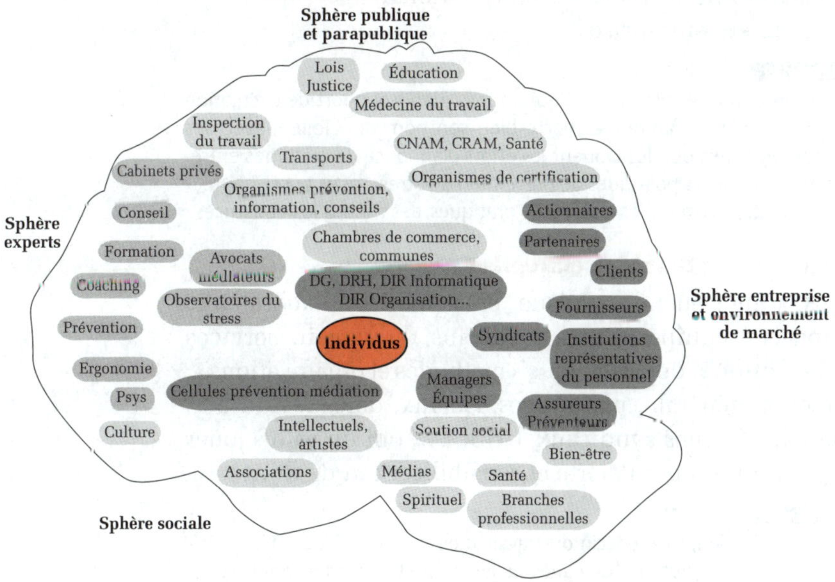

Le cadre géopolitique : mondial et local en même temps

Les acteurs de la prévention proviennent de plusieurs sphères géopolitiques : celles de l'Organisation internationale du travail (OIT) au niveau mondial, celles de l'Union européenne ou bien celles de pays particulièrement vigilants à la question de la prévention des risques psychosociaux. Dans chaque pays, des initiatives émergent à l'échelle nationale ou locale.

POUR ALLER **PLUS LOIN**

SOL France et SOL International pour la promotion des organisations apprenantes, p. 155

Les sphères nationales : publique, experts, sociale, entreprise

Les DRH interrogés dans l'étude IFOP/AGSE indiquent les acteurs auxquels ils auraient recours dans le cadre d'une démarche de prévention des troubles psychologiques : à 79 % la médecine du travail, 70 % le CHSCT, 44 % les experts, consultants, 31 % les institutions et organismes publics (CRAM, Sécurité sociale), 25 % leur mutuelle, compagnie d'assurances ou institution de prévoyance et 23 % la branche professionnelle.

Quatre sphères sont impliquées :

- la sphère publique, les lois et tous les organismes publics ;
- la sphère des experts ;
- la sphère sociale, avec aussi le rôle des médias, des artistes et intellectuels, des associations ;
- la sphère entreprise.

EXEMPLE

Internet représente aujourd'hui un formidable support de circulation croisée d'informations et porte bien son nom de « Toile », avec des témoignages qui désavouent les effets d'annonce de certaines entreprises sur leurs politiques de prévention du stress, mais aussi, heureusement, des exemples de bonnes pratiques, des méthodes et astuces.

Les acteurs de la sphère entreprise

À l'intérieur de chaque entreprise, collaborateurs, managers, équipes, DRH, médecins du travail, services « prévention », départements « méthodes et organisations », direction générale, partenaires sociaux, délégués du personnel, délégués syndicaux, CHSCT… ont un rôle à jouer et peuvent donner l'alerte et sensibiliser qui de droit.

TÉMOIGNAGE

Bernard Salengro, médecin du travail, membre de CFE-CGC, vice-président de l'INRS, auteur d'ouvrages sur le stress : « Les salariés sont isolés et déstabilisés, en particulier les managers écartelés entre dirigeants et collaborateurs. Ils se demandent où ils habitent en ce monde et font appel à leur centrale syndicale pour comprendre. Notre rôle, c'est d'ouvrir les portes, allumer les lampes, rendre visible la souffrance, la comptabiliser, trouver des solutions. »

Les disciplines interpellées par la problématique du stress

La liste serait longue et par nature partielle. La complexité de la problématique du stress, au carrefour des disciplines suivantes, nécessite l'intervention de nombreux experts :
- de l'économie, des organisations, des technologies ;
- chez les individus, de la santé mentale et physique ;
- des relations interindividuelles, ainsi qu'entre les individus et les organisations.

Certaines disciplines « de vie » existent depuis fort longtemps, comme la philosophie zen, la médecine chinoise et orientale ; d'autres disciplines déjà établies font évoluer leurs pratiques avec les dernières découvertes sur le bien-être au travail, comme la psychodynamique du travail ou l'ergonomie, tandis que de nouvelles pratiques émergent, comme la prévention des risques psychosociaux ou encore l'accompagnement intégratif.

Des synergies à inventer

L'excellence d'un réseau à l'image du cerveau

Le réseau d'acteurs gravitant dans la galaxie stress, prévention des risques psychosociaux et bien-être au travail ressemble à l'image d'un cerveau, avec ses cellules et ses liaisons, comme les réseaux informatiques. En poursuivant les apports de Philippe Zarifian, ce modèle d'intelligence distribuée nous apprend que :
- chaque cellule de base au-delà de sa capacité d'autonomie a besoin de l'ensemble du réseau pour se ressourcer ;

Exemple

Un manager peut mettre en œuvre des actions de prévention du stress et a besoin pour cela de l'apport de la DRH, de formateurs, d'experts...

- les liaisons entre les cellules permettent les échanges d'informations, de ressources. C'est justement dans la richesse, la qualité et la simplicité des connexions et des moyens de communication entre acteurs du réseau stress que les ressources pourront être mutualisées et utilisées à bon escient ;
- l'ensemble du réseau est sensible aux stimuli provenant du monde extérieur : un réseau vivant est en alerte des signaux forts ou faibles qui lui proviennent de l'intérieur ou de l'extérieur : chaque acteur du réseau stress peut faire remonter des informations et des suggestions, en ne négligeant aucune interprétation potentiellement utile à l'ensemble.

EXEMPLE

Des coachs interculturels peuvent éclairer les sources potentielles de stress de salariés occidentaux expatriés en Asie et les aider à les gérer. Initiatives au départ isolées, qui peuvent se regrouper pour former un corpus de savoirs accessible plus largement et s'enseigner dès les études supérieures.

À chacun son petit pas vers les autres

Si la mobilisation est pour l'instant inégale, on peut aussi considérer que certains acteurs sont pionniers et ouvrent la voie aux autres. Une synergie globale doit être trouvée afin d'éviter les gâchis d'énergie et de mutualiser les compétences de tous sur ce sujet grave appelant à des réponses rapides et fermes.

Quel sera le premier petit pas de chaque acteur en direction d'un engagement dans une politique de prévention en synergie de réseau interne et externe ?

Si chaque acteur peut lancer des initiatives, celles-ci peuvent être freinées ou encouragées par la direction des entreprises, notamment à travers la question de leur financement. En prenant conscience de l'intérêt pour tous d'une démarche de prévention, les dirigeants ont la capacité de donner le « la » à cette symphonie d'acteurs, notamment à travers leurs comportements qui incarnent le cadre éthique et déontologique fixé par la tête de l'entreprise.

EXEMPLE

Un dirigeant s'est lancé dans une des mesures parmi lesquelles la généralisation d'un quart d'heure sur la prévention des risques psychosociaux à l'ouverture de chaque formation donnée à ses salariés, quel que soit le sujet de la formation. Le message de ce dirigeant a ainsi été fortement perçu par l'ensemble de l'entreprise.

L'apprentissage précoce de la gestion du stress

Il est nécessaire d'apprendre aux enfants, dès l'école, à prévenir et à gérer leur stress, à travers le développement de compétences transversales (écoute des sensations, confiance en soi, analyse, créativité, fonctionnement en réseau). Afin de « muscler sur la durée » leurs capacités et surtout parce que le stress dépend éminemment de nos mécanismes de perception et de représentation.

L'émergence du « coordinateur risque psychosocial »

Une nouvelle fonction, transversale, apparaît dans les organisations : celle d'un coordinateur des actions de prévention et de gestion des risques psychosociaux. C'est grâce à cette bonne coordination des acteurs internes et externes que la globalité du phénomène stress peut être appréhendée.

POUR ALLER PLUS LOIN

SOL France et SOL International pour la promotion des organisations apprenantes

Une « communauté apprenante » réunit plusieurs acteurs sur un périmètre à la fois local et global, couvert par une infrastructure de communication permettant une circulation rapide d'informations, en vue d'une démarche d'apprentissage partagé en réseau.

Les postulats des communautés apprenantes

SOL France (www. solfrance.org) est un organisme réunissant entreprises et consultants pour la promotion des communautés apprenantes. SOL France et SOL International adhèrent aux postulats suivants :

– toute personne éprouve le besoin d'apprendre et en possède la capacité ; l'apprenance est une des clés de l'efficacité, du bien-être et de l'épanouissement individuels ; elle doit être encouragée et facilitée à l'intérieur de l'entreprise ;

– apprendre a une dimension sociale : on apprend mieux ensemble, au contact d'autrui et en réseau ;

– l'efficacité d'une organisation est étroitement liée au bon fonctionnement des communautés apprenantes qu'elle engendre ;

– les entreprises doivent développer les aptitudes clés suivantes : donner voix et répondre aux aspirations individuelles et partagées et apprendre à capter les signaux intérieurs et extérieurs faibles.

Les démarches entreprises

Les démarches de prospective, nouvelle discipline émergente, tentent de bâtir des scénarios de futurs possibles afin d'éclairer les choix des responsables politiques et économiques. Les intuitions des prospectivistes sont basées sur une observation fine de la réalité, et notamment des « signaux faibles ».

Actuellement, la convergence des études sur la motivation, des chiffres inquiétants sur l'absentéisme, de l'augmentation des dépendances, des suicides au travail, des requêtes des salariés en matière de reconnaissance et bien d'autres données encore représentent un signal fort. Ceux qui ont détecté une faible partie de ces signaux plusieurs années, voire dizaines d'années en amont ont capté des signaux épars, isolés, en ont déduit un risque potentiel, ont initié des actions en précurseurs :

– comprendre les problèmes complexes et interdépendants ;

– créer des lieux de réflexion, de création et d'échange constructifs ;

– améliorer l'accès aux connaissances utiles et développer les compétences.

Les compétences acquises en prévention et gestion du stress, notamment, seront d'autant plus intégrées qu'elles se mutualiseront en réseau interne et externe aux entreprises.

26 *La* démarche globale de prévention

Comment l'entreprise peut-elle agir face au stress ? En premier lieu, elle peut travailler « à la source » pour favoriser une organisation saine et mettre en place des observatoires pour guetter les difficultés.

Connectez-vous !

– Les Echos : articles sur la démarche de prévention
– La prévention durable des risques psychosociaux

Une démarche globale en amont

Comme l'indiquent les enquêtes Darès de mars 2007 et de janvier 2008, l'information et les actions de prévention des risques psychosociaux sont encore insuffisantes.

La plupart des entreprises ne s'intéressent pas à la question du stress en entreprise. D'autres procèdent à quelques actions ponctuelles de type formation. Enfin, un nombre modeste mais croissant d'entreprises a pris la mesure du phénomène et s'engage de façon proactive dans une stratégie de prévention et de gestion globale du stress, de la santé et la qualité de vie au travail.

Chasser le déni, prendre conscience et exprimer

L'étape préliminaire pour agir sur le stress consiste en une prise de conscience, aussi bien individuelle que collective, des causes et des conséquences d'une entreprise sous stress permanent, quand il n'est pas régulé.

Cela nécessite de sortir du déni existant dans certaines entreprises, dans lesquelles on préfère ne pas parler des sujets qui peuvent fâcher pour mieux continuer la politique de l'autruche.

D'autres entreprises en méconnaissent ou en sous-évaluent encore les risques.

Une évolution en marche grâce aux médias et aux lois

Les évolutions des pratiques managériales et sociétales vont probablement amener les organisations à approfondir leur réflexion sur ces questions et à se former à ces sujets, en particulier en raison :

– de la médiatisation actuelle des cas de souffrance et de suicide au travail avec des répercussions pouvant être désastreuses sur l'image de l'entreprise ;

– de l'article L. 4121-1 (ancien L. 230-2) du Code du travail responsabilisant les directions quant à la santé physique et mentale de leurs salariés ;
– de l'article L. 4612-1 (ancien L. 236-2) qui encadre le harcèlement moral ;
– du renforcement du rôle des CHSCT : l'article L. 4612-1 (ancien L. 236-2) demande à ce que le CHSCT soit consulté « avant toute décision d'aménagement important modifiant les conditions d'hygiène et de sécurité ou les conditions de travail ». Après les conditions de travail sur les aspects physiques, ils investissent aujourd'hui le terrain du risque psychosocial, notamment dans le secteur des services.

EXEMPLE

Les CHSCT peuvent demander une expertise de droit pour évaluer les conséquences en matière de conditions de travail de tout projet de réorganisation : déménagement, horaires de travail, restauration collective, mais aussi classifications, métiers, système d'évaluation et de primes. L'expertise, aux frais de l'entreprise, peut aussi être sollicitée en cas de risque grave.

L'obligation de moyens est devenue obligation de résultats depuis la mise en cause par le Conseil d'État en 2004 de certains employeurs pour la non-prévention des maladies dues à l'amiante.

Et à l'international ?

La France est encore bien en retard sur les pays anglo-saxons et d'Europe du Nord notamment, dans lesquels de nombreuses entreprises se sont engagées avec succès dans de véritables politiques de prévention et de régulation du stress, depuis plus d'une dizaine d'années. Au Canada, un coordinateur interne est parfois nommé pour assurer la cohérence des plans de prévention, de façon transversale dans l'entreprise.

Des gains significatifs en termes de diminution de l'absentéisme et d'indemnisation pour maladies, entre autres, ont été observés.

EXEMPLE

Des entreprises américaines dans le secteur des assurances estiment qu'un dollar investi dans ces programmes leur en fait économiser six.
Certaines médecines douces ou méthodes de développement personnel comme la sophrologie sont remboursées par des assurances en Suisse en raison de la rentabilité qu'elles retirent de cet investissement.

L'aménagement d'espaces et de moments bien-être en entreprise fait partie de la culture en Asie, en particulier à Hongkong, dont on connaît la croissance.

La France va-t-elle rester n° 1 au monde dans la consommation de médicaments psychotropes pour supporter anxiété et dépression, ou bien la prévention et l'action seront-elles enfin privilégiées ?

Les trois types de prévention

La prévention à la source

Selon l'Organisation mondiale de la santé, on parle de prévention primaire, dite « à la source », quand le travail est pensé de façon à réduire les contraintes, avant l'apparition des premiers signes de stress chronique.

Démarrer la prévention du stress dès la réflexion sur les organisations du travail, en y associant les salariés concernés, est une action fortement recommandée par les professionnels comme l'ANACT ou l'INRS.

Ceci passe par la reconnaissance des métiers et des compétences des salariés, mais aussi par la prévention des accidents du travail dans sa composante psychosociale, comme la prévention des addictions, par exemple.

Exemple

L'expérience de deux ex-salariés, devenus créateurs d'une start-up Internet, les a conduits à penser leur entreprise de façon moderne et motivante. Les valeurs de coopération et d'autonomie ont présidé à l'élaboration des processus organisationnels : les collaborateurs sont associés aux choix et à l'élaboration des méthodes, ils sont invités à partager leurs expériences et leurs idées, les objectifs sont établis en concertation entre managers et collaborateurs pour plus de réalisme, les dirigeants insufflant la vision stratégique et effectuant les arbitrages.

La prévention corrective

La prévention secondaire, nommée « corrective », cherche à limiter l'impact du stress auprès de personnes ou d'équipes présentant déjà des manifestations en rapport avec un état de stress récurrent : c'est souvent l'objet des programmes de gestion du stress et de cohésion d'équipe.

Exemple

Suite à un audit sur le bien-être dans cette entreprise, l'accent a été mis sur la généralisation de la formation aux méthodes de gestion du stress et de communication. Les salariés disposent également d'un abonnement à un service de leur choix : club de sport, spa, coaching, bien-être, médiathèque, activité artistique... avec la possibilité de modifier ponctuellement leur temps de pause du déjeuner pour ces activités.

La prévention d'urgence

La prévention tertiaire désigne les interventions d'urgence de type médical ou psychologique, auprès de personnes en souffrance, pour éviter que leur état de santé ne se dégrade. Ceci peut se traduire par l'accompagnement des personnes souffrant du stress ou de ses conséquences : pôles de soutien téléphonique et entretiens. En équipe, les réunions de crise avec médiateurs permettent souvent de faire retomber la tension excessive du groupe.

EXEMPLE

Après l'alerte sérieuse qu'a constitué une tentative de suicide ayant mis en lumière un cas de harcèlement, ce sous-traitant dans l'industrie automobile a créé une cellule d'écoute, d'assistance et de médiation en interne.

Le passage à l'action : cinq conditions pour un environnement professionnel satisfaisant

Les experts ont établi des préconisations pour agir directement sur les facteurs « à la source » et améliorer l'organisation du travail et la répartition des tâches.

Dès 1981, Gardell identifie cinq conditions nécessaires pour qu'un environnement de travail soit satisfaisant.

Un travail influençable par chacun

« Être conçu de manière à ce que chacun puisse influencer la situation, les méthodes et les vitesses d'exécution » : ceci donne un sentiment de contrôle sur la situation, de l'intérêt pour la mission et de l'implication dans la qualité du travail fourni.

Un travail qui a du sens

« Être conçu de manière à ce que chacun dispose d'une vision globale et d'une compréhension des différentes opérations » : cela donne un sens à l'action et crée donc de la motivation.

Un travail facteur de développement

« Permettre à chacun d'exploiter et de développer ses ressources » : c'est une forme de gratification et d'épanouissement au travail.

Un travail favorisant la coopération

« Permettre les contacts humains et des relations de qualité entre les individus, dans lesquels la coopération serait facilitée » : ceci favorise une ambiance de travail agréable et productive.

Un travail laissant le temps de vivre

« Laisser à chacun le temps nécessaire à la satisfaction de ses rôles et obligations extérieures, comme les tâches familiales, sociales, engagements personnels, etc. » : ceci permet aux personnes de trouver leur équilibre personnel et leur hygiène de vie.

Les moyens mis en œuvre par les organisations

Les observatoires et les audits de stress

Afin de s'engager dans une démarche globale et de pouvoir agir en amont comme en aval, il convient de se doter d'outils fiables permettant de mettre à jour les réalités du stress dans l'entreprise, d'un point de vue qualitatif comme quantitatif.

En procédant à un audit multidimensionnel du stress, on cartographie les causes et l'impact du stress dans l'entreprise. Cette photographie de la situation permet d'établir des préconisations adaptées à l'entreprise, visant à la fois prévention et actions à mener.

Dans l'optique d'une politique globale, les observatoires de stress ont pour fonction d'auditer le stress et les risques psychosociaux, et d'évaluer dans le temps les résultats des actions engagées.

Aussi appelé « baromètre du stress », un observatoire du stress est un tableau de bord composé d'indicateurs clés permettant d'identifier, de mesurer et de surveiller le stress professionnel : sa nature, son impact, sa régulation et son évolution.

Il permet ainsi d'obtenir une vision globale et dynamique du stress de l'entreprise, aussi bien qualitative que quantitative.

Il aide également la médecine du travail à prévenir et à dépister les cas les plus graves de souffrance au travail : dépression, épuisement professionnel, harcèlement, anxiété anormalement élevée…

POUR ALLER **PLUS LOIN**

Les observatoires et les audits, mode d'emploi, p. 161

Les programmes de gestion du stress

À partir des préconisations de l'audit de stress, un programme personnalisé de prévention et de gestion multidimensionnelle du stress peut être élaboré. Ce dispositif agit sur trois dimensions :

– l'organisation du travail ;
– la communication et les interactions entre les individus ;
– les stratégies personnelles d'ajustement aux situations et de régulation du stress.

POUR ALLER PLUS LOIN

Les observatoires et les audits, mode d'emploi

Au cœur de la prévention du stress, la mise en place d'un observatoire du stress s'inscrit dans une démarche plus globale de prévention des risques psychosociaux : donc dans une stratégie de santé, d'efficacité et d'épanouissement au travail, à court, moyen et long terme.

Une cartographie concertée du stress et de son évolution

Un observatoire du stress est une véritable cartographie multidimensionnelle du stress, établie en concertation avec les acteurs de l'entreprise : direction, managers, RH, CHSCT, médecine du travail, partenaires sociaux...

Un observatoire du stress identifie et mesure en particulier :

– les facteurs de stress et leurs dynamiques ;
– les manifestations du stress à travers des indicateurs clés chiffrés ;
– le type de stress en fonction des catégories de salariés ;
– les catégories les plus exposées ;
– les niveaux de stress et leur évolution dans le temps ;
– la perception subjective des populations étudiées à propos du stress.

Certaines entreprises préfèrent adopter une attitude prudente et progressive ; elles parlent de « baromètre de la qualité de vie en entreprise », recueillant principalement le vécu des salariés et identifiant les dynamiques émotionnelles et relationnelles au sein de l'entreprise.

La méthodologie employée

Pour l'INRS, la démarche de prévention du stress au travail englobe des actions de natures très différenciées. La réalisation d'un diagnostic organisationnel est une de ces actions. Ce diagnostic repose sur une démarche systémique, participative et sur la confrontation des données issues de domaines différents de l'entreprise. L'engagement de la direction est décisif pour la réussite de l'opération. L'appropriation des résultats par l'entreprise passe par l'implication des salariés au déroulement de la démarche.

L'INRS propose un guide d'indicateurs de risques psychosociaux ainsi qu'un questionnaire en direction des médecins du travail, sans compter de nombreux autres outils.

Les expériences montrent qu'il est possible de diminuer la cadence d'une chaîne tout en augmentant la productivité, grâce à la diminution des pertes de matière et une augmentation de la qualité, et en associant étroitement les groupes de salariés concernés à la conduite des projets d'investissement ou de réorganisation.

Un prédiagnostic rapide

Une première analyse de la demande rassemble les données existantes : indicateurs RH (absentéisme, *turn-over*...), rapports annuels de la médecine du travail, données économiques (productivité, qualité...) pour réaliser un prédiagnostic. →

Elle peut permettre un dépistage précoce pour offrir aux salariés en grande souffrance une prise en charge médicale rapide.

Suite aux conclusions de ce prédiagnostic, un groupe projet est constitué avec les acteurs concernés pour un audit plus approfondi.

Un audit approfondi

Les organismes et les cabinets de conseil chargés de cette mission peuvent partir d'indicateurs généraux standardisés ou proposer de concevoir un observatoire conçu spécifiquement pour l'entreprise.

Ils utilisent différents outils : questionnaires basés sur des échelles validées, entretiens individuels et collectifs réalisés auprès d'un échantillon représentatif.

Ils mesurent les différents paramètres exposés dans cet ouvrage, aussi bien les facteurs objectifs (organisationnels, managériaux...) que subjectifs (stress perçu, conséquences, stratégies adoptées par les individus...).

Certains *a priori* sont ainsi recadrés grâce au recueil rigoureux de données précises.

Maximiser les chances de réussite

Il est conseillé de ne pas multiplier les projets parallèles sans coordination stratégique globale.

Un plan d'actions adapté

Après analyse des données recueillies, les résultats et les préconisations seront ensuite restitués aux acteurs.

Un plan d'actions peut alors être défini et mis en œuvre. Ce plan est ensuite évalué à intervalles réguliers par l'observatoire pour s'intégrer au tableau de bord habituel de l'entreprise.

Le document unique d'évaluation des risques professionnels peut servir d'outil pratique pour conserver les informations pertinentes et coordonner les actions des différents professionnels dans le temps.

Comment assurer l'éthique de la démarche ?

La mise en œuvre d'observatoires de stress est généralement confiée à des tiers, institutionnels ou à des cabinets privés. Le tiers de confiance veille au respect d'un cadre déontologique validé avec l'entreprise : confidentialité et anonymisation des données personnelles, neutralité bienveillante dans les contextes potentiellement conflictuels en clarifiant les enjeux des différents acteurs...

27 *Le* suicide en entreprise : comment éviter le pire ?

L'urgence liée aux risques de suicide requiert la participation de tous, selon trois niveaux de prévention et/ou d'action :
– commencer par la réduction des facteurs en cause ;
– détecter suffisamment tôt les personnes suicidaires ;
– prendre en charge les conséquences des suicides quand il est déjà trop tard.

Connectez-vous !
Dossier de l'ANACT sur la prévention des suicides

Une action collective et coordonnée entre tous les acteurs

L'urgence du besoin de prévention des suicides

Le suicide est un des risques psychosociaux contre lequel des mesures de prévention sont à mettre en place de toute urgence.

Face à un suicide, chacun se demande naturellement s'il aurait pu être évité, comment « on a pu en arriver là », se raccroche dans un premier temps à un ou des boucs émissaires.

Il est impératif que les « exemples » tragiques réveillent les esprits. C'est au moins le sens posthume que la société sera capable ou non d'attribuer au geste du salarié s'étant suicidé, car il est possible de concevoir qu'un salarié qui se suicide ait la motivation de rendre service à ses collègues, selon l'acceptation de « suicide altruiste ».

Le tabou de la responsabilité de l'employeur

L'enquête IFOP/AGE d'octobre 2007 menée auprès de 300 DRH est significative du chemin qu'il reste à parcourir : 56 % des DRH disent penser que les suicides sont des événements isolés et difficilement interprétables. En l'absence d'études précises, les entreprises préfèrent se retrancher derrière les raisons personnelles, espérant ainsi tenir à distance le risque pénal.

Le rôle des acteurs internes et des partenaires institutionnels

L'INVS (Institut national de veille sanitaire) recensera dès 2009 les suicides dans le cadre d'une veille épidémiologique.

Les partenaires sociaux veulent signer des accords sur la santé au travail. Les médecins du travail alertent déjà quand les situations leur paraissent inquiétantes, mais ils ne sont pas toujours entendus. Jusqu'à présent, c'est en général après un suicide ou une tentative de suicide que leurs avis sont pris en compte. On est donc encore dans le curatif plutôt que dans le préventif.

L'ANACT (Agence nationale pour l'amélioration des conditions de travail) recommande quatre étapes dans la prévention des suicides: mettre en commun les approches des différents acteurs et accompagner ceux-ci pour monter en compétences dans ce domaine; restaurer des espaces de dialogue, de régulation, de coopération; élaborer un repérage des signes précurseurs et identifier *a priori* les risques.

La prévention à la source: la réduction des facteurs de suicide

Identifier les facteurs de risque, les critères de détection

C'est par un groupe projet réunissant le plus grand nombre de compétences utiles que chaque entreprise saura identifier en amont les vrais facteurs déclencheurs. Car, souvent, les problèmes managériaux se greffent sur des causes organisationnelles.

Réintroduire un lien social

Tout ce qui relève des projets transversaux, de la mutualisation et de la diffusion des bonnes pratiques permet de réintroduire un lien social dans l'entreprise. La relation managériale, le travail en équipe et les relations professionnelles étendues avec les clients, les fournisseurs et les partenaires maintiennent le lien.

La difficulté de la détection des personnes et des situations à risques

Même les professionnels de l'accompagnement psychologique qui suivent régulièrement leurs patients ne sont pas infaillibles dans la détection d'un passage à l'acte. Toutefois, une prise de conscience collective peut contribuer à une observation attentive des autres, de ses voisins, amis, familles, collègues.

Des indices à observer sur les personnes de l'entourage

Quelques indices peuvent faire naître le doute parmi l'entourage.

EXEMPLE

Retrait, modification de comportement, sentiment d'ennui, perte de rôle et d'utilité, sentiment d'échec, d'injustice, décalage, perte de sens, démotivation, difficultés relationnelles dont l'incapacité à supporter une hiérarchie, arrêts de travail à répétition, consultations répétées chez le médecin, mauvaise ambiance, violences, harcèlements ou, *a contrario*, surinvestissement excessif au travail.

Quelqu'un qui, subitement, devient cynique, perd espoir, n'a plus d'estime de lui-même va alors tout mettre en échec. N'ayant plus confiance dans le monde extérieur pour l'aider, il va rejeter les tentatives d'aide, notamment sur ses problèmes professionnels.

Des situations liées aux conditions et à l'organisation du travail, aux circonstances économiques, aux relations avec manager, collègues, partenaires sont à surveiller.

POUR ALLER PLUS LOIN

Des conseils pour communiquer avec des personnes fragiles, p. 168

Comprendre les enjeux et les limites du rôle de chacun

S'il existe un doute au sujet d'une personne qui commence à « s'enfoncer » dans le retrait et que l'on a peur d'être impoli et intrusif, il faut savoir qu'en cas d'idée suicidaire, les principes sociaux ne fonctionnent pas à l'identique de la normale. Il s'agit de trouver un juste milieu entre le respect strict de la volonté des personnes suicidaires et l'aide ou l'intrusion.

Afin de ne pas se charger d'une mission qui ne relève pas de sa compétence, il est d'abord important de distinguer ce qui est du ressort du collègue, de l'ami ou du responsable hiérarchique, puis de détecter ce qui est du ressort de la médecine ou de la responsabilité de l'employeur. Le rôle de chacun est surtout d'appréhender le degré d'urgence puis d'alerter qui de droit. Il est dangereux pour soi et pour la personne aux idées suicidaires de prendre en charge soi-même, tout seul, un phénomène complexe relevant de la compétence d'un collectif de professionnels et de l'entourage personnel.

Une communication délicate avec les personnes en danger

Un individu aux idées suicidaires a désespérément besoin de parler à quelqu'un, mais place son interlocuteur dans une situation paradoxale. Devant son hypersensibilité relationnelle, l'interlocuteur doit l'écouter sans le juger, ni lui faire la morale, ni essayer de le secouer, mais l'écouter avec empathie et respect, et le rassurer. L'individu suicidaire fixera souvent le prix de ses confidences très haut : en échange d'une promesse de silence et de non-action. Quel dilemme pour le confident ! C'est par une attitude bienveillante de dialogue et d'alliance que l'on peut doucement orienter l'individu en danger vers les réseaux d'aide.

La prévention corrective : réduire les conséquences individuelles du stress

Les premiers réflexes des entreprises en prévention du stress

Certaines entreprises touchées par des suicides ont commencé à mettre en place des moyens : pauses obligatoires, réunions à des horaires raisonnables, observatoire du stress, décentralisation des DRH, renforcement des médecins du travail, assistantes sociales, plates-formes téléphoniques d'aide psychologique, formation des managers à la gestion du stress…

Des inégalités en fonction de la taille de l'entreprise

C'est un bon début, mais qui relève surtout d'une prévention de second niveau. Cela ne touche pas encore fondamentalement à l'organisation de l'entreprise, à part quelques embauches supplémentaires pour alléger la charge de travail. Et cela concerne surtout les grandes entreprises. Les TPE et PME ont besoin d'être bien accompagnées par les syndicats patronaux et de salariés, par les organismes publics et parapublics et par les associations.

La prévention d'urgence et le suivi des accidents : aider les personnes en danger et gérer les conséquences d'un suicide

Accompagner les salariés ayant fait une tentative de suicide

L'étude attentive du mode de tentative de suicide permet d'obtenir des indices utiles à la compréhension et à la prise en charge lorsqu'il est encore temps. Si l'individu n'est plus capable d'élaborer et de voir la réalité, il est alors nécessaire de réintroduire des espaces de parole, de développer une écoute empathique, d'être capable de recevoir, décoder et modifier la perception de la réalité chez lui. Cette prise en charge par des professionnels sera facilitée par la participation attentive des acteurs de l'entreprise.

Quand la tentative de suicide a un lien probable ou avéré avec le travail, il est parfois nécessaire de proposer une mobilité ou de faire sortir le salarié de l'entreprise (le médecin du travail peut prononcer une inaptitude médicale), tout en l'accompagnant pour sa reconversion et sa recherche d'emploi afin d'éviter la récidive. Une personne bien entourée peut transformer ce passage à l'acte en une reprise en main de sa vie et de son projet professionnel.

Exemple

Une salariée commet une tentative de suicide (TS) sur son lieu de travail, entre autres raisons parce qu'elle souffre d'une forme de harcèlement moral conduisant à une absence de responsabilités, un sentiment d'inutilité, d'isolement complet. Elle a depuis pris du recul sur son traumatisme grâce à un réseau de professionnels (médecine du travail, médecins traitants, avocats, thérapeutes, consultants), a engagé des démarches (reconnaissance de sa TS comme maladie professionnelle et du harcèlement par un tribunal de prud'hommes, thérapie et réflexion sur son orientation de carrière). Puis elle a finalement reconsidéré ses choix, a entamé un parcours de reconversion pour devenir psychologue. Elle a réussi à élaborer et à relier histoire personnelle et histoire professionnelle, à donner du sens à son traumatisme à travers le soutien préventif ou curatif qu'elle pourra elle-même apporter aux autres à travers sa nouvelle mission.

Après un suicide : éviter le risque de « contagion »

Classé parmi les facteurs de risques psychosociaux du suicide, l'effet de « contagion » peut partiellement expliquer les suicides à répétition dans un même collectif de travail.

Il est nécessaire d'accompagner les équipes de l'entreprise pour « faire le deuil » du salarié disparu, sur les plans psychologique et émotionnel. Le non-dit et les tabous sont dangereux, car la disparition suite à un suicide laisse des traces « souterraines » qui peuvent ressurgir de manière aléatoire. Organiser rapidement des groupes de paroles avec des professionnels neutres extérieurs est une étape préparatoire. Les collègues du disparu apprennent à briser leurs propres tabous et représentations pour mettre des mots sur leur souffrance, comprendre ce qui a pu se passer, préparer leurs attentes envers la direction de l'entreprise à travers un protocole de communication non violente.

La rencontre avec un représentant officiel de la direction de l'entreprise permet une « clôture » symbolique de cette étape pour entamer ensuite l'étape de prévention. Les notions de temps et de cycle de deuil sont fondamentales et seront variables pour chaque salarié en fonction de son degré de proximité affective et de travail avec le disparu, ainsi que de la résonnance avec son vécu personnel.

POUR ALLER PLUS LOIN

Des conseils pour communiquer avec des personnes fragiles

Que cherchent ceux qui ont envie de se suicider ?	Que ne veulent pas ceux qui ont envie de se suicider ?
Quelqu'un à qui parler, qui sera disponible, à leur écoute, prêt à consacrer toute son attention, qui croira en leur histoire, qui acceptera leur point de vue.	Être seuls.
Quelqu'un qui les mettra en confiance, qui leur parlera calmement.	Être questionnés (ne pas changer de sujet, ne pas s'apitoyer et ne pas traiter la personne avec condescendance. Il est difficile d'exprimer ses sentiments. Les personnes qui ont envie de se suicider ne peuvent pas être bousculées ni se sentir sur la défensive).
Quelqu'un en qui avoir confiance, qui les respectera, qui saura garder le secret, quelqu'un qui saura les rassurer.	Se sentir rejetés.
Quelqu'un qui ne les jugera pas, ne leur donnera pas un avis ou conseil, ne prendra pas les choses en main.	Être conseillés : asséner des sermons, suggérer de « garder le moral » ou assurer avec désinvolture que « tout ira bien » ne sont pas des attitudes qui aident l'individu suicidaire. Il en est de même si on tente de les analyser, de les comparer ou de les critiquer.

Inspirés du site
http://www.sos-suicide-phenix.org

28 *Mettre* en place des programmes de gestion du stress pour l'entreprise

Une fois réalisé l'audit de stress qui dresse l'état du stress et de son impact dans l'entreprise, les professionnels chargés de cette mission élaborent des préconisations adaptées pour prévenir et agir. Il est souhaitable que ces préconisations donnent lieu à un véritable programme d'intervention et d'accompagnement personnalisé à l'entreprise.

Connectez-vous !

Complément sur l'accompagnement individuel

Mettre en œuvre une stratégie globale

Une approche multidimensionnelle

Mettre en place une stratégie globale intégrant des solutions pluridisciplinaires augmente les chances de réussite du programme, au lieu de ne s'attaquer qu'à certaines conséquences limitées, comme c'est parfois le cas.

Exemple

De brèves pauses « bien-être » sur le lieu de travail (massages assis, ateliers de tai-chi...) sont très appréciées et sont à développer, mais ne peuvent se substituer aux aménagements à apporter aux différentes sources de stress organisationnelles.

Il s'agit de traiter les causes comme l'impact du stress, le collectif comme l'individuel. Un programme complet mobilise aussi bien la direction que les employés, les services spécialisés que les partenaires sociaux.

Le stress en entreprise étant par nature multifactoriel, il convient d'apporter des réponses sur ses différentes facettes. Ceci passe par une prise en compte et une régulation des aspects organisationnels, comportementaux, psychologiques, physiologiques, émotionnels, relationnels et sociaux.

Un appel à différents professionnels

Différents types d'intervenants ne seront pas de trop pour s'atteler à cette vaste thématique. Il existe des professionnels qualifiés dans différents aspects d'une gestion du stress efficace, en particulier : médecins, psychologues du travail et psychosociologues, ergonomes, consultants en organisation et spécialistes de la prévention, formateurs en efficacité professionnelle, coachs d'entreprise, professionnels du bien-être au travail… Cette liste est loin d'être exhaustive (voir fiche 24).

Chaque champ de compétence recouvert par ces professionnels apporte des contributions utiles à un programme global et pluridisciplinaire. Les tendances actuelles encouragent une coopération intelligente des moyens d'action pour une coordination optimale.

Mettre en synergie les actions

Chaque discipline possède ses méthodes et ses modes d'intervention privilégiés. Bien loin de s'opposer, on peut mettre en synergie différents types d'interventions complémentaires :

- l'audit et le conseil ;
- l'ingénierie organisationnelle et les processus ressources humaines ;
- la formation et les ateliers pratiques ;
- l'accompagnement individuel et collectif ;
- le coaching et la médiation, les séminaires et les activités « bien-être » type CE (yoga, ateliers d'apprentissage à la relaxation, activités créatives…).

POUR ALLER PLUS LOIN

Le protocole intégratif Cadresiv©, p. 174

Les trois axes du programme : organisation, équipe, individu

En fonction des facteurs et des mécanismes mis à jour par l'audit de stress, un plan d'actions est envisagé. Ce programme de prévention et d'action comporte idéalement trois volets pour couvrir la question dans son ensemble :

- le premier est axé sur l'organisation ;
- le deuxième sur l'équipe ;
- le troisième sur la gestion du stress individuel.

Le dosage entre ces trois axes dépend de l'importance respective des causes de stress et des mécanismes en œuvre dans l'entreprise.

EXEMPLE

Dans certaines situations, il sera préconisé de revoir la répartition des tâches et le style de management en priorité car c'est surtout l'organisation du travail qui est source de stress : on favorisera la délégation dans tel cas, ou plutôt une assistance accrue aux collaborateurs dans tel autre cas. Parfois, l'accent sera davantage porté sur l'amélioration de la communication entre les membres d'un service ou encore sur les moyens d'optimiser la gestion du temps de certains de ses membres, par exemple.

Le volet axé sur l'organisation

Dans ce volet, les préconisations concernent principalement l'organisation, les conditions de travail et la répartition des tâches propres à l'entreprise ou à l'unité auditée.

Optimiser les processus

L'identification précise des facteurs de stress et de leurs mécanismes permet une optimisation, voire une révision partielle des processus organisationnels. On vise à obtenir les mêmes résultats en aménageant différemment les éléments en interaction pour en diminuer les impacts négatifs.

La dynamique générée par les consultations collectives autour de la prévention du stress engendre souvent une organisation plus performante, en plus de la réduction des impacts négatifs du stress.

EXEMPLE

La revue de presse préparée par chaque collaborateur d'un service marketing était progressivement tombée en désuétude, faute de maintenir les réunions de présentation de ces revues, des urgences de dernier moment prenant le pas sur ce travail utile, mais dont les retombées n'étaient pas visibles immédiatement. Ces revues de presse devenaient stressantes pour tous : personne ne voulait y consacrer trop de temps au vu du manque d'exploitation et, pourtant, chacun sentait bien que ces revues étaient une source de créativité pour les prochains lancements. Y renoncer coupait les collaborateurs d'une source de compétence et de motivation, sans compter les frustrations liées aux annulations de réunion.

La première réponse, facile, de réduction des causes de stress aurait pu être de supprimer ces revues. En réalité, la mobilisation collective autour de cette question a permis de clarifier les règles générales de réunion du service et de redonner une valeur et une place à ses revues. Résultat : les projets suivants ont gagné en créativité et le service marketing a été félicité par l'ensemble du comité de direction.

Assouplir les contraintes et alléger les tensions organisationnelles

Dans certains cas, on privilégie l'allègement des procédures et l'assouplissement des contraintes pour libérer la créativité et l'esprit de coopération.

Exemple

Parfois, quelques modifications qui semblent mineures dans la répartition des tâches et l'aménagement des horaires suffiront à soulager des tensions inutiles entre les collaborateurs.

Les techniques dites de « résolution de problèmes et d'optimisation de flux », qui sont parfois utilisées par les consultants en organisation, peuvent aussi servir à soulager les interactions de contraintes qui pèsent sur les salariés.

Le volet axé sur l'équipe

On envisage ici comment améliorer les interactions et la communication entre les membres d'une équipe.

Un management plus humain

Les managers sont formés à des styles de management plus humains, dans lesquels ils acquièrent des compétences en gestion émotionnelle de leurs collaborateurs.

Témoignage

« Choisir de manager humainement les ressources, plutôt que se contenter de gérer les ressources humaines », dit Norbert Alter, professeur à l'université Paris 9 (Dauphine).

Les modes de management évoluent, à la fois en lien avec les évolutions culturelles de la société et, surtout, pour s'adapter aux profonds changements des organisations. L'importance donnée récemment en France au management intuitif, empathique, basé sur l'intelligence émotionnelle, permet aux managers de mieux accompagner leurs collaborateurs.

Il ne s'agit plus uniquement de répartir des tâches comme dans la caricature de l'époque taylorienne, mais d'être à l'écoute des besoins de ses collaborateurs pour prévenir les sources de tension et ajuster des réponses collectives et/ou personnalisées.

Affirmation de soi et expression des émotions

Les salariés apprennent les méthodes d'affirmation de soi dans le respect d'autrui, ainsi que l'expression des émotions en entreprise, qui n'est pas un savoir-faire inné. Cette démarche permet de prévenir les conflits relationnels et de cultiver une ambiance de coopération saine et motivante.

Le volet axé sur la gestion du stress individuel

Renforcer les médiateurs du stress et les stratégies pour faire face

Apprendre aux individus à gérer leur stress personnel s'opère de plusieurs manières possibles (et cumulables) :

– baisser l'intensité du stress perçu et sa réponse physiologique de stress peut se faire grâce aux méthodes de réévaluation cognitive (voir fiche 40) et de relaxation rapide ;

– augmenter son contrôle perçu ;

EXEMPLE

En améliorant l'information fournie aux salariés et les systèmes d'alerte, ce qui est en lien avec l'organisation.

– augmenter le soutien social perçu ;

EXEMPLE

En développant les activités du CE et les moments de convivialité dans l'équipe.

– optimiser les stratégies individuelles existantes peut se faire par les outils des méthodes comportementales et cognitives. L'accompagnement psychologique ou le coaching en entreprise servent à explorer et à adopter de nouvelles stratégies plus adaptées et plus efficaces, à améliorer sa gestion des émotions et du temps… ;

– « remuscler » les facteurs personnels de résistance et réduire sa vulnérabilité.

EXEMPLE

Aux personnes aux comportements de type A (voir fiche 7), vivant dans la compétition et la lutte contre le temps en permanence, on peut apprendre certains réflexes plus équilibrés de type B, comme apprécier davantage l'instant présent sans gesticulations inutiles et déterminer ses objectifs par rapport à soi-même.

On peut assouplir ses schémas de pensée et d'action sous stress pour devenir un peu plus « internaliste » et plus serein face à ses peurs irréalistes, apprendre l'autoefficacité, la résilience et à voir le bon côté des choses. On apprend à renforcer sa résistance au stress par des techniques provenant, par exemple, de la sophrologie et des conseils d'hygiène de vie et de bien-être.

Un programme en cinq points

Le volet individuel se résume en un programme en cinq points :
– se donner un ou des objectifs ;
– comprendre et mieux vivre son stress en identifiant ses réactions ;
– apprendre et pratiquer les techniques de gestion du stress ;
– évaluer les résultats et les optimiser ;
– renforcer sa résistance et ses défenses.

POUR ALLER **PLUS LOIN**

Le protocole intégratif Cadresiv©

La Société française de gestion du stress (SFGS), réseau pluridisciplinaire de professionnels, a mis au point le protocole Cadresiv©.
Pour coordonner efficacement ses différentes compétences et concevoir ses programmes personnalisés de prévention et de gestion du stress, la SFGS a élaboré une méthodologie intégrative originale.
Cette méthodologie croise les apports des méthodes issues du management et de la psychologie comportementale, cognitive, humaniste et systémique, pour les adapter aux exigences de l'entreprise de façon durable et éthique.
Après avoir évalué la situation, ce protocole analyse de façon transversale les ressources, les besoins et les aspirations de chacun des acteurs de l'entreprise identifie, les zones « gagnant/gagnant » et les processus à mettre en œuvre pour améliorer l'efficacité de l'entreprise par l'épanouissement des personnes au travail.

EXEMPLE

Depuis qu'une démarche de sensibilisation à la prévention du stress a été mise en œuvre, certaines réunions du comité de direction « à haut risque de tension » sont arbitrées par un médiateur externe dans cette entreprise. Les réunions démarrent de la façon suivante : chacun indique comment il se sent, ses sources de satisfaction, ce dont il a besoin, ce qu'il apprécie chez les autres et ce qu'il attend d'eux, pour son équipe comme pour lui-même. Toute critique doit être assortie de pistes de solution réalistes et de propositions concrètes. Les personnes ont pris l'habitude de s'écouter, ce qui facilite la compréhension réciproque et l'amélioration permanente des processus collaboratifs.

29

Équilibrer performance, compétence et bien-être

Le management de la compétence et de la performance apparaît comme un moyen solide de prévention du stress et pour accompagner plus facilement un salarié stressé. Quels bénéfices peut-on escompter de cette démarche innovante ?

CONNECTEZ-VOUS !

Les Echos : articles sur la GPEC ou les démarches compétences

Les enjeux actuels de la compétence, de la performance et du bien-être

De nouveaux besoins au carrefour de l'économique et du social

Le sentiment de bien exploiter ses compétences est un facteur d'épanouissement professionnel et de résistance au stress, tout comme la sensation de sécurité apportée par une employabilité reconnue par le marché du travail (voir fiche 9).

Pour autant, alors que les démarches de gestion prévisionnelle des emplois et compétences (GPEC) sont prônées depuis longtemps par les professionnels ressources humaines, les entreprises restaient réservées dans leur application, craignant la complexité d'« usines à gaz » décalées par rapport à l'instabilité des prévisions à moyen terme. Impression d'autant plus forte en regard d'un marché de l'emploi « pléthorique », les demandeurs d'emploi étant plus nombreux que les offres de travail.

Le retournement annoncé du marché de l'emploi

Le marché de l'emploi se tend, le papy-boom (départs à la retraite imminents des baby-boomers) provoque des pertes en lignes de compétences à chaque départ à la retraite : on parle déjà de « pénurie de compétences ».

Les nouveaux et jeunes embauchés attendent une variété d'expériences, des apprentissages rapides, des changements de poste fréquents.

Le besoin aigu de reconversion de salariés dont les métiers changent appelle à l'anticipation par les entreprises de l'employabilité, des passerelles entre métiers, des orientations de carrière.

La gestion des seniors demande un accompagnement spécifique et les DRH doivent allier des politiques collectives et une gestion individualisée de chaque type de population.

L'évolution rapide des besoins en compétences

L'accélération des innovations technologiques et des savoir-faire oblige à une gestion collective des savoirs pour lutter contre les obsolescences des expertises individuelles.

Le raccourcissement des lignes hiérarchiques, la flexibilité organisationnelle induisent des mobilités plus horizontales que verticales, ce qui fait appel à la transférabilité des compétences d'un métier sur l'autre.

Attirer les clients exige de développer le savoir-être : compétences relationnelles, autonomie, initiatives, créativité, travail en équipe.

Une démarche stratégique

Il s'agit de réussir à relier à chaque niveau la performance des collaborateurs avec celle des équipes, des managers, des organisations, des choix stratégiques de l'entreprise, en fonction du contexte économique et social.

Encore faut-il équilibrer la performance avec le bien-être au travail, à travers la prévention des risques psychosociaux et la mise en place d'un cadre motivant.

Savoir articuler ces enjeux (*a priori* différents mais convergents sur le fond) permet de construire une longueur d'avance sur la concurrence.

Dans un cadre négocié permettant la confiance et la motivation…

Créer un cadre favorisant le respect et l'authenticité est une condition préalable pour l'engagement de chaque acteur sur la durée. Une volonté claire de réussir à améliorer les performances et le bien-être, de « co-construire » des solutions « gagnant/gagnant » doit ressortir des actions de la direction de l'entreprise.

Exemple

Partager les informations non confidentielles avec ses salariés, prendre des décisions en toute transparence en matière de salaires : face à un manager qui respecte ses salariés et les traite en « adulte », ces derniers agissent de façon parfaitement responsable, en formulant des demandes raisonnables, partagées.

Car, malgré toutes les techniques « à la mode », une entreprise ne peut pas directement agir pour motiver ses salariés. Elle peut, en revanche, créer un cadre motivant pour chacun, c'est toute la nuance. Cela demande de négocier les décisions, même si l'accélération des rythmes actuels rend cette affirmation presque intenable. La volonté et l'engagement des deux parties à se respecter et à négocier en sont la condition *sine qua non*.

Dans le respect des obligations juridiques…

La loi de cohésion sociale du 18 janvier 2005 a introduit, dans les articles L. 2242-15 et L. 2242-16 (ancien L. 320-2) du Code du travail, une nouvelle obligation triennale de négocier sur le sujet de la GPEC avec les partenaires sociaux. Cette obligation est applicable depuis le 20 janvier 2005 aux entreprises de plus de 300 salariés.

La négociation porte sur « les modalités d'information et de consultation du comité d'entreprise sur la stratégie de l'entreprise et ses effets prévisibles sur l'emploi ainsi que sur les salaires ». « La négociation porte également sur la mise en place d'un dispositif de gestion prévisionnelle des emplois et des compétences ainsi que sur les modalités d'accompagnement susceptibles de lui être associées, en particulier en matière de formation, de validation des acquis de l'expérience, de bilan de compétences ainsi que d'accompagnement de la mobilité professionnelle et géographique des salariés. »

Un rapport d'état des lieux remis en juillet 2007 indique que « l'obligation vient de loin » et qu'il est nécessaire de recommander des méthodes aux entreprises, en particulier pour les PME, en s'appuyant notamment sur le relais des acteurs concernés.

Exemple

La CGPME Île-de-France a organisé des petits déjeuners d'information pour sensibiliser les dirigeants de PME aux atouts des démarches compétences et leur faire profiter de diagnostics gratuits.

Les dessous de la démarche stratégique performance/compétence/bien-être au travail

Les moyens adaptés à la démarche

Les questions à poser pour rendre réaliste cette démarche permettant l'équilibre entre la performance et le bien-être sont nombreuses. À partir des réponses formulées s'ébaucheront une démarche cohérente de gestion des emplois, des compétences et du bien-être des salariés.

Les professionnels (DRH, notamment), les représentants du personnel et les dirigeants sont les premiers concernés pour répondre à ces points et en tirer des enseignements pour leur entreprise. La « co-construction » avec les salariés et les managers augmentera la qualité de la démarche et la facilité de son appropriation par tous.

Une analyse stratégique de l'évolution des besoins de l'entreprise

Une liste de questions permet d'analyser l'évolution des besoins de l'entreprise :

– Comment le marché évolue-t-il ? De fait, quelle est la stratégie de l'entreprise ? Qu'est-ce que cela va changer pour l'organisation du travail, les métiers, les compétences ? Quelles préventions de risques psychosociaux seront à mettre en place ?

– Quelle sera l'évolution du marché de l'emploi compte tenu de l'évolution démographique et des qualifications mises sur le marché par le système éducatif ?

POUR ALLER PLUS LOIN

Avoir une vision pour éclairer l'action, p. 182

Un sondage de l'existant de l'entreprise et du potentiel d'évolution

Chaque entreprise initiant cette démarche globale part de son existant, avec ses points forts et ses points faibles, mais aussi son potentiel d'évolution. Bien le connaître permet de choisir la démarche la plus adaptée, efficace et « écologique » :

– Quels métiers ? Quels salariés ? Quelles compétences ? Quelles cultures ? Quelles valeurs ? Quelles attentes et quels souhaits ? Quels potentiels d'évolution et de mobilité ?

– Quels éléments de l'environnement interne et externe à l'entreprise peuvent représenter des menaces ou des opportunités ?

EXEMPLE

Une banque d'un pays en voie de développement ne bénéficiant pas de tous les outils de gestion des compétences de ses homologues européens risquait d'être mal évaluée par des fonds d'investissement. Pourtant, l'analyse du terrain a révélé d'excellents atouts à partir desquels le reste de la démarche pouvait être construit : un partenariat de qualité avec les écoles locales, un bon système d'intégration des nouveaux embauchés, des opportunités avec la création de filières d'apprentissage, un soutien de la fédération locale, de bonnes relations avec les institutions représentatives du personnel.

Bâtir un référentiel des métiers et des compétences souple et évolutif

Un référentiel ou une cartographie des métiers met en lumière le fonctionnement d'une entreprise à travers la description de ses principaux métiers.

Les conditions pour qu'un référentiel métier soit utilisable et fiable dans le temps reposent sur sa simplicité, sa souplesse d'évolution et sa construction en fonction du cycle d'activité de l'entreprise :

– décrire « à grosse maille » les métiers et les compétences, en articulation avec l'organisation du travail et la prévention des risques psychosociaux ;

EXEMPLE

L'erreur classique est de décrire les métiers en fonction de l'organigramme existant. Or, ce n'est pas pertinent pour saisir les socles de compétences transférables d'un métier à un autre : le service A est considéré comme radicalement différent du service B car ils ne traitent pas le même produit ; pourtant, il suffirait d'un « vernis » technique, le reste des compétences étant déjà là. De plus, le référentiel pourra devenir très vite obsolète à chaque changement d'organigramme !

– réserver une place de choix aux compétences de « prévention et de gestion du stress » afin de les intégrer dans les recrutements, la gestion des carrières, les formations.

Croiser le référentiel avec l'existant pour un diagnostic d'évolution

Une fois le référentiel décrit, il reste à positionner chaque salarié dans cette nouvelle représentation des métiers et des compétences. Cet aperçu peut alors faciliter la gestion de carrière, les programmes de formation…

Les passerelles d'évolution peuvent être facilitées, les mobilités horizontales, les transferts de compétences organisés.

Exemple

Au vu des critères d'évaluation des compétences par métier, un salarié qui se rattache de justesse à une « case » du référentiel métier pourra identifier ses zones de professionnalisation. Par un simple clic, un autre salarié pourra visualiser les compétences requises pour les postes qui l'intéressent, vérifier si elles sont compatibles avec son profil et préparer ainsi sa mobilité.

Établir un système d'évaluation et de reconnaissance

Évaluer des compétences demande un protocole rigoureux bâti avec des professionnels, afin d'éviter des évaluations trop subjectives, « à la tête du client », et permet un engagement clair sur les suites à donner. La question de la rémunération des compétences, des performances partage les professionnels. Aucune réponse universelle n'existe, chaque entreprise étant invitée à y répondre en fonction de son contexte.

– Évaluer quoi ? Comment (processus, outils) ? Sous quelle forme ? Avec qui ? Avec quels garde-fous ?
– Pour quels enjeux ? Quels suivis et quelles applications ? Quelle reconnaissance ?
– Comment intégrer l'évaluation de chacun, du dirigeant au collaborateur, sur le thème de la prévention des risques psychosociaux ?
– Comment sensibiliser, former, impliquer les acteurs ?

Exemple

Créer une prime liée à l'évaluation du stress ou du bien-être de son équipe peut servir de garde-fou aux pratiques managériales, à condition de relativiser les résultats en fonction du contexte général (apparition d'un nouveau concurrent, changement d'horaires...).

Construire des parcours de développement individuels et collectifs

Le repérage des compétences requises par métier ainsi que l'analyse des évaluations de compétences et des performances sont utiles sur les deux plans : individuel et collectif.

Exemple

Un salarié peut se projeter plus facilement dans d'autres métiers de l'entreprise et cultiver son employabilité et ses compétences dans le sens de son projet de carrière. Tandis qu'un DRH assistant à l'émergence de nouveaux métiers pourra choisir de concentrer des formations sur l'acquisition des compétences nécessaires à l'exercice de ces métiers.

– Par quels moyens maximiser et accompagner les compétences stratégiques collectives et individuelles, dont les compétences en prévention et gestion des risques psychosociaux ?
– Comment accompagner les salariés en reconversion ou en départ tout en les préservant au mieux du stress inhérent aux transitions ?
– Sous quelles formes développer les compétences ? En s'appuyant sur des apports internes (tutorat, formateurs internes) et externes (professionnels de l'enseignement, de l'apprentissage, de la VAE, de la formation continue, du coaching...) ? En veillant à l'étape cruciale du transfert de compétences de retour à son travail ?

Exemple

Groupes de pratique : version moderne des « cercles de qualité », les groupes de pratique reposent sur l'idée que la compétence s'acquiert notamment par l'observation des résultats des actions et des comportements des autres. La condition préalable essentielle est la notion de confiance et d'absence de concurrence. Un salarié ne va pas oser montrer sa vulnérabilité s'il sait qu'on peut en tirer profit contre lui ensuite, ni partager ses ficelles de métier si cela doit nuire à l'évaluation de sa performance future.
Des professionnels qui se réunissent peuvent ainsi :
– échanger sur leurs difficultés et voir qu'ils ne sont pas les seuls à les partager, ce qui les rassure et les réconforte ;
– chercher ensemble des pistes de solution, en jouant notamment sur le regard croisé de collègues moins impliqués et donc bénéficiant de plus de recul ;
– construire une appartenance à un collectif de travail moderne, créer des alliances et solidarités, trouver du soutien, entretenir la motivation.

Veiller au suivi et aux réajustements de la démarche dans le temps

Au-delà de la richesse du contenu de la démarche performances/compétences/bien-être, le facteur clé de succès réside dans la qualité du processus de la démarche. Voici quelques repères essentiels :
– construire avec tous les acteurs un processus simple, partagé, évolutif ;
– intégrer et négocier avec les partenaires sociaux (le CHSCT, notamment) ;

– préparer, sensibiliser, former, déployer ;
– exploiter les indicateurs, lancer des actions individuelles et collectives ;
– organiser le suivi, la gouvernance, l'évolution et l'actualisation de la démarche.

POUR ALLER PLUS LOIN

Avoir une vision pour éclairer l'action

À l'initiative du groupe RH&M, le Cercle de la prospective RH a vu le jour en mars 2008. Il réunit un réseau de centres de recherche, écoles, cabinets conseils, praticiens d'entreprise. Il vise à faciliter les démarches de prospective RH dans les entreprises, à travers la recherche sur les enjeux RH des 5 à 20 ans à venir, la conception de projets innovants et le transfert de culture de la prospective dans les services RH.

La prospective ou comment construire le futur qui nous attend

D'après Gaston Berger, industriel, philosophe, enseignant, pionnier en « attitude prospective » : « Plus une voiture va vite, plus ses phares doivent porter loin. »

Les prospectivistes s'appuient sur des méthodes et des outils analysant le présent afin de savoir comment construire le futur. La prospective permet de passer de la préactivité (se préparer à des avenirs que l'on sait pouvoir arriver) à la proactivité (parmi plusieurs avenirs hypothétiques, une des options est plus intéressante pour l'entreprise et ses salariés et elle va tout faire pour construire et réaliser cette option).

La prospective en matière RH

En matière de ressources humaines, la prospective se décline déjà sur certains sujets :

– les démarches de gestion des âges (anticipation des conséquences du recul de l'âge de la retraite et du vieillissement de la population active) ;
– les observatoires des métiers, comme l'observatoire des métiers de l'assurance ;
– les réflexions sur l'avenir des bassins d'emploi, en France et à l'étranger, à travers la gestion « mondialisée » des ressources humaines, et les besoins de cohésion interculturelle ;
– les études sur les évolutions du rapport au travail et des styles de management, avec notamment le management à distance ;
– les observatoires du stress ou du bien-être au travail.

Une entreprise qui s'autorise, malgré les freins culturels, une démarche de prospective RH prend une longueur d'avance sur son marché, peut donner une vision et du sens à ses salariés, éclairer les choix stratégiques et les décisions quotidiennes, anticiper les changements de l'organisation du travail, cultiver l'employabilité et prévenir ainsi l'émergence du stress.

30 *Agir* pour le respect de tous et de chacun

Comment passer de la lutte contre les discriminations, le harcèlement, les addictions et la souffrance au travail en général à la promotion de la diversité, du respect dans les relations et du travail « décent » ? L'objectif est de réduire une source inacceptable de stress, de respecter chacun, d'encourager la motivation, d'améliorer la performance et le bien-être.

CONNECTEZ-VOUS !

- Tester ses préjugés sur l'observatoire des discriminations
- Les Echos : articles sur les différentes discriminations et luttes pour la diversité
- Liens vers divers organismes

Promouvoir la diversité

Les exigences légales en matière de lutte contre les discriminations

Tout salarié, tout candidat à un emploi, à un stage ou à une période de formation en entreprise est protégé contre les discriminations au travail. Les salariés témoins ou ayant relaté des agissements discriminatoires sont également protégés (articles L. 1132-1 à 4 du Code du travail, ancien L. 122-45).

Les discriminations concernent : l'origine, le sexe, les mœurs, l'orientation sexuelle, l'âge, la situation de famille ou la grossesse, l'appartenance ou la non-appartenance, vraie ou supposée, à une ethnie, une nation ou une race, les opinions politiques, les activités syndicales ou mutualistes, les convictions religieuses, l'apparence physique, le patronyme, l'état de santé ou le handicap.

Les inspecteurs du travail contrôlent l'application du Code du travail et du code pénal, tandis que les délégués du personnel disposent d'un droit d'alerte auprès de leur employeur, qui doit alors effectuer une enquête.

EXEMPLE

La discrimination peut aussi concerner un salarié père de famille qui souhaite prendre un congé parental ou un temps partiel, contrairement aux usages réservant ces pratiques aux mères.

L'égalité des droits et des chances : des lois spécifiques

Des lois précisent de plus en plus les obligations des entreprises en matière d'égalité vis-à-vis des personnes handicapées ou de l'égalité hommes/femmes.

Les dispositions de la loi n° 2006-340 du 23 mars 2006 relative à l'égalité salariale entre les femmes et les hommes s'articulent schématiquement autour de deux axes essentiels :

– la suppression des écarts de rémunération entre les femmes et les hommes ;
– la conciliation entre l'activité professionnelle et la vie familiale.

Les encouragements de l'État : label Égalité professionnelle, contrats aidés

Le label Égalité professionnelle, mis en place fin 2004 par le ministère du Travail, récompense l'exemplarité des pratiques. L'évaluation se fait sur plusieurs critères répartis dans trois champs :

– les actions menées dans l'entreprise en faveur de l'égalité professionnelle ;
– la gestion des ressources humaines et du management ;
– la prise en compte de la parentalité dans le cadre professionnel.

L'État encourage aussi les démarches d'égalité et de mixité à travers des aides et des accords, et prépare un label Parentalité. La vigilance reste de mise pour distinguer l'usage « politiquement correct » des labels d'une véritable politique de prévention.

EXEMPLE

Le contrat d'égalité professionnelle et le contrat pour la mixité des emplois accordent, en fonction des entreprises, jusqu'à 50 % d'aides sur les coûts de formation pour l'égalité. Le plan pour l'égalité professionnelle : des mesures de rattrapage peuvent bénéficier d'aides. Une aide de 400 € au remplacement des salariés en congé de maternité ou d'adoption pour les entreprises de moins de 50 salariés.

Les initiatives d'entreprises et de régions pour la parité et la diversité

Pour respecter la loi en matière d'égalité de salaire, certaines entreprises mettent en place une « démarche compétences » afin de définir les métiers assortis des compétences requises et des conditions de rémunération et de comparer ainsi ce qui est comparable.

Par ailleurs, des exemples d'entreprises qui se sont engagées dans la lutte contre l'homophobie se multiplient.

EXEMPLE

Modules de formation et de sensibilisation sous forme de jeux de rôles, séminaire de réflexion avec les partenaires sociaux, création d'une écoute téléphonique pour les salariés homosexuels victimes d'une discrimination.

Accepter le besoin individuel de reconnaissance et de différenciation est un premier pas vers la diversité et vers la prévention du stress. Les entreprises multiculturelles qui s'ouvrent à la diversité en constatent les bienfaits dans leur fonctionnement quotidien et leur ouverture au changement. La diversité évite le clonage, favorise la créativité, les innovations, qui à leur tour participent du bien-être au travail.

Des régions se sont engagées dans un plan intégrant des actions concrètes en amont.

EXEMPLE

En Mayenne, les jeunes femmes sont encouragées à s'orienter aussi vers des filières scientifiques et techniques, pour diversifier leurs choix professionnels en intégrant notamment les carrières dans l'industrie ou la construction.

POUR ALLER PLUS LOIN

Pour l'égalité hommes/femmes, p. 188

Le rôle des associations et des organismes professionnels : HALDE, observatoire des discriminations, Syntec, ANDRH

La haute autorité de lutte contre les discriminations et pour l'égalité (HALDE) est un acteur majeur de la lutte contre les discriminations.

L'observatoire des discriminations (composante du CEGORS, Centre d'études et de recherche sur les organisations et les relations sociales) mène des études sur des sujets innovants comme le lien entre la diversité et la performance dans les entreprises.

Le Syntec (Syndicat du conseil en recrutement) et la chambre de commerce et d'industrie de Paris (CCIP) ont lancé une action de sensibilisation à la diversité afin de faire prendre conscience à chacun de ses préjugés.

L'ANDRH (Association nationale des directeurs des ressources humaines), outre un projet de label Diversité, souhaite la création d'un outil de mesure de la diversité en entreprise.

Les associations jouent le rôle de plates-formes d'interface entre les populations discriminées et les entreprises, elles créent des réseaux de rencontre qui servent à mettre en valeur le potentiel humain au-delà des freins culturels. Les forums pour l'emploi des personnes handicapées, organisés par le réseau des réussites de l'ADAPT (Association pour l'insertion sociale et professionnelle des personnes handicapées), ont permis une prise de conscience spectaculaire des entreprises en trois ans.

Réintroduire des liens sociaux et du respect dans les relations

Les exigences légales de lutte contre le harcèlement

L'article L. 1152-1 (ancien L. 122-49) du Code du travail condamne « les agissements répétés qui ont pour objet ou pour effet une dégradation des conditions de travail susceptible de porter atteinte aux droits de la personne du salarié au travail et à sa dignité, d'altérer sa santé physique ou mentale ou de compromettre son avenir professionnel ».

Les articles L. 1152-4 et L. 1153-5 du Code du travail (ancien L. 122-51) obligent l'employeur à organiser la prévention. Le CHSCT peut lui proposer des mesures de prévention, tandis que les délégués du personnel ont un droit d'alerte. Le médecin du travail peut proposer des mesures individuelles lorsqu'il constate une altération de l'état de santé physique et/ou mentale d'un salarié. Un médiateur nommé avant tout contentieux permet les conciliations, à condition de respecter une stricte neutralité. Un avocat peut aussi intervenir en amont afin de prévenir la judiciarisation, véritable facteur de stress pour le salarié, tout le temps que durent les procédures.

L'accord-cadre européen sur le harcèlement moral

L'accord-cadre européen sur le harcèlement moral du 22 avril 2007 au travail définit les points suivants :
– la souffrance au travail est provoquée par un comportement qui peut aller de l'irrespect au harcèlement dans sa forme extrême et criminelle ;
– le harcèlement peut être occasionné par une personne interne ou externe à l'entreprise ;

– il peut être physique, psychologique et/ou sexuel ;
– les procédures de prévention et de traitement des cas de harcèlement doivent être négociées entre les employeurs, leurs salariés ou leurs représentants et respecter tous les protagonistes impliqués.

Les initiatives des entreprises contre le harcèlement

Après la loi sur le harcèlement, les enquêtes et les procédures judiciaires étaient rapidement enclenchées. Aujourd'hui, certaines entreprises aménagent des moyens en amont pour prévenir les risques de harcèlement, rétablir le dialogue, séparer la souffrance au travail de la maltraitance managériale et du harcèlement.

EXEMPLE

Des cellules de médiation, des procédures « harcèlement » ont été mises en place. Les managers et, parfois, les collaborateurs sont sensibilisés, formés.

Le rôle des associations pour informer et assister en cas de harcèlement

Beaucoup de situations de harcèlement ne sont pas identifiées du fait que les victimes n'osent pas en parler à l'intérieur de leur entreprise ou dans leur entourage personnel. Les associations permettent d'informer, d'écouter et d'assister les personnes harcelées. Se faire accompagner par un professionnel permet de prendre du recul, de mieux se protéger à l'avenir, de réduire le stress causé par la situation.

Lutter contre les addictions et favoriser la santé au travail

Si la loi n° 70-1320 du 31 décembre 1970 réprime l'usage et le trafic de stupéfiants et que certains métiers ont droit au dépistage des toxicomanies, il n'existe pas encore de loi spécifique concernant les addictions au travail, sachant que toutes les addictions ne concernent pas des produits illicites.

Le rapport de la MILDT (Mission interministérielle de lutte contre la drogue et la toxicomanie) fait état de ce retard et indique des préconisations d'action.

EXEMPLE

Agir en prévention des addictions à la drogue ou à l'alcool nécessite, outre les campagnes d'information, le suivi et la prise en charge des personnes dépendantes, la prévention en amont des situations de travail stressantes qui incitent à la consommation. Certaines situations professionnelles s'y prêtent plus que d'autres : déplacements, salons, contact avec le public, repas d'affaires, travail de nuit, travail posté, travail isolé, chaleur et exercice physique nécessitant de se désaltérer, statut précaire de l'emploi.

Le dépistage précoce d'une personne dépendante augmente les chances de « guérison ». Informer sur les stades de la dépendance, sur le lien entre dépendance et performance, entre angoisse de performance et stress, facilite les prises de conscience et limite les conduites classiques de déni chez les personnes dépendantes et de solidarité bienveillante mais finalement nocive de leur entourage.

POUR ALLER **PLUS LOIN**

Pour l'égalité hommes/femmes

Le « plafond de verre » est une notion regroupant l'ensemble des freins qui empêchent les femmes d'accéder à des postes à responsabilités élevées dans les hiérarchies des entreprises. L'étude de McKinsey (« *Women Matter* ») sur l'égalité hommes/femmes en France (2007) permet de lever les tabous, de cerner une partie des causes des « plafonds de verre » et apporte des pistes de solution.

Le potentiel économique de l'égalité hommes/femmes

Outre la pénurie des talents à venir, qui devrait inciter les entreprises à élargir leurs recrutements et leurs mobilités de carrière, l'influence croissante des femmes dans les décisions d'achat peut contribuer à lever des freins supplémentaires ! Car si derrière les clients se cachent des clientes, intégrer des femmes dans l'entreprise permettra de mieux cerner leurs attentes et de proposer des offres innovantes.

Par ailleurs, selon une étude de la Commission européenne, les politiques de diversité ont un impact positif de 58 % sur la motivation des salariés, de 57 % sur la satisfaction des clients, de 69 % pour l'image de marque. Certains fonds d'investissement incluent même l'indicateur « Diversité » parmi leurs critères d'investissement.

L'étude de McKinsey démontre que les entreprises avec au moins trois femmes dans les fonctions de seniors managers obtiennent un score plus élevé, en moyenne, sur chaque critère d'excellence organisationnelle comparativement aux entreprises sans femmes dans les instances dirigeantes.

Une deuxième étude menée avec le fonds d'investissement européen Amazon, basée sur 89 entreprises comportant les scores les plus hauts de diversité hommes/femmes pour des postes de dirigeants, a comparé leurs performances par rapport aux autres entreprises du même secteur d'activité : tous les résultats financiers sont supérieurs en moyenne.

Quatre bonnes pratiques préconisées pour atteindre la diversité hommes/femmes

L'étude conclut par des exemples de bonnes pratiques qui s'adressent aux entreprises, au système éducatif ainsi qu'au système culturel en France :

– créer de la transparence en mettant en place des indicateurs clés de diversité, mais sans passer par les quotas, aller informer les femmes dans les écoles, collèges, lycées, enseignement supérieur sur les carrières en entreprises d'un secteur d'activité à image « masculine » ;
– mettre en place des mesures pour faciliter l'équilibre vie professionnelle/vie privée ;
– adapter les méthodes de management des ressources humaines ;
– aider les femmes à maîtriser les codes dominants et à nourrir leur ambition.

31 *Améliorer* le bien-être en entreprise

Les entreprises prennent conscience qu'un salarié mal dans sa peau est moins productif. Elles commencent à proposer des aménagements et des services pour leur permettre de préserver leur bien-être et de mieux concilier vie personnelle et vie professionnelle.

CONNECTEZ-VOUS !

Les Echos : article sur la convivialité en entreprise

La qualité de vie au travail comme outil de management

Certaines entreprises se rendent compte que l'excès de stress est contre-productif en termes de santé des salariés et de perte de motivation. L'amélioration de la qualité de vie au travail entretient la motivation, diminue les arrêts maladie, l'absentéisme et le turn-over, facilite les recrutements grâce à la bonne réputation de l'entreprise sur le marché et participe à la fidélisation.

La responsabilité sociale des entreprises (RSE)

Sur l'impulsion de la Commission européenne, le concept de responsabilité sociale des entreprises propose un cadre afin que ces dernières, de leur propre initiative, contribuent à améliorer la société et à protéger l'environnement. La RSE est donc la déclinaison des principes du développement durable à l'échelle de l'entreprise. Une démarche complète suppose que l'entreprise intègre la RSE à sa stratégie, à ses modes de management et de fonctionnement, jusqu'à la conception de ses produits et services. Dans cette démarche s'inscrivent aussi des projets concrètement liés au bien-être des individus, destinés à leur faciliter la vie quotidienne et à contribuer à leur « développement durable » individuel.

EXEMPLE

À l'origine, le ticket-restaurant, financé en partie par l'employeur afin que les salariés prennent un vrai repas à l'heure du déjeuner. Depuis, les chèques-vacances et services se multiplient. De plus en plus d'entreprises mettent à la disposition de leurs salariés des crèches d'entreprise où les salariés déposent leurs enfants.

La conciliation vie professionnelle/vie privée

On parle maintenant de « conciliation vie professionnelle/vie privée » en englobant les besoins des femmes mais aussi ceux des hommes. Les employeurs intègrent leurs responsabilités dans l'évolution des rôles dévolus à chaque sexe dans la société.

Exemple

L'assistance aux salariés accompagnant la fin de vie de leurs parents ainsi que des abondements pour le financement de régime de retraite complémentaire de salariés à temps partiel.

Quand les décideurs se préoccupent du mal-être des salariés

Les décideurs veulent agir sur le mal-être de leurs salariés mais sans toujours savoir de quelle façon prendre le problème.

Exemple

Une entreprise, dont les métiers sont peu valorisés (gardiens, ménage), a souhaité faire participer ses salariés au choix des matériels et produits d'entretien utilisés. Ce n'est pas qu'un « geste » de la part de leur employeur, c'est aussi la reconnaissance que ce sont eux les experts de leurs besoins et que leurs contributions aux discussions sont vraiment utiles. L'effet sur eux a été très net. En parallèle, l'entreprise a lancé un programme de formation à la communication, destiné aux collaborateurs et aux managers, afin d'améliorer les relations de travail. Comme le montre la baisse de 50 % de l'absentéisme, le mal-être a reculé.

Il semble important de ne pas se contenter d'actions superficielles pour coller à la vie réelle.

L'agencement des espaces de travail

L'aménagement des espaces de travail est devenu important : si les entreprises attendent de leurs salariés initiatives, travail en équipe, créativité, coordination, coopération et mutualisation des savoir-faire, l'aménagement des espaces doit être revu en conformité avec ces besoins.

Exemple

Une équipe disséminée à plusieurs endroits va plus difficilement mettre en œuvre des coopérations, des échanges. Si l'absence de disponibilité de salles de réunion ou de grand bureau ne leur permet pas de se retrouver à plusieurs facilement, cela freinera le travail en équipe.

La disposition, l'ameublement et la décoration d'un espace professionnel en disent long sur la culture de l'entreprise, ses choix d'organisation et de management, sa volonté à favoriser ou non les liens entre les salariés.

Témoignage

Alain d'Iribarne, directeur de recherche au CNRS, directeur du laboratoire d'économie et de sociologie du travail de l'université d'Aix-en-Provence : « La qualité de vie au bureau constitue un gisement sous-estimé de performances pour l'entreprise. »

Les ateliers « bien-être » en entreprise

Ateliers de tai-chi, de réflexologie, de sophrologie, de massages assis et autres formules de bien-être sur le lieu de travail commencent à se démocratiser en entreprise. Ils sont appréciés par les salariés qui y trouvent un moyen de se poser et de se détendre ponctuellement. Ils sont nécessaires mais ne suffisent pas à répondre à tous les enjeux.

Pour aller plus loin

Les tendances d'avenir, p. 193

Dormir pour mieux travailler

La sieste sort de la clandestinité dans certaines entreprises pionnières où des périodes de sommeil sont aménagées durant la journée de travail. Un spécialiste des organisations, Vern Baxter, et un spécialiste de la somnolence, Steve Kroll Smith, ont analysé l'émergence de cette pratique aux États-Unis, dans des entreprises comme Nova Chemicals (pétrochimie), Evan Associates (bureau d'architectes) ou Yarde Metals (métallurgie). Ces initiatives visent au départ à minimiser les risques d'accident et le stress engendré par l'hypovigilance dans certains secteurs d'activité. La création d'espaces dédiés au sommeil participerait à la sécurité et au bien-être de tous. Cela demande une concertation avec les salariés sur la bonne façon d'intégrer ces moments de repos dans une journée de travail.

Impliquer différents acteurs

Les acteurs de l'entreprise au service de l'épanouissement professionnel

Jusqu'à présent, les médecins du travail, les assistants de service social, les délégués du personnel, les délégués syndicaux, la délégation unique et, surtout, le CHSCT n'étaient pas toujours considérés comme des acteurs prioritaires et stratégiques par certains dirigeants méfiants vis-à-vis du dialogue social. Inversement, certaines entreprises voulant mettre en place des programmes innovants voient des délégués syndicaux refuser de signer des accords par crainte de perdre leur rôle auprès des salariés. Aujourd'hui, face à une thématique aussi transversale que le stress, qui touche l'entreprise dans sa globalité, l'ensemble des acteurs a un rôle capital dans la prévention des risques psychosociaux, la motivation et la productivité des employés, ce qui nécessite une bonne qualité de dialogue social.

L'accompagnement des salariés surendettés

De plus en plus d'entreprises s'impliquent dans les dossiers de désendettement de leurs salariés. Le prix 2007 des « espoirs du management » a été remis à la société Cleaning. Ce label vise à diffuser les bonnes pratiques des entreprises qui veulent « éradiquer le syndrome du lundi matin ». Des entreprises ont évalué à quelques euros par mois et par personne le coût de cet appui à la gestion quotidienne pour les salariés, allant même parfois jusqu'à garantir la bonne gestion des salariés qui participent au projet (auprès de bailleurs, de banques).

L'argument économique pourrait convaincre les entreprises les plus réticentes à se lancer dans ce genre d'accompagnement : le chiffre d'affaires de la société gagnante a décollé quand l'entreprise a lancé son projet, signe de l'effet motivant en interne.

Les plans de déplacements d'entreprise

Comment l'entreprise peut-elle faciliter les trajets de ses salariés ? En mettant en place des plans de déplacements d'entreprise, qui passent par :

- des négociations avec les pouvoirs locaux afin de créer de nouvelles lignes de transport ;
- des accords entre entreprises voisines pour organiser des transports privés de type minibus ;
- l'organisation de covoiturages, avec réservation des meilleures places de parking, chèques-cadeaux ;
- la mise à disposition de vélos avec kits de sécurité et révision régulière ;
- la facilitation du logement sur place, avec négociations avec des structures d'accueil ;
- l'assouplissement des horaires.

De nouvelles politiques urbaines au service de la qualité de vie

La cité contribue de plus en plus à cette qualité et ce bien-être au travail, notamment dans les quartiers d'affaires, autrefois très austères.

Exemple

Les nouvelles « terrasses » derrière la Grande Arche de la Défense près de Paris : un nouveau morceau de ville est en train de s'inventer, par-dessus l'A14 et les voies du RER, huit ans après la création de l'établissement public d'aménagement Seine-Arche (Epasa). De nouveaux immeubles avec des espaces publics de qualité, de larges pelouses, une piste cyclable, une promenade plantée, une voie pour les voitures permettent aux salariés de déstresser pour accéder à leur lieu de travail et pour se relaxer dans la journée.

Pour aller **plus loin**

Les tendances d'avenir

La conciergerie d'entreprise

Ce concept s'est développé dans les années 1990 aux États-Unis et commence à se démocratiser en France. Plusieurs services sont ainsi proposés au salarié pour lui permettre de se consacrer au travail en l'allégeant de plusieurs tracas quotidiens. Ils visent à lui faire gagner du temps et à lui faciliter l'interface personnelle/professionnelle.

Cette assistance passe par la crèche en entreprise, le soutien scolaire, l'assistance aux personnes âgées ou handicapées de la famille, le dépannage ménager d'urgence, les loisirs et les sorties, l'assistance juridique et administrative, un financement aux chèques emploi service universel (CESU)...

Les programmes d'aides aux employés

Les programmes d'aides aux employés sont présentés dans l'ouvrage *Développer le bien-être au travail* (Pierre Angel et coll., Dunod, 2005). Étendant le concept de conciergerie d'entreprise, ce sont des dispositifs de conseil et de soutien thérapeutique ou pédagogique en milieu professionnel. Ils s'inscrivent en amont dans des suggestions d'amélioration de l'organisation du travail et sont en lien avec les politiques RH.

Principaux motifs de consultation aux États-Unis : 23 % pour des problèmes de dépendance, 19 % sont liés à des difficultés conjugales et familiales, 16 % sont directement liés au travail (stress, conflits, harcèlement, discriminations) et 7 % sont en lien avec des soucis financiers ou légaux (surendettement, immobilier).

Près de 90 % des entreprises américaines ont recours à ces programmes, dont le champ d'application s'est élargi à la résolution de l'ensemble des problèmes personnels et professionnels des employés susceptibles d'avoir une répercussion sur la performance des entreprises, et de façon plus générale, sur le bien-être au travail.

La règle des 20 %

Des sociétés innovantes comme Google ou 3M offrent 20 % du temps de travail aux développeurs et ingénieurs pour effectuer des recherches personnelles. Les résultats sur la fidélisation, la motivation, la productivité et l'innovation des salariés sont remarquables.

32 *Renforcer* la cohésion de l'équipe

Une bonne cohésion d'équipe est un facteur important de prévention du stress. Comment intervenir en amont pour donner la chance à une équipe d'atteindre ce stade ? Et comment agir en cas de stress lourd dans une équipe en crise ?
Les techniques d'intervention en amont et en aval sont très proches, la vraie différence se situe dans le degré de stress, de conflits et d'émotions en jeu.

Connectez-vous !

– Témoignage d'une médiatrice
– Lien vers une étude de HSE sur les bénéfices du travail en équipe

Des coopérations interindividuelles à la cohésion

Le soutien des collègues et du manager est une ressource importante pour gérer son stress.

Exemple

Il arrive qu'un collaborateur soit temporairement en difficulté avec son travail, ses clients ou son manager. Il peut tout à fait passer ce cap grâce au soutien, à l'aide et à la confiance de ses collègues.

Un collaborateur peut développer des relations de coopération avec un ou plusieurs collègues, et c'est déjà une première étape. La cohésion d'équipe est une étape supérieure, qui englobe les liens de l'ensemble des membres de l'équipe, y compris son manager.

Respecter le cycle de vie naturel d'une équipe

Une équipe a besoin de temps pour engranger de la compétence collective afin d'atteindre le maximum de son potentiel de performance et de bien-être.

Cela demande de créer des conditions de « durée de vie » des équipes, même si celles-ci sont mouvantes, par le jeu des entrées et des sorties de personnel.

À la création d'une équipe, des questions impertinentes peuvent être posées.

Exemple

Quelle est la finalité de cette équipe ? Par qui peut-elle être composée ? Comment peut-elle s'organiser ? Par qui peut-elle être managée ? Quelles sont ses forces et ses faiblesses internes, les opportunités et les menaces extérieures ? Quelles sont les complémentarités internes ? Comment peut-elle prévenir les facteurs de stress et créer les conditions de performance et de bien-être ?

Accompagner les changements dans une équipe

Si un changement conduit à des bouleversements profonds d'équipe, cela demande un accompagnement spécifique pour limiter les facteurs de stress et « muscler » la capacité de l'équipe à vivre une transition mouvementée, certes, mais pas chaotique.

Exemple

Lors d'une fusion, de nouvelles entités regroupant des parties d'anciennes équipes de chaque entreprise se reconstituent. La transition peut passer par ces étapes : accompagner le travail de « deuil » des anciennes équipes, mettre à jour les enjeux collectifs et individuels de la nouvelle structure, rebâtir des projets fédérateurs dans chaque entité, comprendre les différences culturelles et organisationnelles, faciliter l'intégration des nouveaux.

Enfin, si une équipe est vouée à disparaître, cela peut aussi s'accompagner de façon à éviter un stress lié à un manque d'information, de compréhension, de repères, le stress de la perte progressive de son sentiment d'appartenance.

Exemple

Une entreprise décide d'externaliser d'ici trois ans une prestation de service jusqu'à présent effectuée en interne. Expliquer à l'avance la décision aux salariés concernés, puis les accompagner dans leur reconversion permet de limiter leur stress du changement.

Le type de stress en fonction des trois niveaux d'efficacité collective

Olivier Devillard, psychosociologue et cofondateur de la Société française de coaching, a montré qu'une équipe performante a besoin de passer par des stades logiques de développement pour atteindre un bon niveau d'efficacité collective. Voici une illustration de ces trois niveaux d'efficacité en lien avec le stress.

L'action concertée

C'est le premier niveau d'efficacité, à travers des méthodes, des moyens de communication et de coordination communs et réévalués.

Exemple

Pour les réunions d'équipe, déterminer le nombre de réunions par an, leur fréquence, leur durée, leurs enjeux (information, débats, décisions, lancement d'actions), la nature des sujets abordés, leur type d'animation (par le manager, par certains collaborateurs pour des points thématiques, parfois par des intervenants extérieurs), leur type de suivi...

Une équipe qui fonctionne de manière concertée limite déjà considérablement les facteurs de stress. L'organisation du travail autorise performance et bien-être, grâce à la satisfaction du travail bien fait et l'absence de désorganisation. Mais les collaborateurs peuvent avoir l'impression d'exécuter des méthodes sans mettre à profit leurs idées.

L'intelligence collective

C'est le deuxième niveau d'efficacité, à travers une capacité à innover, à saisir les opportunités grâce à la réflexion sur l'expérience et aux premiers succès.

Exemple

La première fois que l'équipe de commerciaux de la région Ouest a décroché une place dans le trio de tête du concours interne, le manager a su féliciter et reconnaître les contributions de chacun. Cet événement a marqué les esprits et a été le point de départ de partages de bonnes pratiques entre tous les commerciaux de la région, d'innovations de présentation aux clients. Résultat : l'année suivante, l'équipe terminait première !

Le stress lié à la sous-utilisation des compétences de créativité et d'échanges disparaît et les premiers résultats donnent le moral à chacun. Mais il peut encore manquer la vision stratégique, le sens, la considération de chacun dans ce qu'il a d'unique, ce qui peut conduire à un manque de reconnaissance.

La complicité opérationnelle

C'est le troisième niveau, à travers la mise à profit des complémentarités, la création d'opportunités, la considération de chaque membre comme un « leader auxiliaire ».

La prévention des facteurs de stress est à son maximum du point de vue de la dynamique d'équipe. La maturité de l'équipe permet aux collaborateurs de gérer les phénomènes internes de stress en toute autonomie, même en l'absence de leur manager, et de construire rapidement une stratégie d'adaptation aux agressions.

Exemple

Mathieu manage à distance une équipe de plus en plus grande. Il ne peut plus se permettre du management en « *one to one* » (un par un), qui prend un temps considérable dans son agenda et qui n'est plus efficace, notamment pour entretenir la motivation de ses équipes en son absence.

Après réflexion, il décide de donner la priorité à la dynamique d'équipe, accorde plus d'autonomie à ses collaborateurs, en instaurant des points d'échanges réguliers entre eux, en face-à-face et à travers des outils collaboratifs. Sa légitimité n'est pas remise en cause ; au contraire, il peut se consacrer à des tâches plus stratégiques, tandis que son équipe, parfaitement soudée, sait faire face à ses engagements dans un bon esprit d'équipe, malgré la distance.

La prévention du stress en équipe

Choisir un cadre relationnel et des lignes directrices de fonctionnement

Chaque collègue peut être un facteur de stress pour les autres. Chacun doit alors se questionner.

Exemple

« Qu'est-ce que je supporte des autres ou qu'est-ce que je fais supporter aux autres ? En quoi les autres m'ont-ils aidé aujourd'hui à prévenir ou gérer mon stress ? En quoi les ai-je aidés ? »

Car si les temps d'« arrêt sur image » sont essentiels, une bonne « hygiène relationnelle de bien-être » se matérialise chaque jour, à chaque instant. La charte relationnelle s'incarne dans les échanges réels, l'exemplarité de chacun entraînant celle de l'autre.

Exemple

Une équipe qui fonctionne bien permet la réalisation de plusieurs enjeux en même temps : satisfaire les attentes individuelles de chacun, attentes qui convergent globalement vers l'objectif commun de l'équipe, en se superposant sans s'annuler les unes les autres.

L'intégration de la notion de stress dans l'ordre du jour en réunion

Les réunions régulières d'équipe peuvent prévoir à l'ordre du jour un temps pour aborder les questions autour du stress. Cependant, elles seront traitées assez vite, dans un souci opérationnel de résolution de problèmes concrets, et n'aborderont pas toujours les sources de stress plus profondes, plus émotionnelles, les non-dits. Ou elles ne pourront pas bénéficier de conditions de confiance et de créativité suffisantes pour dépasser les stress vécus.

Car un cadre de bienveillance, de confiance réciproque est une condition essentielle pour oser aborder des sujets de cet ordre en réunion. Montrer son stress, sa vulnérabilité, ses difficultés, lever des non-dits, faire émerger des conflits…

demande une équipe de troisième niveau, avec un équilibre de complicité opérationnelle et de complicité émotionnelle.

Des temps de ressourcement « au vert » pour l'équipe

Une équipe a régulièrement besoin de temps d'arrêt, pour « sortir la tête du guidon », se retrouver dans un endroit inhabituel, agréable, afin de prendre du recul, d'envisager le futur et de faire retomber son niveau de stress. Maintenir un rythme égal sans période de récupération provoque un risque de surchauffe, propice au stress.

POUR ALLER PLUS LOIN

La médiation au secours d'une équipe sous stress fort, p. 200

Réunions au quotidien et ressourcement exceptionnel nécessaires à la cohésion

Ainsi, comme pour une voiture, les deux formes de « révision stress » sont complémentaires. Le suivi du stress à l'ordre du jour des réunions servira de « radar » à détecter les situations à risques, abordera les facteurs immédiatement visibles de stress, pour une réponse assez facilement activable ou une indication auprès de professionnels internes ou externes. Tandis que le temps de ressourcement nettoiera en profondeur les « abcès » de stress et créera les fondations de la cohésion d'équipe.

Les interventions sur des équipes sous stress

Se découvrir soi-même et découvrir les autres

Aborder le stress en équipe passe d'abord par la découverte, l'acceptation et la reconnaissance de soi et des autres. Afin de comprendre ses agents stresseurs internes et externes, ses stratégies de prévention et de gestion du stress il faut s'ouvrir à la notion de différence entre individus, ces mêmes différences pouvant être source d'opposition ou de complémentarité.

Devenir capable de mettre des mots sur ses émotions

La capacité à verbaliser ses émotions, ses ressentis, ses besoins, ses attentes, à oser lever les non-dits des conflits est fondamentale.

Un stress renvoie à une émotion, bien souvent la peur. Les réflexes culturels en France ne facilitent pas l'expression de la peur, surtout pour ceux qui sont animés du message contraignant : « Sois fort ! » (voir fiche 14).

Faire le « deuil » du passé

Une équipe qui « subit » un changement a besoin d'être accompagnée pour faire le « deuil » du passé. Même une équipe en « vitesse de croisière » a des « deuils » intermédiaires et personnalisés. Faire son « deuil » après une perte, c'est s'autoriser à passer des étapes naturelles, des émotions différentes, afin d'être de nouveau capable de s'engager dans un projet d'avenir.

Exemple

Une équipe peut se sentir démunie après les démissions successives de collaborateurs compétents et appréciés. Accompagner la perte et redonner du sens au devenir de la nouvelle équipe permet de désamorcer ces facteurs de stress individuels et collectifs.

Désamorcer les « jeux sans fin »

Savoir repérer les jeux de pouvoir, puis intervenir pour assainir l'ambiance relationnelle peut libérer de grosses zones de stress et redonner du bien-être à toute l'équipe. Car si, apparemment, ces « jeux sans fin » concernent deux personnes, l'ensemble de l'équipe en pâtit par ricochet.

Exemple

Une jeune embauchée motivée et ambitieuse va maladroitement s'imposer devant son manager au détriment de sa collègue senior, a la personnalité douce et effacée malgré ses compétences. La salariée junior souligne, devant leur manager commun, ce qu'elle prend pour des erreurs de la salariée senior, laisse entendre qu'il est difficile de travailler avec elle...

Les autres collègues, voyant que la salariée junior est dans les « petits papiers » du manager, tiennent la salariée senior à l'écart et la laissent seule face à cette difficulté. Grâce à des techniques de communication non violente et d'affirmation de soi, la personne senior pourra assainir la relation avec son manager et sa collègue junior, et ensuite avec toute l'équipe.

Clarifier la vision, l'objectif et réévaluer les règles de vie

Quand une équipe patine car elle ne visualise plus clairement où elle doit et peut aller, pourquoi, comment... il est temps de réévaluer les choix de départ en fonction des événements de l'année, de l'évolution de la stratégie de l'entreprise, de la composition de l'équipe.

Exemple

Une équipe de recherche et développement qui, en l'absence d'impulsions décisives de la part du service marketing, prend des initiatives de plus en plus importantes sur les recherches, peut finir par ne plus savoir comment travailler et comment se positionner vis-à-vis de ses collègues du service marketing.
L'équipe va, au bout d'un moment, se trouver confrontée à la question du périmètre de son activité : faut-il embaucher au sein de la R&D quelqu'un avec une sensibilité marketing ou bien renégocier la finalité et l'organisation de chaque service ?

Pour aller plus loin

La médiation au secours d'une équipe sous stress fort

Les études montrent les bénéfices en termes de motivation, et surtout de bien-être, à travailler en équipe.
Pourtant, une équipe peut atteindre un niveau de stress fort.
Quand les solidarités et la confiance sont cassées, que les peurs sont maximales, il est légitime de se demander : est-il encore temps de « faire quelque chose » ?
On est loin du cadre bienveillant, en suspension de jugement, permettant une libre expression authentique…
Ce genre de situations se rapproche des cas traités en médiation. Le médiateur est une personne neutre, souvent extérieure à l'équipe, voire à l'entreprise. Une fois la « prise de température » du degré de stress et de la problématique effectuée, le professionnel élabore une stratégie d'intervention et la réajuste au fur et à mesure du processus. Il peut mixer des étapes individuelles et collectives, s'appuyer sur des relais internes et externes. Des techniques de coaching comme un cadre de protection et de permission respectant la règle de confidentialité permettent d'avancer petit à petit vers la reconstruction de l'équipe.

33 *Gérer* le stress émotionnel de ses collaborateurs

Quand le stress atteint l'équipe, comment gérer les émotions fortes qui perturbent les communications et les relations de travail ?

CONNECTEZ-VOUS !

Témoignage

Management et émotions

Les émotions et la communication sous stress

Les différents facteurs de stress peuvent produire des tensions et des frustrations. Stress et émotions entretenant des liens étroits, cela se répercute dans la communication des membres d'un groupe. Les interactions humaines sont parfois parasitées par une expression émotionnelle peu productive pour l'entreprise: agressivité ou enfermement dans le mutisme, par exemple. Ces comportements vont eux-mêmes entraîner des réponses défensives encore moins fonctionnelles, comme un mécanisme qui s'emballe.

TÉMOIGNAGE

Philippe, analyste programmeur: « Tout avait pourtant bien démarré ce matin-là. Je travaillais bien tranquillement à mon poste et le responsable est arrivé d'humeur exécrable. Suite à sa demande, je lui indique sur quelle tâche je travaille; il me dit qu'on n'a plus le temps et qu'on laisse tomber ce projet pour un autre... alors que j'étais sur le point de le terminer et que je m'y étais tant investi ! Je le lui signale de façon fort désagréable et il m'affirme avec véhémence que je suis "lent" et que "je ne comprends rien"... Du coup, je me suis également emporté, je lui ai dit vertement ce que je pensais de lui et de son management... Résultat: je suis mis à pied avec avertissement pour une semaine... Le pire, c'est que ça ne va rien changer au bureau, sinon l'ambiance qui se détériore encore, la pression de plus en plus forte, le retard qui s'accumule... »

Le savoir-être émotionnel des managers

Le changement permanent est inhérent à la vie comme au monde du travail: il est stressant par nature, puisque le stress sert à s'adapter au changement. Pour un leader d'équipe, il apparaît clairement que sa capacité à conduire le changement vers les objectifs fixés, à mobiliser et à motiver ses troupes fait partie de ses priorités. Or, ce ne sont pas ses compétences techniques seulement qui lui permettront de rencontrer l'adhésion et l'implication de ses collaborateurs, mais aussi, et surtout :

– sa capacité à comprendre les ressentis, les besoins et les aspirations personnelles des membres du groupe ;
– son aptitude à comprendre et à orienter favorablement les dynamiques émotionnelles au sein de son équipe, pour rendre son management le plus stimulant pour chacun.

C'est même le propre des leaders charismatiques, qui galvanisent ainsi leurs équipes en transformant le stress destructeur en défi dynamisant.

POUR ALLER PLUS LOIN

L'exemple avant-gardiste du monde des affaires asiatiques, p. 207

Commencer par gérer son propre stress et ses émotions

Avant de gérer les réactions d'autrui, commencer par apprendre à gérer son propre stress et ses émotions est plus pertinent. Pas seulement à titre d'exemple : c'est en modifiant la part des interactions qui nous appartient que l'on peut influer sur les réactions des autres, dont ils gardent la responsabilité.

TÉMOIGNAGE

Philippe (suite) : « C'est vrai que si je n'étais pas rentré dans son jeu, j'aurais présenté les choses différemment, le responsable n'aurait pas pris les choses personnellement et on aurait pu envisager un autre découpage des tâches… Là, on en est resté aux invectives au lieu de s'attaquer au fond des choses : personne n'y a gagné. »

De plus, une fois que l'on s'est familiarisé avec les méthodes de gestion de ses émotions, on peut plus facilement décrypter les tensions, les émotions et les besoins d'autrui, ce qui facilite la compréhension de leurs façons de communiquer et d'agir, puisque stress, émotions et comportements sont liés.

Comprendre ses émotions pour les apprivoiser

Il est judicieux de repérer ses sensations et ses émotions les plus courantes sous stress pour en comprendre la dynamique : est-ce de l'anxiété, du découragement ou de la colère, par exemple ?

Ensuite, on peut simplement constater les comportements adoptés dans ce cas, comme l'inhibition, la fuite ou l'agressivité.

Ainsi, on prend conscience du lien personnel qui s'établit entre gorge nouée, peur et inhibition, par exemple, ou encore entre tensions corporelles, énervement et communication agressive.

On peut alors creuser le besoin insatisfait qui sous-tend cette réaction : la peur peut signifier un besoin de clarifier les incertitudes sur cette réorganisation ; la colère à réparer le préjudice causé par un collègue. Ceci servira à exprimer et à satisfaire son besoin différemment.

On peut aussi utiliser cette grille de lecture pour les dynamiques émotionnelles positives : la joie, la confiance et l'enthousiasme motivent le salarié, le rendent dynamique et productif, et satisfont son besoin d'épanouissement au travail… Autant favoriser ces émotions et cultiver le sentiment d'appartenance à une équipe qui avance dans le même sens !

Saisir les dynamiques émotionnelles collectives

En entreprise, il est classique de rencontrer des comportements autoritaires ou, au contraire, effacés, ainsi que des relations amicales, distantes ou conflictuelles. Le manager comme les collaborateurs ont à trouver leur place, à jouer leur rôle pour générer des dynamiques de travail efficaces, ce qui n'est pas facile quand l'équipe est sous stress. Dans ce cas, quelles sont les attitudes émotionnelles qui favorisent des dynamiques optimales ?

Quand les émotions perturbent les dynamiques relationnelles

Quand il y a une manifestation émotionnelle en entreprise (lors de tensions d'ordre relationnel, par exemple), toutes sortes d'attitudes se rencontrent auprès des collègues et de l'encadrement. Elles oscillent le plus souvent entre hostilité, soutien inconditionnel – qui est parfois tout aussi émotionnel envers l'une des parties –, fuite ou encore déni des émotions.

Ces attitudes ont chacune des avantages et des inconvénients, mais ne sont pas toujours les plus efficaces pour respecter les ressentis de chacun et remobiliser efficacement les collaborateurs.

L'empathie pour comprendre les émotions d'autrui

Il existe une attitude employée par les médiateurs, mais aussi par les plus fins managers d'équipe, exploitable par tout un chacun pour réguler les émotions : c'est l'empathie.

L'empathie désigne la capacité à comprendre les ressentis d'autrui, sans les ressentir soi-même ni les juger.

Elle permet d'accueillir avec bienveillance le vécu de l'autre, tout en gardant le recul nécessaire pour l'accompagner dans le dépassement de ses ressentis négatifs.

TÉMOIGNAGE

Charles, spécialiste en gestion de conflits en entreprise : « Répondre avec agressivité à ce collaborateur déjà en colère ? Vous vous exposez à une surenchère irrationnelle et improductive. Ignorer le problème, prendre partie ou feindre l'indifférence ? La situation s'envenimera d'autant. L'empathie est ma "baguette magique" : inutile même d'être d'accord avec le point de vue de ce collaborateur. Le fait d'écouter sincèrement et profondément, de reformuler si nécessaire le ressenti et les besoins qu'il exprime montre tout le respect que l'on porte à l'autre. L'empathie ne coûte rien mais elle est d'une grande valeur, y compris dans les relations professionnelles : pourquoi continuerait-il à ne pas oser parler ou à monter le ton, puisqu'on l'écoute avec tant d'attention ? Quand l'émotion a pu s'exprimer, elle s'apaise : on peut alors envisager des solutions prenant en compte les messages sous-jacents aux émotions éprouvées. »

Prendre en compte le non-verbal

Quand on analyse les dynamiques qui animent un groupe de travail, on peut relever les propos échangés, mais ils sont insuffisants pour témoigner de l'ambiance particulière dans un collectif et de la charge émotionnelle.

L'attention portée à l'autre par l'empathie et la communication paraverbale apporte aussi d'autres clés de compréhension complémentaires et utiles, puisqu'on a écouté les émotions de l'autre et qu'on lui montre qu'on les respecte.

La communication paraverbale désigne la façon de parler et le ton de la voix, qui donne des indices de compréhension, comme le fait le langage corporel : quelqu'un qui est tendu, fâché, joyeux ou triste a des expressions corporelles bien distinctes que l'on peut apprendre à lire avec un peu d'entraînement. Dans ce cas, les expressions du visage et du corps donnent souvent plus d'informations que le discours oral.

EXEMPLE

Les signes les plus évidents de colère se lisent facilement sur un visage : sourcils froncés, soupirs, tête penchée, élocution saccadée et ton de la voix fort. Les signes de joie sont tout aussi facilement reconnaissables !

Prendre conscience des interactions : la métaposition

D'autres moyens permettent aussi d'être en phase avec ce qui se joue dans l'équipe.

La métaposition consiste à adopter mentalement et ponctuellement la position de l'observateur extérieur neutre, ainsi qu'alternativement celle des uns et des autres.

C'est un bon moyen de prendre du recul sur la situation. Observer, depuis ces différents points de vue, le contexte et les événements permet de mieux cerner les lectures subjectives, les intentions et les dynamiques de chacun.

Il peut être intéressant de se demander, dans une situation émotionnellement forte, quelle est la nature des positionnements et des interactions des uns, des autres et de soi-même : qui adopte une position d'autorité par rapport aux autres, une position factuelle ou encore une position de subordination tellement marquée qu'elle tend à la soumission ? Qui est en retrait ? leader ? en opposition ? Comment les autres membres du groupe interagissent avec ces positionnements respectifs ? De nombreux éléments de décryptage sont retirés des réponses à ces questions.

TÉMOIGNAGE

Charles (suite) : « Pendant un instant, je m'imagine être littéralement dans la peau de chacun des protagonistes, pour vivre physiquement ce qui est ressenti. Je pressens mieux quels peuvent être les positionnements, les intentions et les motivations sous-jacentes de chacun, dans quelles directions ils regardent... Puis j'adopte la position du "Martien", extérieure, pour avoir une vision panoramique des interactions : m'apparaissent alors les rôles que certains prennent pour un temps, inconsciemment, comme le rôle de bourreau, de victime ou encore de sauveur... et comment les rôles s'intervertissent parfois très vite.

Ce triangle dramatique "persécuteur/sauveteur/victime", décrit par Karpmann, s'autoalimente et maintient les protagonistes dans le stress et la souffrance, dont on peut sortir en prenant du recul et en renouant une autre base de relations. »

Interagir sur les échanges émotionnels de façon efficace et respectueuse

Dépasser les communications sources de stress et inefficaces

L'utilisation de la communication empathique et la prise en compte des dynamiques de groupe permettent de se mettre au diapason de l'équipe et de restaurer une communication authentique. Elle vise à dépasser les discussions creuses, incantatoires ou blessantes, celles qui simplifient à outrance, jugent ou rejettent en bloc les fautes sur les autres. Elle désamorce les tentations manipulatrices et perverses en se focalisant sur l'essentiel : les besoins, les motivations et les propositions de chacun pour travailler efficacement avec les autres.

Les compétences relationnelles du manager coach

Dans un contexte changeant où les pertes de repères sont fréquentes et les pressions de plus en plus fortes, certaines compétences, tout à la fois humaines et professionnelles, sont d'une grande valeur pour réguler les dynamiques émotionnelles et relationnelles. Elles le sont pour tout un chacun mais, en particulier, pour le manager, qui gagne à devenir une sorte de coach pour son équipe :

– l'écoute active : elle permet de se relier à l'autre, à ses émotions et à ses points de vue, pour faciliter une communication interactive, où l'on se donne des *feed-back* (des retours et des échanges dans lesquels on communique, notamment sur la façon de communiquer elle-même), au lieu de rester hermétique au point de vue d'autrui et ainsi faciliter la « co-construction » de solutions collaboratives ;

– la capacité à favoriser un échange d'informations dans un cadre sain et convivial, qui veille au respect des personnes et des opinions, opposé à la rétention d'information et au « chacun pour soi ».

Le manager porteur de sens, source d'équilibre émotionnel

Les dynamiques émotionnelles et relationnelles positives seront d'autant mieux alimentées par le manager qu'il développera sa capacité :

– à donner à chacun espoir et perspectives d'avenir, à soutenir et à accompagner les membres de l'équipe en difficulté ;

– à souligner les forces et les ressources, à encourager les progrès et les dynamiques positives, à orienter l'équipe vers les solutions et à faciliter leur mise en œuvre ;
– à considérer les échecs comme des apprentissages utiles, à viser l'amélioration des comportements au lieu de juger les personnes.

Pour son rôle d'encadrement, il gagnera spécifiquement à développer sa capacité :
– à poser un cadre, des missions et des objectifs clairement définis, ce qui est sécurisant et libère les énergies ;
– à donner du sens à l'action dans le respect des valeurs de chacun.

POUR ALLER PLUS LOIN

L'exemple avant-gardiste du monde des affaires asiatiques

Pour certains dirigeants modernes s'inspirant de tendances provenant du monde des affaires asiatiques, il s'agit de développer une forme d'harmonie et de beauté dans leurs réalisations professionnelles… Sans doute sont-ils à l'écoute de leur fibre artistique et considèrent-ils leurs projets professionnels comme des œuvres d'art !

Certes, ce n'est pas encore courant, mais cette conception du travail est novatrice et encourageante, dans une optique d'accomplissement professionnel.

Témoignage

Jérôme, dirigeant d'une société de recouvrement : « Quand j'ai démarré mon métier, j'ai fait une constatation. Lorsque j'arrivais au travail avec des problèmes en tête, le visage fermé et le regard sombre, une sorte de mimétisme inconscient rendait mes collaborateurs sur la défensive et tendus.

Inversement, quand j'arrivais avec gaieté et que je saluais chacun avec un enthousiasme sincère, en me connectant, yeux dans les yeux, à mes collaborateurs avec empathie, en faisant un mot d'humour ou en ayant une attention pour chacun, je voyais les sourires s'afficher sur les visages, l'ambiance était tout de suite plus positive : c'était communicatif ! J'ai développé ce comportement en regardant certains "sages" des pays d'Asie, dont la sérénité quotidienne me rassurait et me donnait envie. Les hommes d'affaires en Asie ont depuis longtemps calqué leur comportement sur ces personnes, très influentes sans pour autant avoir "autorité" officielle.

La meilleure façon de recevoir de l'attention, c'est encore d'en donner. Ça ne règle pas tous les problèmes, mais en manageant avec enthousiasme et confiance, l'ambiance est davantage à la recherche de solutions, à l'utilisation de sa créativité et au dépassement de soi choisi, qu'au découragement et à l'abattement.

Mon travail est ma passion, mon défi est de la communiquer à mes collaborateurs. Mon crédo : qu'est-ce qu'on peut faire ensemble pour produire avec plaisir, pour grandir et s'accomplir dans le travail ? »

34 Communiquer pour prévenir et gérer les conflits

Les relations avec les autres sont régulièrement une source de stress important au travail, que ce soit avec les supérieurs, les collègues, les collaborateurs et, parfois aussi, avec les clients et les partenaires. Comment communiquer de manière à favoriser une meilleure ambiance et s'éviter d'inutiles conflits ? Comment dénouer les fils d'une communication qui s'envenime ?

CONNECTEZ-VOUS !

Les Echos : article sur les dialogues avec le manager

L'assertivité pour mieux communiquer

S'affirmer pleinement, sans agressivité

Certains comportements relationnels, comme les comportements inhibés ou agressifs, se rencontrent couramment. L'affirmation de soi, elle, n'est pas évidente, alors qu'imposer son point de vue ou se laisser imposer le point de vue d'autrui sans oser affirmer le sien génère des tensions relationnelles et une augmentation du stress.

L'assertivité consiste à exprimer clairement son avis, son ressenti et à formuler ses demandes, tout en étant à l'écoute de ceux des autres. Cela permet de se respecter tout en respectant l'autre, de préserver ses objectifs comme la relation à l'autre et d'avoir un échange équilibré. Savoir émettre et recevoir une critique ou un compliment, accepter, refuser ou émettre une demande fait partie d'un savoir-faire quotidien en entreprise.

C'est un comportement « civilisé » qui s'apprend, par des jeux de rôles, par exemple.

Cette posture d'équilibre dans la communication peut se résumer par la formule : « ni hérisson ni paillasson : affirmation de soi ».

Les pensées sous-jacentes aux comportements

Les comportements relationnels passifs sont sous-tendus par des façons de voir le monde et des pensées négatives, autodévalorisantes, voire douloureuses.

EXEMPLE

« Ce que je pense n'a pas de valeur, n'est pas intéressant et, de toute façon, je vaux moins que mon interlocuteur : alors, je me tais car je crains le jugement d'autrui. »
« Elle m'énerve avec ses critiques, je me tais sinon je vais exploser et je vais le regretter. »
« Tu ne seras pas à l'aise, tu vas te ridiculiser, on va te rejeter : écoute plutôt en silence. »

À l'inverse, une bonne estime de soi facilite une communication authentique, permet de se sentir à l'aise avec les autres et encourage l'expression de soi.

EXEMPLE

Pensées fonctionnelles : « Je ne suis ni nul ni parfait, j'ai de la valeur. Je suis égal aux autres. J'ai le droit au respect, de prendre ma place, d'exprimer ce que je ressens, de réussir. »
« Ce que je pense est fondé, j'ai le droit de l'exprimer, j'ai le droit d'avoir un avis différent. D'ailleurs, l'autre aussi a le droit de ne pas être d'accord avec moi : l'avis d'autrui m'enrichit. »
« Si je ne fais pas connaître mes opinions, on ne pourra respecter mes besoins et mes aspirations : je les exprime pour trouver, avec les autres, des solutions satisfaisantes pour tous. »

La grammaire émotionnelle de l'échange

Donner/recevoir, demander/proposer, accepter/refuser : sur chacun de ces trois axes, à la base de tout échange humain comme professionnel, chacun a ses facilités comme ses difficultés. Il est intéressant de faire sa propre évaluation : où est-on à l'aise ? Qu'est-ce qui doit être travaillé pour évoluer facilement en société ?

L'assertivité en pratique

La qualité de la relation ne dépend pas de la relation hiérarchique : l'assertivité peut s'utiliser indistinctement avec un collègue, un collaborateur, un supérieur hiérarchique, un partenaire, un client… Elle libère la parole et autorise un véritable dialogue dans le respect mutuel.

POUR ALLER PLUS LOIN

Et dans le cas où les techniques ne suffisent pas ?, p. 215

Formuler une demande

Plutôt que laisser les autres deviner ses volontés, il est plus efficace de les formuler soi-même :
– utiliser pour cela le « je » : « Je souhaite, j'aimerais… » ;
– être précis, réaliste et concret dans sa demande ;
– utiliser l'empathie pour comprendre et tenir compte de l'avis de son interlocuteur, tout en persistant dans sa demande si elle est importante pour soi ;
– si nécessaire, envisager avec son interlocuteur une solution alternative acceptable pour tous.

Exprimer un refus

Savoir dire non à une demande n'est pas toujours aisé mais c'est encore le meilleur moyen de se préserver quand le niveau des demandes professionnelles excède ses limites. Entre le refus systématique qui paralyse les avancées et l'acquiescement systématique qui multiplie la pression, c'est une question de dosage. La négociation « gagnant/gagnant » s'avère généralement plus productive que les positions extrêmes et figées.

Avant d'exprimer un refus, il s'agit déjà de s'octroyer le droit de dire non sans trop se justifier et d'avoir une vision claire des limites qu'on s'est fixées, de ses besoins et de ses objectifs. Pour dire non, il faut savoir à quoi dire oui : s'agit-il d'opposer un refus ferme et définitif ? Quelles seraient les dérogations ?

Il s'agit alors de l'exprimer fermement et sans agressivité, en envisageant avec son interlocuteur d'autres solutions à sa demande. Il vaut mieux utiliser l'empathie et réaffirmer son refus que se justifier.

Exemple

« Je comprends que tu aies besoin de partir plus tôt pour faire cette course. Aujourd'hui, c'est non, nous avons besoin de toi. Par contre, à partir de demain, nous aurons plus de latitude… »

Gérer un refus

S'accorder le droit de refuser pour ne pas se laisser déborder implique d'accepter le droit au refus à l'autre. L'empathie pour les besoins et les limites d'autrui permet de ne pas se sentir déstabilisé à titre personnel.

Un refus masque parfois une crainte ou un doute : l'explorer permet souvent de l'apaiser et de trouver ensemble des zones de convergence, respectant les besoins de chacun.

Exprimer une critique

Le travail avec autrui étant rarement un long fleuve tranquille, il est nécessaire de s'exprimer et d'affronter les difficultés ensemble pour trouver des solutions. Dans certains cas, il faut formuler des critiques sur le travail fourni pour progresser. C'est préférable à l'enfermement dans le mutisme. Comment le faire de façon constructive et recevable par l'autre sans nuire à la relation ?

Pour cela, il est nécessaire de bien distinguer les faits, les tâches, les comportements d'une part, la relation et la personne d'autre part. Il est plus utile de focaliser ses critiques ou ses émotions négatives sur les faits problématiques et les comportements à corriger, plutôt que de juger négativement la relation et la personne.

En s'appuyant sur les faits, on peut décrire les conséquences négatives des comportements incriminés, leur impact sur soi, les objectifs professionnels et l'environnement.

En ayant de l'empathie à la relation, on peut rechercher des solutions et formuler des propositions en termes positifs, précis et réalistes.

EXEMPLE

« Tu es toujours en retard, on ne peut pas te faire confiance, tu n'es pas à la hauteur ! Tu nous plombes toute l'équipe ! » Ces propos sont improductifs, trop flous et blessants.

Ce type de formulation est plus efficace et respectueux : « Je sais que tu fais de ton mieux avec tes contraintes personnelles, mais quand tu arrives le lundi et le jeudi vers 9 h 25 au lieu de 9 h, c'est le service technique qui prend le relais et tes clients s'en plaignent. Du coup, ils n'ont pas les bonnes réponses commerciales et c'est la concurrence qui a profité des dossiers X et Y. Comment peut-on s'organiser ensemble pour aménager différemment tes horaires et ceux de tes collègues par rapport à nos contraintes et impératifs respectifs ? »

En cas d'émotion négative, il vaut mieux l'exprimer en disant : « Je ressens ceci quand… » que somatiser ou « hurler » sur l'autre.

Recevoir une critique

Au lieu de réagir brutalement à une critique ou de la prendre personnellement, il est plus utile d'entendre la critique comme une opportunité pour faire progresser les façons de travailler ensemble. Il s'agit de dépasser la critique blessante, floue et improductive en posant des questions : quels sont les faits et les comportements précis reprochés ? Quelles sont les conséquences ? Quelles alternatives sont proposées ?

Si les faits sont exacts et précis, les reconnaître pour adopter la meilleure stratégie, sinon la critique n'est peut-être qu'un prétexte : dans ce cas, il est préférable de « crever l'abcès » avec la méthode de la communication non violente.

Recevoir et émettre un compliment

En entreprise aussi il est fort utile de savoir émettre et recevoir des compliments, et pas seulement des critiques ! Certains individus se détournent des compliments, par peur de se faire manipuler ou parce qu'ils pensent que ce n'est pas mérité. Pour ne pas tomber dans cet écueil, il s'agit d'émettre des compliments sincères, qui reconnaissent les personnes et encouragent les efforts. Les compliments authentiques améliorent sensiblement l'ambiance au travail, ils permettent aux personnes de se sentir soutenues et appréciées. La critique sera d'autant mieux perçue si la personne qui l'émet sait aussi reconnaître à sa pleine mesure le travail bien fait et féliciter les réussites.

Là aussi, l'utilisation du « je » et des faits ou comportements précis évite de croire à la manipulation (où veut-il en venir avec ses compliments ? Il va y avoir un « mais... », c'est sûr !). Exprimer éventuellement le besoin qui a été satisfait.

Exemple

« J'ai apprécié le travail que tu m'as remis hier : il répondait point par point au cahier des charges défini. Je suis content de notre collaboration : maintenant, je me sens prêt à aller revoir ce client avec ces nouveaux éléments. »

Prévenir les conflits par l'attitude « gagnant/gagnant »

Les comportements d'écoute, d'empathie, de dialogue favorisent une meilleure ambiance et instaurent un type de communication qui prévient les conflits, s'il est fait dans le respect de soi et des autres.

Mais quand les divergences sont bien là, il ne s'agit pas de les nier. Au lieu de laisser l'émotivité montante rendre la communication irrationnelle et destructrice, au lieu de chercher un coupable ou un perdant, une autre attitude est possible pour sortir des situations de blocage, celle du « gagnant/gagnant ».

EXEMPLE

« Tu as un avis qui est celui-ci (le reformuler), que je peux comprendre mais qui n'est pas le mien. Mon point de vue, c'est celui-là (l'exposer comme indiqué précédemment). Le fait d'avoir des points de vue différents n'empêche pas de nous respecter mutuellement, de coopérer activement et de formuler des demandes ouvrant à la négociation.
Quelles sont les zones de convergence que nous pouvons envisager ensemble, qui respectent nos besoins respectifs ? »

Entraînement à l'assertivité

Trois étapes rythment l'apprentissage de l'assertivité, que l'on peut mettre en œuvre soi-même :
– identifier ses comportements passifs et agressifs, et leurs conséquences dommageables ;
– déterminer les comportements affirmés qui peuvent avantageusement les remplacer ;
– comme un acteur en formation, s'entraîner à les jouer devant un miroir, une caméra, avec un ami ou un coach.

La communication non violente (CNV) pour dénouer les conflits

Marshall Rosenberg, psychologue américain, est auteur de la méthode « CNV », qui a fait ses preuves dans l'établissement d'une communication authentique comme dans la gestion des situations de crise, y compris au travail.

Dans ses ouvrages, il montre comment le fait de cataloguer et de juger l'autre enferme, entrave la communication et favorise la violence, notamment en entreprise. Cette violence naît de l'absence de bienveillance à l'égard de soi-même et des autres.

Au lieu d'accuser l'autre ou de se culpabiliser, il propose une démarche que l'on peut résumer en quatre étapes : Observer les faits, exprimer ses Sentiments, formuler ses Besoins, exprimer sa demande (OSBD).

La méthode en quatre étapes : OSBD

- **Observer : « J'observe un comportement concret qui affecte mon bien-être. »**

Il s'agit de distinguer l'observation des faits de son évaluation ; sinon, l'autre entend une critique.

Exemple

« Mon manager s'adresse à moi en réunion pour indiquer les défauts de mon travail. » L'évaluation serait : « Mon manager, une fois de plus, me critique en public. »

- **Sentiments : « Je réagis à ce comportement par un sentiment. »**

Plutôt qu'émettre des jugements ou des critiques, exprimer ses sentiments et ses émotions permet de créer plus facilement un lien avec les autres. Il s'agit de bien distinguer son ressenti de l'interprétation des réactions ou des comportements des autres à son égard.

Exemple

« Cette façon de procéder en public me met mal à l'aise, je me sens honteux. » L'interprétation serait : « Les autres vont me trouver nul et se moquer de moi, c'est sûr. »

- **Besoins : « Je cerne les besoins, désirs ou valeurs sous-jacents à ce sentiment. »**

Relier son sentiment à son besoin : « Je me sens… parce que j'aimerais… » On ne peut être responsable des sentiments des autres, mais Marshall Rosenberg invite à prendre la responsabilité de ses intentions et de ses actes.

Quand on entend un message négatif, au lieu de se sentir fautif ou d'accuser l'autre, il est plus utile d'y percevoir ses sentiments et ses besoins insatisfaits, ainsi que ceux de l'autre.

Exemple

« Je me sens mal à l'aise car j'ai besoin de me sentir respecté et légitimé auprès de mes collaborateurs. »

- **Demande : « Je demande à l'autre des actions concrètes qui contribueront à mon bien-être. »**

Oser exprimer une demande claire, précise, positive, concrète. Accepter le refus d'autrui car c'est une demande et non une exigence : rester ouvert à la négociation.

Exemple

« Quand tu parles de mes résultats en termes négatifs devant mes collègues comme hier matin, je suis mal à l'aise car j'ai besoin de me sentir respecté auprès de mon équipe. J'aimerais que tu m'expliques ce qui ne va pas, mais je te demande de le faire en privé… Sommes-nous bien d'accord ? »

Point important, ces quatre étapes sont à mettre en œuvre aussi bien en expression de soi qu'en écoute empathique des besoins et des demandes d'autrui.

Et quand l'émotion est forte ?

Quand l'interlocuteur est en colère, par exemple, commencer par donner de l'empathie est préférable à lui opposer un « mais », car exprimer sa colère a une fonction vitale.

Pour exprimer sa colère : marquer d'abord une pause et respirer profondément, pour faire baisser l'intensité de l'émotion. Identifier les jugements qui viennent à l'esprit. On peut alors prendre conscience des besoins sous-jacents aux jugements, puis exprimer ses sentiments et ses besoins inassouvis.

EXEMPLE

« Quel incapable ! » devient : « Je suis énervé car j'ai besoin de données fiables : je vais le lui demander. »

POUR ALLER PLUS LOIN

Et dans le cas où les techniques ne suffisent pas ?

Les techniques ne font pas tout et dépendent finalement des intentions de chacun. Quand les causes sont profondes et les conflits complexes, il s'agit de trouver d'autres issues.

Se tourner vers l'autorité compétente

Quand on a fait du mieux que l'on pouvait à son niveau mais que le conflit persiste, on peut alors se tourner vers son manager et, par son intermédiaire, régler un conflit de personnes, qui reflète parfois un conflit plus ancien entre services différents, par exemple.

Mener une action collective en réunion

Suivant les cas, mener une action à plusieurs en faisant le lien avec les différents responsables et collègues impliqués, en réunion par exemple, est plus opportun que l'isolement et devoir supporter seul toute la pression et ses conséquences néfastes.

Recourir à la médiation

Pour les cas difficiles, recourir à la médiation est une pratique qui se démocratise, les entreprises créant aujourd'hui des services dédiés pour prévenir notamment les cas de harcèlement : le DRH, un médiateur interne ou externe, un tiers de l'entreprise peuvent avoir les compétences nécessaires pour surmonter un conflit qui s'envenime.

35 Gérer des personnalités difficiles

Certaines personnes ont, de façon récurrente, des comportements qui ont le don de pressuriser, d'énerver ou de fatiguer certains de leurs partenaires de travail. Sans chercher à les changer, comment interagir avec ces personnes de manière à réduire le stress généré et à prévenir les conflits ?

Connectez-vous !

La technique de la vitre

Les personnalités difficiles

On parle de « personnalité difficile » quand certains traits de caractère d'une personne (les façons de voir le monde et de réagir) sont particulièrement prononcés ou figés, de façon inadaptée au contexte, et qu'ils génèrent du stress ou de la souffrance pour elles et pour autrui.

Exemple

En entreprise, on désigne souvent ces individus par des adjectifs comme « colériques, autoritaires, râleurs, impulsifs... ».

Les personnalités en interaction

Que ce soit avec ses responsables ou ses collaborateurs, mais aussi avec les clients comme avec les partenaires, vivre en bonne intelligence avec autrui huit heures par jour n'est pas toujours facile, surtout avec des personnes au caractère « particulier » !

Chacun possède sa propre personnalité, savant mélange d'inné et d'acquis. Chaque personne interagit de façon particulière avec autrui, en fonction des caractéristiques de sa personnalité et de celles de l'autre. Ceci se fait souvent de façon inconsciente et variable selon les situations, ce qui peut faciliter complémentarités, affinités comme antipathie : ce sont aussi ces interactions qui rendent chaque relation unique.

Stress et personnalités

Les individus dont la personnalité est dite « difficile » ou dont le comportement génère régulièrement du stress n'ont pas toujours conscience de leurs traits de caractère ou bien en souffrent sans avoir pu jusqu'à présent trouver les moyens d'assouplir leurs excès.

Le problème est que, dans des situations stressantes, les traits de personnalité se rigidifient et les excès négatifs de chacun ressortent.

EXEMPLE

Une personne autoritaire peut faire des efforts pour s'assouplir au quotidien, mais souvent « le naturel revient au galop » quand les situations se tendent.

Ce qu'il ne faut pas faire

Enfermer les personnes dans une appellation réductrice, critiquer ce qu'elles sont ou porter un jugement sur leur valeur est donc non seulement blessant, mais surtout improductif : cela ne fera qu'augmenter les tensions relationnelles.

Les rejeter catégoriquement ou rentrer complètement dans leur jeu n'est pas efficace pour autant. On ne peut pas davantage se dire « je n'en tiens pas compte » : on est parfois contraint d'agir ou de partir pour ne pas laisser la souffrance augmenter.

Les attitudes préconisées

Il s'agit d'apprendre à mieux interagir avec les personnes dont le comportement est source de stress pour autrui, en particulier dans les situations de tension.

Plutôt que de rejeter la faute sur autrui systématiquement, il est utile de se demander : « En quoi je facilite, provoque ou entretient, malgré moi, cette situation ? Est-ce que cette personne agit de même avec les autres ? Comment les autres font-ils pour éviter le "clash" ? »

Chaque personne est unique : en l'acceptant telle qu'elle est, en faisant preuve à son égard de compréhension et d'empathie, mais aussi en apprenant à se protéger des communications et des comportements « toxiques », en interagissant différemment, en reprenant l'initiative, en exprimant clairement aux individus ce que l'on attend d'eux et en reconnaissant ou en félicitant les comportements adaptés, on peut arriver à travailler ensemble et à mettre à profit les particularités de chacun.

POUR ALLER PLUS LOIN

La métaphore du roseau, p. 221

Comment interagir concrètement ?

Chaque individu recèle de multiples facettes. Plutôt que de répertorier toutes les classifications de personnalité et leurs multiples dimensions, seront présentés ici des exemples représentatifs : ils désignent davantage des réponses comportementales préférentielles en fonction du contexte, avec lesquelles adapter ses interactions, que des types de personnalité figés.

La personne manipulatrice ou tyrannique

Dépasser la communication de surface pour cerner les intentions de chacun, garder son autonomie et son esprit critique, être à l'écoute de son ressenti et de ses besoins, préserver l'atteinte de ses objectifs : tout ceci est d'un grand secours, mais ne suffit pas à gérer certains profils extrêmes, pathologiques, voire dangereux, comme les « pervers narcissiques », que l'on retrouve régulièrement chez les harceleurs.

Éviter d'avoir affaire à eux est conseillé quand c'est possible ; sinon, sortir de l'isolement, se protéger et se défendre en envisageant de se faire aider : DRH, médiation, assistance juridique, comme dans les cas de harcèlement.

La personne en colère ou au comportement agressif

Si l'interlocuteur monte le ton, c'est vraisemblablement qu'il veut se défendre et revendiquer quelque chose avec toute la force de ses émotions. Y réagir frontalement augmentera la tension.

Par contre, écouter sans *a priori* son message en faisant preuve d'empathie pour ses émotions et respecter ses besoins fera retomber la tension et permettra d'envisager des mesures constructives. Lui rappeler les règles du jeu s'il persiste dans l'agressivité.

La personne obsédée par la perfection

Pour elle, chaque détail est capital. Au lieu de la critiquer ou de se moquer d'elle, il est plus efficace de l'aider à hiérarchiser les priorités pour qu'elle se focalise sur ce qui est le plus important.

Exemple

Des questions comme : « Selon vous, quelles sont les trois priorités de ce dossier ?... Et par laquelle on démarre ce projet ? » montrent que l'on est à son écoute et que l'on tient compte de son expertise... que l'on soit son responsable, son collaborateur ou son collègue.

Sa méticulosité sera d'ailleurs fort utile, par exemple, pour les tâches de contrôle dans lesquelles elle excellera, tâches fastidieuses pour d'autres… C'est comme si elle était pourvue d'une fonction « loupe » naturelle !

La personne anxieuse ou très stressée

Une personne anxieuse se focalise « naturellement » sur les risques et envisage le pire comme une évidence. Lui dire : « Mais arrête de t'angoisser pour rien ! » ne la rassurera pas le moins du monde et attisera son sentiment d'incapacité à faire face.

À l'inverse, on peut l'inviter à relativiser : « Quelle est la probabilité pour que le pire se produise ? », à dédramatiser : « Et au pire du pire, est-ce si grave ? », et à envisager les événements avec plus de réalisme : « Et quelles sont les autres possibilités les plus probables ? » Par ailleurs, rester calme et se montrer fiable générera un contexte plus sécurisant.

La personne au comportement effacé

Les personnes timides ou effacées ne sont pas à l'aise en société. Inutile de le leur reprocher, au risque de les voir rentrer davantage dans leur « coquille » ! Il vaut mieux respecter leur besoin de solitude, les mettre à l'aise en leur faisant sentir qu'elles sont pleinement acceptées, non jugées et en prenant le temps d'installer la confiance. En félicitant leurs tentatives d'affirmation et leurs interventions, en expliquant ce qui est apprécié dans leurs initiatives, on découvre parfois la richesse de leur monde intérieur et de leurs réflexions mûrement abouties.

La personne très démonstrative

Certaines personnes ont un besoin compulsif d'attirer l'attention et se répandent en manifestations émotionnelles peu adéquates à l'entreprise, jouant une sorte de mélodrame permanent. En demandant des éclaircissements sur ce qu'elles demandent, en se focalisant sur les aspects factuels et en témoignant de la reconnaissance pour les actions efficaces, on peut maintenir la bonne distance et leur porter de l'attention sans tomber dans l'excès affectif.

La personne à tendance « parano »

Pas facile de travailler avec une personnalité qui se méfie de tout, puisque « les autres lui veulent du mal » : pour elle, si on se justifie, on s'accuse, et si on nie... cela revient au même !

Plutôt qu'accréditer soi-même les théories de complot, il est conseillé de rester sincère en explicitant ses motifs et ses intentions, de faire référence aux règlements et aux lois sans tomber soi-même dans la méfiance pathologique et de rester factuel : « Quels sont les faits qui vous donnent à penser que... ? »

À l'inverse, pour aider à envisager les scénarios les plus hostiles, cette personne sera d'un très grand apport !

La personnalité dépendante

Ne pas la traiter de « boulet » ni la rejeter, car cela ne la changera pas, pas plus que prendre à sa place les décisions qui lui incombent : elle serait maintenue dans ce mode de fonctionnement.

À l'inverse, lui demander son avis avant de donner le sien et reconnaître ses initiatives favorisera son autonomisation et sa confiance en elle.

La personne dépressive, négative ou râleuse

La bonne ou la mauvaise humeur étant communicative, il vaut mieux impulser enthousiasme et convivialité que se laisser « intoxiquer » par un pessimisme rampant.

Mais si la personne voit tout en noir systématiquement, lui dire : « Mais si, tout va très bien » lui fera rajouter : « Mais oui, madame la marquise... »

Là aussi, ne pas lui imposer une vision du monde, mais lui permettre de compléter la sienne pour plus de réalisme : « Et, à côté de tous ces aspects que vous m'avez énumérés, quels sont les côtés positifs et les sources d'espoir ? Que faire pour que ce soit différent ? »

La personne autoritaire

Braver trop frontalement une personne autoritaire risque d'être interprété par elle comme une déclaration de guerre. Il faut sortir de la logique « ami ou ennemi », « c'est comme ça ou ce sera rien » en introduisant des nuances et en utilisant pleinement les outils de l'assertivité.

Exemple

À son responsable : « Vos instructions d'hier nous ont été précieuses dans le dossier X sur l'aspect ABC. Nous avons aussi rencontré le problème Y sur l'aspect 123 et nous nous sommes rendu compte, avec les clients, qu'en faisant Z, nous pouvons adapter votre méthode, tout en remplissant 100 % des objectifs du projet global. Nous vous demandons votre accord pour tester cette alternative. »

Plutôt que se laisser sermonner, il vaut mieux demander des précisions : « Et que faut-il faire concrètement, selon vous ? »

Pour aller plus loin

La métaphore du roseau

L'image du roseau est souvent utilisée dans les métaphores asiatiques, faisant allusion à l'attitude juste face aux personnalités difficiles, entre autres. Grâce à sa grande souplesse, le roseau peut se plier dans tous les sens, mais il ne casse pas. Sa base ne bouge pas, elle prend un appui solide dans sa tige souterraine. Il est utile de garder cette image en tête quand certains comportements relationnels tendent à faire sortir de ses gonds ! Il s'agit de trouver la bonne distance selon le contexte, de savoir s'adapter à l'autre tout en respectant ses propres besoins et en préservant ses objectifs, de faire preuve de souplesse dans le mouvement interactionnel, de puiser force et énergie dans ses appuis pour mieux maintenir le cap vers ses ambitions.

36 *Mesurer* son stress

Comment mesurer un phénomène qui semble aussi subjectif ? Pour y répondre, des outils de mesure ont été établis par des spécialistes, comme les échelles d'évaluation des stresseurs et du stress du Dr C. Cungi, psychiatre (auteur de *Savoir gérer son stress*, Retz, Paris, 2004). Bien qu'elles ne remplacent pas le diagnostic de professionnels habilités, elles permettent une première quantification précise de son stress, pour adopter les mesures les plus adaptées.

Connectez-vous !

Liens vers les sites de concepteurs de tests

Les sources de stress

Identifier ses stresseurs

Pour agir à la source du stress au niveau individuel, il s'agit, dans un premier temps, d'identifier ses stresseurs.

Pour cela, on peut lister ses agents stressants principaux et les situations les plus fréquentes qui génèrent du stress pour soi, notamment ceux liés à la tâche à accomplir, à l'organisation du travail, aux aspects relationnels, à l'environnement de l'entreprise et aux facteurs personnels.

Mesurer le niveau des stresseurs

L'échelle brève des stresseurs permet une évaluation quantifiée de l'importance des situations auxquelles un sujet a été ou est soumis.

Échelle brève d'évaluation des stresseurs Date : Mettez une croix dans la case vous correspondant.	Pas du tout	Faiblement	Un peu	Assez	Beaucoup	Extrêmement
Note	1	2	3	4	5	6
1. Ai-je subi, tout au cours de ma vie, des situations traumatiques (décès, perte d'emploi, déception amoureuse...) ?						
2. Suis-je en train de vivre une situation traumatique (décès, perte d'emploi, déception amoureuse...) ?						
3. Est-ce que je subis une surcharge de travail fréquente ou permanente ?						

Et/ou suis-je souvent pris dans l'urgence et/ou existe-t-il une ambiance très compétitive dans mon emploi ?					
4. Mon travail ne me convient pas, il ne correspond pas à ce que je souhaiterais faire ou est source d'insatisfaction, me donne l'impression de perdre mon temps. Au maximum, il me déprime.					
5. Ai-je des soucis familiaux importants (couple, enfants, parents...) ? Est-ce que ma famille est plus un poids qu'un réconfort ?					
6. Suis-je endetté ? Ai-je un revenu trop faible par rapport à mon mode de vie ? Est-ce que cela me cause du souci ?					
7. Ai-je beaucoup d'activités extraprofessionnelles et sont-elles source de fatigue ou de tensions (associations, sports...) ?					
8. Ai-je une maladie ? Coter sa gravité ou l'importance de la gêne occasionnée.					
Total par colonne (nombre de cases cochées × note)					
Total général					

C. Cungi, *Savoir gérer son stress*, Retz, Paris, 2004.

Lire les résultats

Le total de chaque colonne correspond à la somme des croix de la colonne multipliée par la note. Le total général est la somme des totaux de chaque colonne.

Une moyenne de 20,8 a été retrouvée pour une population de 51 personnes souffrant d'un problème de stress. La moyenne est de 14 pour la population témoin, ne présentant ni trouble anxieux ni stress. Cette différence est significative ; autrement dit, elle sépare bien les deux types de population : les personnes stressées perçoivent davantage de stresseurs dans la vie que les personnes qui ne le sont pas.

Pour situer le score obtenu par cette échelle :
- entre 8 et 14 : le niveau de stresseurs est très bas ;
- entre 14 et 18 : le niveau de stresseurs est bas ;
- entre 18 et 28 : le niveau de stresseurs est élevé ;
- au-dessus de 28 : la personne est soumise à un niveau très élevé de stresseurs.

Les réactions au stress

Identifier ses réactions

Pour gérer ses réactions en situation de stress, il convient de les mettre à jour. La méthode des huit dimensions permet d'identifier et d'analyser ses réactions au stress, au niveau des comportements, des sensations, des manifestations somatiques, des émotions, des pensées et des interactions avec les collaborateurs (voir fiche 40).

Mesurer le niveau de stress

L'échelle brève du stress mesure la réaction générale de l'individu face aux stresseurs.

Échelle brève d'évaluation du stress	Pas du tout	Faible-ment	Un peu	Assez	Beaucoup	Extrême-ment
Date :						
Mettez une croix dans la case vous correspondant.						
Note	1	2	3	4	5	6
1. Suis-je émotif, sensible aux remarques, aux critiques d'autrui ?						
2. Suis-je colérique ou rapidement irritable ?						
3. Suis-je perfectionniste ? Ai-je tendance à ne pas être satisfait de ce que j'ai fait ou de ce que les autres ont fait ?						
4. Ai-je le cœur qui bat vite, une transpiration élevée, des tremblements, des secousses musculaires, par exemple au niveau du visage, des paupières ?						
5. Est-ce que je me sens tendu au niveau des muscles, ai-je une sensation de crispation au niveau des mâchoires, du visage, du corps en général ?						
6. Ai-je des problèmes de sommeil ?						
7. Suis-je anxieux, est-ce que je me fais souvent du souci ?						
8. Ai-je des manifestations corporelles comme des troubles digestifs, des douleurs, des maux de tête, des allergies, de l'eczéma ?						
9. Est-ce que je suis fatigué ?						
10. Ai-je des problèmes de santé plus importants comme un ulcère à l'estomac, une maladie de peau, un taux élevé de cholestérol, de l'hypertension artérielle, un trouble cardio-vasculaire ?						
11. Est-ce que je fume ou bois de l'alcool pour me stimuler ou me calmer ? Est-ce que j'utilise d'autres produits ou des médicaments dans ce but ?						
Total par colonne (nombre de cases cochées × note)						
Total général						

C. Cungi, *Savoir gérer son stress*, Retz, Paris, 2004.

Lire les résultats

Les totaux se font de la même manière que dans l'échelle précédente. Plus le nombre obtenu est élevé, plus le stress est important.

Une moyenne de 37,8 a été retrouvée pour une population de 51 personnes souffrant de stress. La moyenne est de 25,5 pour la population témoin, sans stress ni trouble anxieux. Cette différence est également significative : les personnes souffrant d'un problème de stress ont un score en moyenne bien plus élevé que celles ne présentant pas de problème.

Pour situer son score :

– entre 11 et 19 : le niveau de stress est très bas ;
– entre 19 et 30 : le niveau de stress est bas ;
– entre 30 et 45 : le niveau de stress est élevé ;
– au-dessus de 45 : la personne est soumise à un niveau très élevé de stress.

POUR ALLER PLUS LOIN
D'autres outils de mesure du stress, p. 227

Analyser les résultats

Quatre cas de figure se retrouvent après dépouillement des échelles.

Scores de stresseurs et de stress élevés

Dans ce cas de figure, la personne se sent probablement très tendue, psychologiquement et physiquement. Elle est presque toujours sur le qui-vive et souvent irritable.

• **Les avantages**

Cette personne est en état d'alerte permanent, prête pour l'action. Généralement, elle se défend rapidement et n'aime pas que les choses traînent. Souvent, elle a plusieurs « chantiers » en cours et a tendance à tout traiter de front.

• **Les inconvénients**

À moyen terme, des problèmes de sommeil et de fatigue sont fréquents, accompagnés de difficultés pour faire face. L'utilisation de substances comme le tabac, l'alcool, le café ou les calmants n'est pas rare. La diminution des performances à long terme apparaît : trop de choses à la fois se fait souvent au détriment de la qualité. Il existe fréquemment des problèmes relationnels.

• **Les risques**

Les risques principaux sont l'état d'épuisement, les problèmes médicaux, dont les plus fréquents sont les maladies cardio-vasculaires. Plus le score de l'échelle du stress est élevé, plus les risques sont importants.

Score de stresseurs élevé et score de stress bas

Ce cas de figure est bénéfique : il vaut mieux, en effet, rester calme dans l'adversité et la tempête… Sauf si l'état de stress est sous-évalué, ce qui est possible. Dans ce cas, les problèmes sont les mêmes que dans la situation « scores de stresseurs et de stress élevés ».

Les avantages sont une amélioration de la performance et un état de santé préservé. Il s'agit souvent de l'objectif d'un programme de gestion du stress efficace, à condition alors de ne pas trop augmenter la charge en stresseurs… Trop tirer sur la corde finit par se payer un jour ou l'autre !

Scores de stresseurs et de stress bas

Ce cas de figure est bénéfique… sauf si des stresseurs trop importants apparaissent un peu plus tard.

EXEMPLE

La charge de travail, la qualité des relations en équipe, l'organisation du service peuvent être très mobiles, soit de façon cyclique, soit de façon inattendue.

Le manque d'entraînement pour affronter la nouvelle situation aboutit alors généralement à un état de crise émotionnelle avec un manque d'efficacité. De plus, trop peu de stresseurs et trop peu de stress peuvent entraîner un syndrome de passivité, caractérisé par un manque de motivation et d'intérêt en général. Il s'agit d'un très bon état pour des vacances tranquilles…

Score de stresseurs bas et score de stress élevé

Paradoxalement, certains individus font face à un score de stresseurs bas, ce qui ne les empêche pas de développer un stress important. Ce stress est moins bien accepté par l'entourage, qui ne le trouve pas légitime.

Aucun avantage pour ce cas de figure : il est très important de prendre du recul sur ses réactions internes et d'apprendre à gérer son stress afin d'adapter la réponse aux stimulations extérieures.

Que faire en cas de stress élevé ?

Chacune des questions des tableaux précédents quantifie une des facettes du stress. Les questions donnant lieu à une réponse « assez », « beaucoup » ou « extrêmement » permettent de prendre conscience des aspects à gérer ou à réguler en priorité, quand cela est possible.

Il s'agit de distinguer le niveau des stresseurs « objectifs » du niveau de la réaction « subjective » de stress, pour agir de façon spécifique :

– quand le niveau de stresseurs est élevé, il s'agit d'agir en priorité à la source, d'utiliser les méthodes de résolution de problèmes, d'influer sur le stress perçu et de modifier les interactions avec l'environnement ;

– quand le niveau de la réaction de stress est important, les méthodes personnelles de gestion du stress apprennent à réguler les réactions physiologiques, émotionnelles, comportementales et cognitives. Les uns tireront surtout partie des exercices de relaxation pour soulager leurs tensions corporelles, quand les autres s'attacheront en priorité à raisonner différemment pour se faire moins de souci.

***POUR ALLER* PLUS LOIN**

D'autres outils de mesure du stress

Les échelles de C. Cungi ont l'intérêt de la simplicité, tout en permettant une vision globale et synthétique du stress de l'individu. D'autres outils existent, leurs résultats doivent être interprétés par des professionnels spécialisés :

– l'outil MSP, pour « mesure de stress psychologique », de Louise Lemyre et Réjean Tessier (1998, 2002), à 9, 25 ou 49 items, évalue le niveau de stress et les symptômes de stress ressentis ;

– le JCQ, pour « *Job Content Questionnaire* », de Robert Karasek, à 29 items, mesure la pression psychologique et la latitude décisionnelle. La dernière version inclut l'évaluation du soutien social ;

– l'ERI, pour « *Effort-Reward Imbalance* », de Johannes Siegrist, à 25 items, mesure le déséquilibre entre les efforts investis et les récompenses obtenues ;

– le WOCCQ, pour « *WOrking Conditions and Control Questionnaire* », d'Isabelle Hansez et Véronique de Keyser, à 80 items, est une méthode de diagnostic collectif des risques psychosociaux et du stress liés au travail ;

– le MBI, pour « *Maslach Burn-Out Inventory* », de Christiana Maslach, à 22 items, mesure les différents aspects de l'épuisement professionnel ;

– le HAD, pour « *Hospital Anxiety and Depression scale* », de Zigmond et Snaith, à 14 items, permet aux professionnels d'effectuer une évaluation du niveau d'anxiété et de dépression ;

– le MINI pour « *Mini International Neuropsychiatric Interview* », de Lecrubier, Sheehan, Weiller et coll., à 65 items pour la section concernant les troubles anxieux, est un entretien structuré, qui facilite le dépistage rapide de troubles psychiatriques par des médecins.

37 *Développer* la résistance au stress

Comment être plus résistant face au stress ? C'est possible en travaillant ses différents facteurs de vulnérabilité et de résistance au stress.

Connectez-vous !

Exercices de visualisation

Modifier sa perception du stress

Il y a trois façons complémentaires d'augmenter la résistance au stress des individus :
– en agissant durablement sur les médiateurs de stress, au niveau individuel comme au niveau collectif ;
– en renforçant les facteurs de résistance personnels au stress ;
– en réduisant les facteurs de vulnérabilité.

Modifier le stress perçu

Pour agir sur ses médiateurs de stress et modifier sa perception des stresseurs, la technique dite « du recadrage » consiste à envisager d'autres interprétations utiles et réalistes pour les mêmes faits. On peut s'aider des questions suivantes :
– Comment une personne efficace et sereine interpréterait-elle ces événements ?
– Quelle lecture des faits proposerait-on à un ami confronté aux mêmes difficultés ?

Cette réévaluation des stresseurs peut diminuer le stress perçu.

Augmenter le contrôle perçu

On peut augmenter le sentiment de contrôle dans l'exercice de ses fonctions dans l'entreprise. Ceci peut être obtenu, en particulier :
– en accroissant les possibilités de choix des salariés dans l'exécution de leur travail ;

Exemple

Recueillir l'avis des personnes chargées d'appliquer les décisions :
– en les consultant sur les mesures à adopter et les meilleures façons de les adapter ;

– en leur donnant le choix entre différents outils ou méthodes comparables ;
– en aménageant les cadences de façon pragmatique.

– en donnant de l'information sur les marges de manœuvre ;

Exemple

Faciliter l'accès à l'info-trafic aux personnels itinérants et les doter d'un équipement de géolocalisation (GPS) leur permet de mieux prévenir le stress des embouteillages et de mieux anticiper les trajets alternatifs.

– en facilitant l'accès aux ressources pour faire face aux difficultés ;

Exemple

Mieux faire connaître les services de médiation et de soutien médico-psychologique internes et externes à l'entreprise.

– en développant la formation et l'accompagnement en entreprise.

Exemple

Mettre en œuvre de véritables stratégies de formation et de développement des compétences individuelles et collectives.

Renforcer le soutien social perçu

Ceci peut être obtenu en favorisant des relations humaines de qualité : notamment, en développant les moments de convivialité et de partage d'expérience, les activités positives en commun, comme celles employées dans les séminaires de motivation pour développer la cohésion du groupe et le sentiment de ne pas être seul face au stress.

Développer les programmes d'aide individuelle et collective en entreprise améliore également l'effet de ce médiateur de stress, comme :
– les antennes d'écoute de proximité, de médiation et de soutien médico-psychologique et juridique pour les personnes en souffrance, disposant de moyens d'action adaptée ;
– les accompagnements de type coaching individuel et d'équipe, en prévention comme en renforcement des compétences liées au « savoir-être » émotionnel et relationnel en entreprise ;
– les activités de conciergerie d'entreprise, pour assister les salariés dans leurs démarches ;
– les activités du comité d'entreprise et de bien-être sur le lieu de travail.

Devenir plus résistant au stress

Les facteurs personnels de vulnérabilité et de résistance au stress sont des tendances stables chez l'individu. Les renforcer est un travail de longue haleine, qui nécessite une solide motivation et, le plus souvent, l'intervention d'un professionnel spécialisé : psychologue-psychothérapeute pour les personnes en souffrance, coach ou autre pour les démarches de développement personnel.

Réduire les facteurs de vulnérabilité personnels

Les professionnels de l'accompagnement aident la personne à réduire ses facteurs personnels de vulnérabilité. Cette évolution personnelle se fait par un entraînement régulier : il vise l'assouplissement des réactions figées ou inadaptées de l'individu et l'acquisition de nouvelles compétences personnelles.

Par ce travail personnel au quotidien, le « pessimiste » envisagera progressivement les éléments avec plus de réalisme, l'« anxieux » apprendra à se focaliser sur les signaux de sécurité et la réalité des faits au lieu d'envisager systématiquement le pire, le « résigné » envisagera comment ses actions peuvent contribuer à son bien-être, jusqu'à ce que cela devienne une « seconde nature ».

Exemple

Jean était de nature anxieuse. Dès que la sonnerie de son téléphone sonnait, il s'attendait à ce que ce soit pour une mauvaise nouvelle. Dès le 15 du mois, il s'imaginait déjà en train d'avoir raté ses objectifs mensuels, avec toutes les conséquences que cela entraînait sur son moral et sur sa santé. À force de se « préparer » au pire, il finissait effectivement par compromettre ses résultats.

Une thérapie cognitivo-comportementale lui a appris à interroger ses croyances irréalistes, ses analyses inadaptées de la situation. Ainsi, il réussit maintenant à ne plus se focaliser uniquement sur les signaux d'insécurité pour envisager de façon réaliste les éléments en présence. Il relativise désormais la gravité des anticipations anxieuses, canalise ses émotions et développe sa capacité à éprouver des émotions positives. Il sait maintenant se refocaliser sur ses ressources et ses moyens d'action ainsi que sur leurs conséquences bénéfiques. Il explore de nouvelles alternatives et les teste concrètement par une exposition progressive aux situations difficiles.

Bref, il a appris à voir le bon côté des choses pour mieux se focaliser sur les sensations, les activités et les relations saines, agréables et bénéfiques. Avec son dynamisme retrouvé, ses résultats professionnels sont bien meilleurs.

Adopter les comportements de type B

Les personnes ayant un profil comportemental de type A (voir fiche 7) marqué – les « impatients impulsifs » en lutte permanente contre le temps et l'adversité – ont tout intérêt à rééquilibrer leurs comportements en s'inspirant de ceux de type B quand c'est possible et adapté à la situation.

Développer le sentiment de contrôle et d'efficacité

Il est conseillé de développer son « internalité » en reprenant confiance en soi et dans ses capacités d'action et de contrôle des événements, pour redevenir actif face aux difficultés.

TÉMOIGNAGE

Anne-Marie, manager d'une équipe commerciale dans une entreprise de téléphonie mobile : « Lors d'une démarche sur la motivation et la cohésion de mon groupe de travail, j'ai progressivement ouvert les yeux sur des capacités que j'ai toujours eues mais que j'occultais ; je me suis autorisée à les affirmer et à les utiliser. Les effets sont là : je suis plus sûre de moi, la confiance que je dégage et que je donne aux autres rejaillit sur les actions de toute l'équipe. »

De même, développer son « auto-efficacité » s'obtient par une meilleure perception : de ses ressources, de ses capacités à faire faire face aux difficultés, de sa capacité à atteindre ses objectifs.

La formation, l'accompagnement psychologique et le coaching, notamment, permettent de développer ce sentiment d'efficacité personnelle.

Cultiver un optimisme réaliste et efficace

Tout en acceptant la réalité des faits et leur complexité nuancée, on peut apprendre à gérer leurs conséquences négatives et à se focaliser sur le bon côté des événements, pour s'impliquer dans l'action, tirer profit de ses réussites et considérer ses échecs comme des enseignements utiles.

Développer sa capacité à éprouver des émotions positives

Il est important de retrouver une bonne stabilité émotionnelle et d'apprendre à réguler et à exprimer ses émotions de façon adaptée au monde du travail.

Certaines méthodes de développement personnel visent à renforcer la capacité des personnes à ressentir plus facilement les émotions et les sensations positives, à vivre davantage leur travail comme une source de plaisir et d'épanouissement, ce qui renforce la résistance au stress professionnel.

Exemple

– À travers une série d'exercices simples, la méthode Vittoz aide à apprivoiser sa capacité de focalisation et de concentration sur les sensations positives et à canaliser ses pensées pour les rendre plus efficientes en situation de stress, notamment.

– La sophrologie Caycedienne, par des exercices corporels agréables, apprend à être dynamique sans tensions inutiles, à s'imperméabiliser face aux perceptions stressantes, à renforcer ses facteurs personnels de résistance aux événements et à se focaliser sur les perceptions et les moyens d'action positive.

Pour aller plus loin
Développer ses stratégies efficaces personnelles, p. 233

Changer son mode de vie

On peut choisir de changer son mode de vie vers une meilleure hygiène de vie.

Une bonne hygiène de vie favorise une bonne santé physique et mentale, elle permet de renforcer son endurance face au stress.

À commencer par un bon sommeil : c'est par le respect de ses cycles biologiques que l'on restaure ses ressources et ses capacités de résistance au stress.

Une alimentation équilibrée apporte l'énergie et les nutriments nécessaires au corps pour faire face et résister.

Les mérites d'une pratique sportive adaptée ne sont plus à vanter : il a été montré que l'exercice physique est un très bon antidépresseur naturel, notamment la marche à pied pratiquée régulièrement.

S'affranchir de ses dépendances, en particulier de la consommation de drogues, d'alcool ou de cigarettes, est un moyen sain et durable de retrouver son équilibre face aux difficultés.

Amis, amour, humour

Un réseau d'amis et la vie affective sont à entretenir. L'amitié, le soutien d'une famille réconfortante, le partage d'émotions positives comme la reconnaissance, la gratitude, l'affection ou encore une sexualité épanouie sont parmi les meilleurs facteurs naturels de résistance au stress, en plus d'être les plus agréables et source de bonheur.

L'humour et la bonne humeur sont à cultiver au quotidien. Le rire tonifie les organes, active les défenses immunitaires, stimule les hormones du bien-être comme les endorphines et évacue les hormones du stress.

L'enthousiasme et la joie sont contagieux, ils aident à prendre du recul et immunisent littéralement les personnes du stress, au niveau physiologique comme au niveau psychologique.

Madan Kataria, un médecin indien, considère que le rire est la meilleure des thérapies pour vivre mieux. En 1995, il met au point « le yoga du rire ». Des « clubs de rire » sont depuis apparus un peu partout dans le monde. La formule remporte un vif succès dans les entreprises désireuses de proposer un atelier antistress « de choc ».

La pratique d'une discipline épanouissante, comme une activité créative ou l'implication dans une association caritative, est également très profitable pour mieux résister aux aléas de la vie.

POUR ALLER PLUS LOIN

Développer ses stratégies efficaces personnelles

Chacun a sa façon de régler les problèmes qui lui sont personnels, ses petits et grands « trucs » qui facilitent la vie en cas de difficultés. Cependant, parfois pris dans l'urgence et débordé par l'émotion, on n'utilise pas toute son « expertise ».

Voici la technique « 2S-3R », dite « des ressources actives » (méthode SFGS). Il peut être utile de mettre à jour et d'améliorer ses propres stratégies pour qu'elles deviennent, en quelque sorte, « actives » en soi et disponibles instantanément en situation de stress.

Recenser les Situations délicates

Il s'agit de recenser par écrit différentes situations délicates ou difficiles que l'on a réussi à traverser avec succès, ainsi que les défis que l'on a relevés avec brio, en cernant ce qu'il y avait de stressant ou de difficile dans ces situations.

Identifier ses Ressources externes

C'est-à-dire tout ce qui a été utile dans l'environnement pour traverser ces difficultés : le conseil d'un ami, une lecture, le modèle qu'a représenté une personne, un objet… Donner un nom à ses ressources externes préférées.

Identifier ses Ressources internes

Cela revient à identifier les ressources intérieures qui ont servi dans ces situations : savoirs, savoir-faire, « savoir-être », ainsi que les motivations, les dynamiques personnelles, les croyances et les valeurs personnelles qui donnent confiance et courage… Nommer ses ressources internes préférées.

Analyser les Stratégies

Il s'agit d'analyser, étape par étape, comment on a analysé la situation, ce que l'on s'est dit, comment on a utilisé ses différentes ressources, à tout niveau. Noter ce que l'on a fait et ressenti, ainsi que tous les processus employés, consciemment ou pas. Donner également un mot-clé à chaque stratégie identifiée.

Mesurer le Résultat

Il ne faut pas oublier de mesurer les bénéfices obtenus, la satisfaction et la fierté retirées.

En prenant conscience de ses ressources personnelles et de ses manières récurrentes de les utiliser, chacun se constitue une sorte de « bibliothèque personnelle de ressources actives ». En les relisant régulièrement et en les pratiquant au quotidien, on peut progressivement généraliser ses compétences personnelles localisées à des situations auxquelles on n'aurait pas pensé initialement.

38 *Baisser* l'intensité physiologique du stress

Le stress n'est pas une fatalité et il est possible de le gérer. Quels sont les mécanismes qui permettent d'effectuer cette régulation ? Quand la réaction de stress se fait sentir dans le corps, comment la réduire par soi-même, très concrètement ?
Les techniques de régulation de la réponse physiologique de stress permettent d'atteindre efficacement cet objectif.

CONNECTEZ-VOUS !
Présentation de la méthode de Schultz

Les mécanismes qui font baisser le stress physiologique

Le but des méthodes de relaxation n'est pas de s'allonger dans un hamac et de faire la sieste ! Dans le domaine de la gestion du stress, les techniques de relaxation visent notamment à apprendre aux personnes à faire baisser par elles-mêmes leur niveau de stress physiologique, où qu'elles soient, rapidement et en toutes circonstances…

La réponse de relaxation

À l'opposé de la réponse de stress, sorte d'« accélérateur » activé par le système nerveux autonome sympathique, il existe une réponse dite « de relaxation ».

Des chercheurs comme le Docteur Benson ont étudié cette réaction opposée, dans les années 1970. Elle est activée par le système nerveux autonome parasympathique : c'est le « frein » du stress, qui :
- ralentit les rythmes cardiaques et respiratoires ;
- détend les muscles ;
- calme le mental et l'intensité des émotions ;
- permet à l'organisme de restaurer ses capacités après l'effort…

Les effets bénéfiques sur la santé de cette réponse « antistress » ont été démontrés scientifiquement.

Bonne nouvelle : chacun peut déclencher volontairement cette réponse naturelle de relaxation… Et pas seulement au moment de dormir ou dans un bon bain chaud !

Le déclenchement de la réponse de relaxation

Plusieurs portes d'entrée activent ce mécanisme tout à fait naturel et bienfaisant, et tout particulièrement :
– la respiration : certaines façons de respirer, comme les respirations abdominales avec expiration plus lente que l'inspiration (pour s'en rendre compte, il suffit de comparer sa façon de respirer durant un sprint et celle pratiquée pour s'endormir !) ;
– le relâchement musculaire : il facilite la détente mentale et émotionnelle, comme l'a montré le neurophysiologue américain Edmund Jacobson ;
– la concentration : la concentration sur les sensations permet de désactiver les ruminations mentales, génératrices d'anticipations anxieuses.

Différents exercices permettent d'adopter facilement ces réflexes de calme pour déclencher rapidement et sans médicament ce mécanisme régénérant.

POUR ALLER PLUS LOIN
Exercices de relaxation, p. 236

Récolter les fruits de sa pratique

Après avoir pratiqué l'un des exercices de son choix ou les trois, il est conseillé d'effectuer un petit suivi par écrit :
– Comment se sent-on ?
– Noter la palette de sensations positives ressenties, les images agréables qui sont venues (se les remémorer plus tard permettra de retrouver ces sensations de calme plus rapidement).
– Quelle note sur 10 sur son échelle de stress s'attribue-t-on ? Quelle est la différence avec la note que l'on s'est attribué au départ ? On peut ainsi apprécier par soi-même ses progrès et l'intérêt de ces exercices.
– Qu'a-t-on préféré dans ces exercices ?

Exercices de relaxation

Pourquoi et comment faire des exercices pratiques ?

Voici quelques exercices simples pour faire connaissance avec quelques notions de base, que l'on peut pratiquer isolément ou les uns à la suite des autres après entraînement. Ils s'apparentent aux exercices des méthodes Vittoz, Jacobson et de la sophrologie.

N'en faire qu'une simple lecture n'apportera pas grand-chose : ce serait comme vouloir faire du sport en le regardant à la télévision !

On ne peut accéder à leur véritable compréhension et acquérir ces mécanismes que par un entraînement régulier. Les trois mini-exercices relaxants suivants permettent de s'en rendre compte.

• Avertissement

En cas de doute sur son état de santé (pathologie respiratoire de type asthme à un stade avancé, troubles dissociatifs et antécédents schizophréniques en particulier), il faut demander préalablement l'avis d'un médecin pour savoir si ces exercices sont contre-indiqués ou comment les adapter à son cas.

Un moment de stress intense n'est pas le moment idéal pour essayer pour la première fois les exercices présentés !

• À retenir

Au départ, il est conseillé de s'entraîner dans un contexte propice au calme et à la détente. Refaire les exercices très régulièrement permet d'ancrer en soi un réflexe de calme. Ensuite, ce réflexe sera accessible en quelques respirations, même dans des situations plus agitées.

Les respirations en conscience

• La technique

Pour commencer, attribuez-vous une note sur 10 estimant votre état de stress actuel, de 0 pour un état de calme absolu à 10 pour un état de stress ou de tension extrême.

Assurez-vous de ne pas être dérangé pendant quelques minutes. En position assise ou allongée, installez-vous confortablement dans un endroit calme.

Prenez conscience de votre respiration, telle qu'elle est en ce moment. Focalisez votre attention sur vos sensations à l'inspiration, puis à l'expiration, jusqu'à être bien présent à votre respiration. Si une pensée vous traverse l'esprit, laissez-la passer et revenez tranquillement à vos sensations de respiration pour les vivre pleinement, durant quelques instants.

• L'explication

Pendant que l'on est bien concentré sur ses sensations, on n'est plus sous l'emprise d'un dialogue intérieur stressant. Il y a passage du mode « rumination mentale » au mode « appréciation de sensations agréables » : le niveau de stress peut s'apaiser en quelques instants.

Les respirations en quatre temps

• La technique

Ensuite, vous pouvez fermer les yeux et laisser les expirations devenir progressivement plus lentes et plus profondes, en relâchant les muscles : vous expirez le gaz carbonique, les tensions, à l'extérieur de vous...

En fin d'expiration, marquez une pause de quelques secondes pour prendre le temps d'apprécier les sensations.

Puis inspirez normalement tout en gonflant légèrement le ventre (respiration « abdominale ») : vous inspirez l'oxygène, le calme, en vous...

→

En fin d'inspiration, marquez une pause d'environ deux à quatre secondes pour une meilleure captation de l'oxygène et reprenez le cycle par l'expiration lente… Les bénéfices se font encore mieux sentir en réalisant trois cycles ou plus d'inspiration/pause/expiration/pause et en se concentrant sur les sensations. Adaptez le rythme de votre respiration pour qu'il vous soit confortable.

… Comment vous sentez-vous ?

· L'explication

Les respirations abdominales lentes font baisser l'activation physiologique générée par le stress et donc ses effets dans le corps. Ces respirations profondes permettent une meilleure oxygénation et d'expirer plus de gaz carbonique. Grâce aux mouvements du diaphragme, ces respirations détendent les muscles de l'abdomen, réduisant la sensation d'estomac noué et les autres manifestations de tension corporelle.

La relaxation globale par tension/ détente des différents groupes musculaires et centration sur les sensations

· Tendre et détendre les muscles

Ensuite, vous allez passer en revue chaque région du corps, les tendre puis les détendre, « reculer pour mieux sauter » en quelque sorte, et ressentir la détente s'installer.

– Commencez par vous centrer sur les sensations que vous éprouvez au niveau de la tête, en prenant conscience de sa forme.

– Effectuez une légère tension des muscles du front, du visage, tout en inspirant durant environ cinq secondes, le temps de prendre conscience des sensations de tension.

– Puis expirez durant cinq secondes en relâchant complètement les muscles du visage pour bien ressentir la différence de sensations et l'état de détente s'installer.

Ne cherchez pas à analyser ou à interpréter, mais à ressentir les sensations telles qu'elles se présentent. Prenez ensuite le temps d'apprécier quelques instants ces sensations de relaxation au niveau de la tête, à votre rythme.

· Pour chaque région du corps

Continuez ensuite avec la région du cou, des épaules, des bras, des mains, de la même façon : en tendant légèrement les muscles pendant cinq secondes à l'inspiration, puis en les relâchant en une lente expiration. Goûtez les sensations…

De même pour la région de la poitrine et le haut du dos…

Puis pareillement pour la région du ventre, le bas du dos…

Et enfin du bas-ventre, du bassin, des fessiers, du périnée, des jambes et des pieds, soit cinq ensembles musculaires, de la tête aux pieds.

· Relaxation globale

À la fin, généralisez la détente à l'ensemble du corps, de la même manière : douce tension à l'inspiration, détente profonde à l'expiration, perception de vous-même pour vivre les sensations dans la globalité de votre corps… Goûtez l'ici et maintenant dans votre corps détendu, puis mémorisez ce qui est positif dans cette expérience.

· L'explication

En associant expiration longue et détente musculaire comme mentale, on ancre de façon plus approfondie le réflexe de calme sur ce type de respiration, réflexe activable ultérieurement.

Lorsque vous serez habitué à cette relaxation globale, vous pourrez, à ce stade, de façon optionnelle, visualiser mentalement une situation de votre choix, avec tous les détails sensoriels caractérisant la scène :

– soit une image synonyme de calme, votre « havre de paix », si vous voulez vous ressourcer et développer votre bien-être ;

– soit un objectif comme s'il était déjà réalisé, pour vous préparer mentalement et émotionnellement à cet objectif ;

→

– soit encore quelque chose ou quelqu'un que vous aimez, pour qui vous éprouvez de l'affection, de la reconnaissance ou de la gratitude ; ceci renforcera votre bien-être affectif.

Quand vous souhaitez revenir à votre état de veille habituelle, prenez le temps de prendre de bonnes inspirations tonifiantes, de réveiller votre corps des pieds à la tête, de tendre et de détendre bras et jambes pour vous redynamiser, de vous étirer, puis ensuite d'ouvrir les yeux, régénéré.

Témoignage

Jean-Charles, 42 ans, cadre commercial : « Légèrement anxieux de nature, j'ai pratiqué différentes techniques de relaxation, en groupe et avec bonheur, cela me faisait beaucoup de bien. Mais c'est lorsque je me suis décidé à les pratiquer par moi-même, quelques minutes tous les jours, que j'ai constaté être passé à un autre cap. Ma relation aux choses et aux personnes s'est apaisée, je suis plus zen dans mon boulot et avec mes proches... Sans efforts particuliers ! »

39 *Utiliser* les techniques antistress dans les situations du quotidien

Au bureau ou dans le métro, il n'est pas aisé d'adopter les plus belles postures du yoga !
Comment faire baisser rapidement la pression physique et mentale dans le « rush » quotidien ? Comment rester zen dans la tempête ?

Au quotidien

Il s'agit, dans un premier temps, de bien s'entraîner aux exercices préparatoires, pour ancrer en soi un réflexe de calme dans les conditions optimales – éventuellement avec un professionnel – pour prendre le bon pli. On peut ensuite, très progressivement, se confronter aux situations de tous les jours et utiliser ces nouvelles ressources. On commence dans des situations peu stressantes et, lorsqu'on arrive à utiliser avec succès les techniques présentées, on continue son entraînement avec des situations un peu plus anxiogènes : c'est l'exposition progressive des méthodes comportementales.

POUR ALLER PLUS LOIN
Des trucs contre le trac, p. 243

Au travail ou dans les transports

Les exercices de respiration présentés précédemment (voir p. 236 et suivantes) – en conscience et en quatre temps – peuvent se faire en quelques dizaines de secondes, avec un peu d'entraînement, dans toutes sortes de situations quotidiennes dans lesquelles une attention importante n'est pas requise, en particulier dans toutes les situations d'attente.

EXEMPLE

- Dans le bus ou le métro
- Pendant la pause déjeuner
- Entre deux tâches
- Pendant que son café se prépare ou que le fax s'envoie
- En raccrochant son téléphone ou après un entretien
- Avant de sortir de sa voiture
- À la place d'une cigarette ou d'une barre chocolatée
- Pendant que l'ordinateur démarre, quand il se bloque inopinément...

De petites pauses régulières pour une meilleure efficacité

L'efficacité est réelle si ces exercices sont réalisés en présence à soi et à ses sensations : une à deux minutes suffisent à faire baisser notablement le niveau de stress !

L'idée est de prendre cette mini-pause toutes les heures ou toutes les deux heures, ou bien dès qu'un énervement, une crainte ou la fatigue pointe le bout de son nez : ainsi, le stress physiologique n'a pas l'occasion de s'installer à un niveau trop important.

Rappels en situation

Comment se rappeler de faire ces relaxations express quand on est plongé dans son travail ?

Mettre à profit les outils habituels d'organisation : en notant ces moments dans son agenda (le principe de prendre rendez-vous avec soi-même est plus profond qu'il n'y paraît), en le notant sur des notes autocollantes apposées à des endroits stratégiques ou dans la liste de choses à faire ! Y penser ne suffit pas, il s'agit de les pratiquer et de les ressentir. Plus souvent ces exercices sont réalisés, mieux ils fonctionnent, plus vite et plus profondément.

Plus détendu et plus efficace

Le cerveau ne peut se concentrer et mémoriser de façon optimale plus de 50 minutes… Une mini-pause de 60 ou 90 secondes permet de restaurer cette efficacité.

L'exercice du « *bodyscan* »

L'entraînement permet aussi de réaliser plus rapidement une lecture des tensions du corps et une détente rapide, y compris debout dans le métro ou en faisant la queue, comme dans les autres situations d'attente.

• Un exercice inspiré de la méthode Jacobson

Tout en se tenant droit, assis ou même debout, yeux ouverts ou fermés, se débarrasser des tensions inutiles par ailleurs, comme le front plissé et les mâchoires contractées, les épaules relevées ou le périnée contracté inconsciemment. Ces tensions superflues gaspillent nos ressources inutilement et, à la longue, nous fatiguent.

• De la tête aux pieds, en quelques respirations

Effectuer une lecture des tensions musculaires, éventuelle accentuation des tensions perçues, relâchement à l'expiration, notamment au niveau des mâchoires, des épaules et du périnée.

• En marchant

Cet exercice peut être réalisé également en marchant : ralentir très légèrement l'allure, se centrer sur ses sensations de respiration, sur les sensations de mouvement et de balancement de chaque partie du corps, tout en relâchant les tensions inutiles au niveau du cou, des épaules, des bras, des fessiers, des jambes…

Durant le repas

Voici un exercice inspiré de la méthode Vittoz pour la pause du déjeuner, à pratiquer avec un mets apprécié, pour en profiter pleinement au lieu de ruminer des pensées anxiogènes.

Avant de fermer les yeux, observez attentivement, comme si c'était la première fois, la forme, les couleurs et l'agencement des aliments.

Parfois, certains aliments peuvent se toucher, comme du chocolat, du pain…

Puis, yeux fermés, prenez conscience des sensations olfactives. Une fois la nourriture portée en bouche, concentrez-vous tour à tour sur la forme, le poids (légèreté), la texture, la consistance (dureté/tendreté), la température, les aspects sucré/salé/acidité, les arômes, les nuances du goût, puis remarquez l'évolution des sensations quand vous mâchez l'aliment très lentement, les sensations dans votre corps quand vous appréciez pleinement le plaisir que vous en retirez…

Quelle invitation au plaisir, facteur de résistance au stress et antidouleur formidable !

C'est l'inverse de l'anhédonisme (incapacité à ressentir du plaisir), qui est un facteur de vulnérabilité au stress.

Dans les embouteillages

Observer des citadins au volant de leur véhicule bloqués subitement par une benne à ordures est assez éclairant : quelles sont leurs réactions ?

Assez souvent, ils klaxonnent, s'énervent, profèrent des injures, le front contracté et les mains vengeresses ! Les voilà arrivés d'humeur ravageuse au travail ou à la maison. Cette réaction est-elle la meilleure pour se préparer au rendez-vous qui les attend ?

Ne vaut-il mieux pas voir les choses autrement ?

– Certes, la circulation est bloquée, ce n'est pas amusant, mais le petit retard occasionné est-il réellement grave ? Bien sûr, on ne peut pas se mettre en position du lotus… Mais continuer à s'énerver va-t-il changer les choses ?
– Et si cet impromptu était le seul moment de la journée où ils peuvent disposer de trois minutes pour eux ? Et s'ils s'installaient plus confortablement pour détendre chaque muscle contracté, écouter une musique agréable et envisager comment mener au mieux leur entretien ?

Il vaut mieux choisir la bonne stratégie au lieu de subir des automatismes inadaptés !

La concentration sur l'action : le *Mindfulness*

Cette autre technique est valable en conduisant, comme dans les situations nécessitant toute son attention, dans une tâche qui ne présente pas d'intérêt particulier pour vous ou qui se fait par automatisme.

Au lieu de ruminer d'éventuelles pensées stressantes, portez toute votre attention sur votre conduite, les gestes justes, la route, les voitures, les informations de conduite, les rétroviseurs… Non seulement la conduite sera réalisée avec plus de prudence mais en plus, ce moment est pour vous, sorte de sas de décompression avec ce qu'il y aura à faire à votre arrivée.

Plus on est concentré sur ce que l'on fait, pleinement présent à l'action, moins on donne prise aux pensées stressantes : c'est la méthode *Mindfulness* (pleine conscience), efficace pour la dépression et l'anxiété (voir fiche 6).

POUR ALLER PLUS LOIN

Des trucs contre le trac

Avoir le trac avant de prendre la parole en public est normal. Un truc efficace consiste à utiliser les techniques présentées : les respirations relaxantes et la détente corporelle.

Au lieu d'imaginer le pire et de tourner en rond, prendre un instant pour bien se recentrer sur sa respiration, se connecter à ses sensations de respiration de plus en plus profonde, détendre chaque région du corps et s'imaginer en train de réussir brillamment.

Ensuite, on peut s'aider en prenant appui par contact visuel avec deux ou trois personnes au sourire et au regard bienveillants, comme si on parlait personnellement à chaque individu plutôt qu'à un public impersonnel.

Prendre le ton adapté à l'assistance, parler lentement en articulant distinctement, jouer avec la modulation de sa voix pour la rendre attrayante, comme le font les conteurs, et, pourquoi pas, utiliser l'humour pour détendre l'atmosphère : une fois lancé, le trac disparaît !

40 *Relativiser* pour agir différemment par la méthode des huit dimensions

Puisque les aspects psychologiques du stress conditionnent pour une bonne part la réaction de stress et nos comportements associés, comment prendre du recul, raisonner et agir autrement dans les situations de stress ?

Connectez-vous !

- Une brève histoire des thérapies comportementales et cognitives
- Fiche à remplir

La psychologie scientifique et la gestion du stress

Les méthodes qui fonctionnent

La psychologie a longuement étudié comment fonctionnent les comportements humains et les processus mentaux, notamment sous stress.

Les thérapies comportementales et cognitives sont à la source de méthodes de gestion du stress performantes et validées scientifiquement.

D'autres approches, comme la psychologie humaniste ou l'école de Palo Alto (voir fiche 42), ont également développé des techniques utiles favorisant le bien-être émotionnel et relationnel.

Après avoir été l'apanage des chercheurs et des psychiatres, le fruit de leurs recherches commence à être démocratisé auprès du plus grand nombre. Il est grand temps de poursuivre l'intégration de ces méthodes efficaces aux procédés de prévention et de gestion de l'entreprise, dans une perspective « gagnant/gagnant ».

La base des techniques cognitivo-comportementales

Situations stressantes, pensées, émotions et comportements sont en interaction permanente.

EXEMPLE

« Si je pense ne pas être à la hauteur de telle mission, si j'estime ne pas avoir les ressources pour faire face à cette tâche, j'imaginerai les conséquences négatives de l'échec, je me sentirai tendu, anxieux et inhibé, je n'agirai pas ou mal et j'en serai d'autant plus stressé. »

En situation d'urgence, l'émotion nous envahit, il est plus difficile de raisonner de façon rationnelle.

POUR ALLER PLUS LOIN

Les distorsions cognitives, p. 250

L'intérêt de la méthode des huit dimensions

Mettre à jour les réflexes sous stress

La méthode des huit dimensions sert à mettre à jour ses réflexes sous stress pour mieux en prendre conscience : que se passe-t-il au niveau des comportements, des émotions et des pensées automatiques sous stress ? On peut alors en évaluer concrètement les résultats.

Se poser les bonnes questions

Cet outil aide à se poser les bonnes questions en permettant de sortir du sentiment d'urgence et de tension induit par le stress. Cela permet de remettre en question les schémas de fonctionnement dysfonctionnels et la lecture des événements, qui est parfois irrationnelle ou disproportionnée. Il s'agit de prendre du recul, de réévaluer la situation et de relativiser.

Envisager des stratégies plus efficaces pour passer à l'action optimale

Cette méthode focalise l'attention sur ses ressources, pour envisager des stratégies plus efficaces que la fuite, le combat ou l'inhibition : on recadre son point de vue pour essayer et adopter une stratégie plus efficace et adaptée à la situation. On transforme le stress destructeur en énergie constructive. La méthode aide à passer à l'action optimale et à en vérifier les résultats.

La méthode des huit dimensions, étape par étape

Voici une méthode intégrant huit dimensions, servant à réévaluer et à optimiser ses processus et ses interactions sous stress.

Elle est utilisable en « autocoaching ».

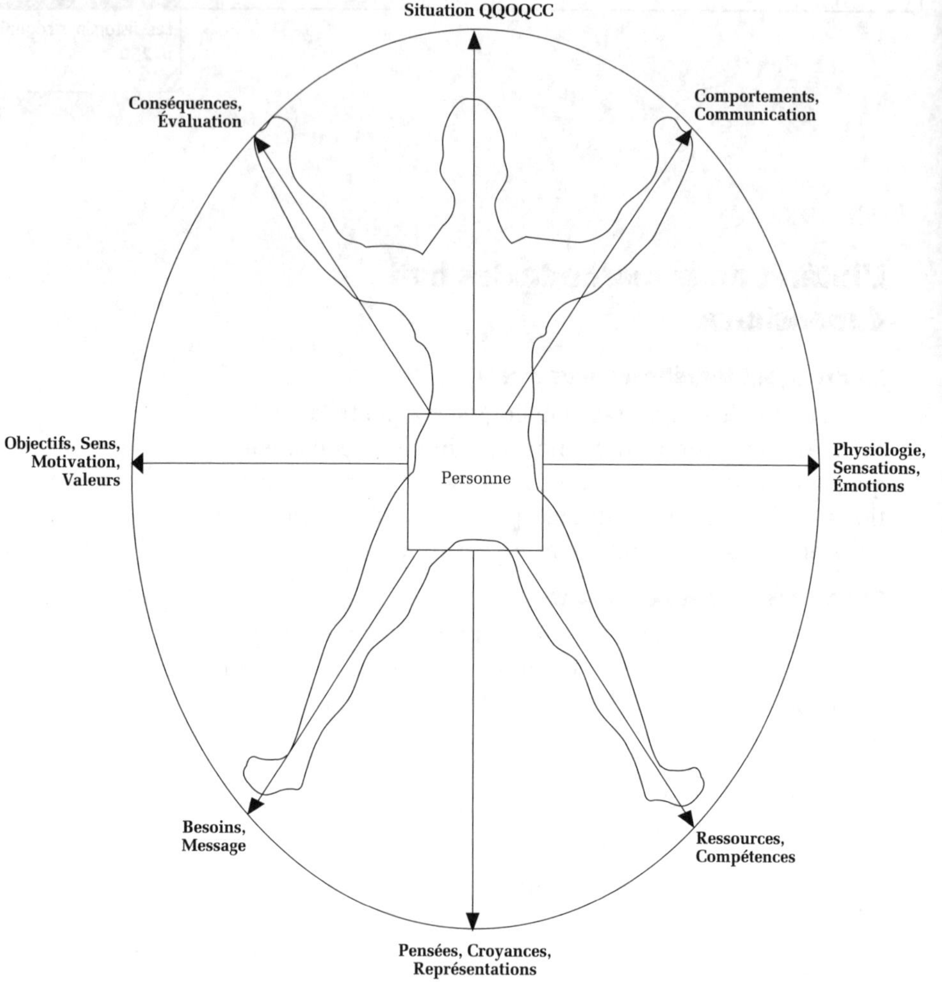

© SFGS

Étape 1 : mettre à jour ses réactions inadaptées sous stress

On se remet mentalement dans le contexte stressant pour cerner chaque aspect du problème.

Contexte externe objectif	1. Situation QQOQCC	On note ici la situation qui déclenche le stress, en identifiant les éléments de l'environnement QQOQCC à la source : Quand, Qui (avec Qui), Où, Quoi (avec Quoi), Comment, Combien…
	2. Comportements et communication	On note dans cette case les comportements et les interactions relationnelles, en répondant aux questions : « Dans cette situation, qu'est-ce que j'ai l'habitude de faire, de dire ? De quelle façon je le fais ? Suis-je inhibé et passif ? »
Contexte interne subjectif	3. Physiologie, sensations et émotions	On inscrit ici les manifestations corporelles, les sensations éprouvées, les éventuelles douleurs physiques, les émotions et les sentiments.
	4. Ressources et compétences	Quelles compétences et ressources personnelles avez-vous utilisées ?
	5. Pensées, croyances et représentations	Ici, on note les pensées telles qu'elles nous viennent à ce moment : « Qu'est-ce que je me suis dit dans cette situation ? Quel a été mon point de vue ? Comment me suis-je représenté le problème ? »
	6. Besoins et message à en retirer	On répond ici aux questions : « De quoi j'ai eu besoin dans ce cas ? En ai-je tiré un message ? »
	7. Objectifs, sens, motivation et valeurs	Ici on répond aux questions : « Quel sens cela a eu pour moi de réagir ainsi ? Quelles ont été mes motivations ? »
Résultat	8. Conséquences objectives et évaluation : note/10	On note ici les conséquences directes et indirectes de ses réactions. Souligner ce qui a été positif et négatif. Puis évaluer soi-même l'adéquation entre sa propre réaction et son objectif en attribuant à ce schéma global de fonctionnement une note d'efficacité sur 10.

Exemple :

1. Situation QQOQCC	« Le patron nous transmet un dossier difficile à traiter alors que nous avons d'autres urgences. Le collègue avec lequel je travaille y fait une erreur notable. »
2. Comportements et communication	« Je m'énerve sur mon collègue, je le traite d'incompétent sur un ton agressif. »
3. Physiologie, sensations et émotions	« J'ai les épaules, le front et le dos contractés, j'ai "la moutarde qui me monte au nez", je suis en colère. »
4. Ressources et compétences	« Ma colère s'est exprimée avec vigueur au lieu d'être intériorisée. »
5. Pensées, croyances et représentations	« Mais quel abruti ce collègue ! On est dans l'urgence et il fait n'importe quoi… On va perdre le client ! Je vais le secouer, ce collègue-là ! »
6. Besoins et message à en retirer	« Je veux être efficace, c'est dur d'être dans l'urgence, je ne veux pas laisser mon collègue gâcher notre travail. »
7. Objectifs, sens, motivation et valeurs	« J'ai voulu le secouer pour que nous soyons à la hauteur. »
8. Conséquences objectives et évaluation : note/10	« Le collègue s'énerve à son tour, le ton monte, il quitte son poste et me laisse seul à gérer le dossier. J'ai été franc et direct, mes paroles ont même dépassé ma pensée, mais je n'ai pas réussi à le motiver. Maintenant, je me retrouve seul à tout gérer, c'est encore pire : 3/10 ! »

À partir d'une situation de stress fréquente, remplir par écrit ce tableau à la manière de l'exemple précédent, pour mettre à jour sa réaction automatique, à tout niveau.

Fiche de mise à jour à remplir, pour une situation donnée :

1. Situation QQOQCC	
2. Comportements et communication	
3. Physiologie, sensations et émotions	
4. Ressources et compétences	
5. Pensées, croyances et représentations	
6. Besoins et message à en retirer	
7. Objectifs, sens, motivation et valeurs	
8. Conséquences objectives et évaluation : note/10	

Étape 2 : questionner ses réactions de façon socratique

Maintenant que l'on a pris conscience de ses réactions réflexes, voici le type de questions « maïeutiques » que posent les psychologues et les coachs, questions que l'on peut utiliser soi-même pour interroger ses réactions. Noter les réponses par écrit, pour prendre du recul et assouplir ses interactions habituelles.

1. Situation QQOQCC	« Comment puis-je modifier ou gérer directement les déclencheurs pour changer le contexte générant mon stress ou traiter le problème à la source ? »
2. Comportements et communication	« Quels autres comportements, plus efficaces, adaptés à la situation et dans l'intérêt de tous, puis-je adopter dans ce cas ? Comment mieux communiquer ? »
3. Physiologie, sensations et émotions	« Quels réflexes de relâchement musculaire et de relaxation corporelle que j'ai déjà appris puis-je appliquer maintenant en quelques respirations ? »
4. Ressources et compétences	« Quelles qualités personnelles, compétences et ressources puis-je utiliser dans ce cas ? »
5. Pensées, croyances et représentations	« Cette pensée qui me vient, est-elle 100 % vraie, bonne et utile ? Quels sont les faits qui me le prouvent et les exceptions qui montrent l'inverse ? Ce que j'anticipe est-il réaliste ? Et au pire, ce que j'anticipe est-il réellement grave ? Quel autre point de vue plus utile puis-je adopter ? Quel conseil donnerais-je à un ami qui serait dans ce cas ? »

6. Besoins et message à en retirer	« Quel est le danger, le dommage ? De quoi ai-je besoin, dans ce cas, pour me sentir bien : en sécurité, respecté et épanoui ? Quel message puis-je retirer de mon émotion ? »
7. Objectifs, sens, motivation et valeurs	Ici, on répond aux questions : « Quel sens cela a pour moi de savoir faire face à cette situation ? En puisant dans mes valeurs personnelles, qu'est-ce qui me motive à réussir l'objectif que je me suis fixé dans ce cas ? Qu'est-ce que cela m'apportera d'important ? »
8. Conséquences objectives et évaluation : note/10	« Quelles sont les conséquences les plus réalistes si je gère les choses ainsi ? Quelle note d'efficacité et de satisfaction j'obtiens alors ? Quel plan d'actions concret je me donne ? »

Étape 3 : construire une stratégie alternative plus efficace et adaptée

En se posant les questions ci-dessus, voici un exemple de ce que l'on pourrait noter :

1. Situation QQOQCC	« En faisant prendre conscience à mon patron du poids des autres urgences que nous avons déjà à traiter, peut-être confiera-t-il ce dossier à une équipe plus disponible ou bien bénéficierons-nous d'un délai supplémentaire. »
2. Comportements et communication	« En lui expliquant les conséquences de son erreur au lieu de l'insulter personnellement, mon collègue saura comment éviter cette erreur la prochaine fois. »
3. Physiologie, sensations et émotions	« Ressentant mon énervement et le considérant comme un voyant d'avertissement, je me centre sur quelques respirations profondes, j'effectue en quelques secondes un *bodyscan*/relâchement des tensions : ainsi, je me sens un peu plus calme, je canalise mieux mon énergie. »
4. Ressources et compétences	« Je vais utiliser mes ressources acquises en relaxation et en communication non violente. »
5. Pensées, croyances et représentations	« Nous avons peut-être 5 % de risque de perdre le client pour une erreur que j'ai circonscrite… Ce qui signifie que nous avons 95 % de chance de le garder comme client ! Non, ce n'est pas grave, j'ai vu l'erreur et je la corrige. Tout le monde peut faire une erreur. En motivant mon collègue, nous avons une forte probabilité de réussir et de respecter les délais. »
6. Besoins et message à en retirer	« J'ai besoin de réaliser un travail de qualité et d'obtenir la reconnaissance de mon équipe. Mon émotion m'aiguillonne pour faire respecter la qualité du travail : s'organiser par une collaboration proactive avec les autres équipes pour mieux gérer ce type d'urgence. »
7. Objectifs, sens, motivation et valeurs	« Réussir un travail d'équipe de qualité et obtenir de la reconnaissance pour mes compétences de manager est mon objectif. Y arriver tout en réussissant à motiver mes collaborateurs dans la bonne humeur, c'est une forme d'aboutissement professionnel très gratifiante pour moi. »
8. Conséquences objectives et évaluation : note/10	« En envisageant d'autres solutions avec mon patron et mon collaborateur, nous nous donnons toutes les chances de nous organiser au mieux et de réussir ce challenge malgré les contraintes. Efficacité de cette stratégie à huit dimensions : 9/10. »

À l'aide des réponses aux questions de l'étape 2, on imagine le scénario alternatif concret le plus efficace tout en restant réaliste, c'est-à-dire adapté à sa personnalité, à ses ressources et stratégies personnelles, ainsi qu'à la situation.

Fiche « Solutions » : scénario alternatif à remplir

1. Situation QQOQCC	
2. Comportements et communication	
3. Physiologie, sensations et émotions	
4. Ressources et compétences	
5. Pensées, croyances et représentations	
6. Besoins et message à en retirer	
7. Objectifs, sens, motivation et valeurs	
8. Conséquences objectives et évaluation : note/10	

Ensuite, il s'agit de tester ce scénario alternatif en pratique et de vérifier ses effets en repassant les huit dimensions pour valider la mise en place d'un nouveau cercle vertueux.

« Autocoaching » par exposition progressive

Entraînez-vous à utiliser ces stratégies dans des situations sans stress dans un premier temps. Exploitez ensuite les fiches à huit dimensions pour refaire un bilan, vérifier vos progrès et les optimiser.

Une fois vos stratégies rôdées, vous relirez régulièrement et compléterez vos fiches « Solutions » pour appliquer progressivement vos nouvelles compétences à des situations un peu plus stressantes.

Si tout se passe bien, vous pouvez ensuite généraliser cette méthode de la même façon à des situations dans lesquelles la pression sera de plus en plus forte.

POUR ALLER **PLUS LOIN**

Les distorsions cognitives

Quand on est sous stress, l'émotion peut perturber son raisonnement. C'est ce qui arrive souvent aux personnes souffrant d'anxiété et de dépression, qui se représentent la réalité d'une façon négative et pessimiste : ces interprétations biaisées des événements sont appelées des « distorsions cognitives. » →

Connaître les modes de pensée dysfonctionnelle est très utile pour questionner ses pensées, revenir aux faits et retrouver une façon efficace de raisonner en période de stress (selon Aaron Beck et David Burns, psychiatres).

• La pensée dichotomique est le principe du « tout ou rien », dans lequel tout est catégorisé de façon extrême, sans nuances. Ce type de raisonnement est une des bases du perfectionnisme.

EXEMPLE

« Si je ne suis pas le meilleur, c'est que je suis un nul. »

• La surgénéralisation est la tendance à tirer une règle générale à partir de cas isolés.

EXEMPLE

« Mon responsable ne m'a pas donné de primes cette année : je n'arriverai jamais à avoir de primes dans cette entreprise... Je ne réussis décidément rien dans ma vie. »

• L'abstraction sélective est une sorte de filtre mental qui provoque une focalisation sur les détails négatifs.

EXEMPLE

« J'ai renversé deux gouttes de café sur ma chemise pendant mon exposé : je suis sûr que tout le monde ne regarde que ça et se moque de moi ! »

• La disqualification du positif consiste à transformer des expériences positives ou neutres en expériences négatives, au lieu d'apprécier les événements agréables de la vie.

EXEMPLE

« Elle me félicite pour ce travail : je suis sûr que c'est pour ne pas me vexer, elle doit trouver, elle aussi, que c'est trop médiocre... »

• L'inférence arbitraire consiste à tirer des conclusions hâtives, comme la lecture des pensées d'autrui, ou à faire des prévisions pessimistes en les considérant comme des faits.

EXEMPLE

« Ma collaboratrice ne m'a pas dit bonjour ce matin : elle doit sûrement postuler ailleurs. »
« C'est sûr, je vais me faire licencier. »

• L'exagération, la dramatisation et la minimalisation sont des tendances à exagérer ses points faibles ou ses craintes et à minimiser l'importance de ses points forts.

EXEMPLE

« Je ne sais pas bien utiliser ce logiciel : ils vont s'en rendre compte et me trouver incompétent pour ce poste. »
« Mon chiffre est le meilleur de tous les commerciaux cette année, mais c'est uniquement dû à un hasard incroyable. »

• Les raisonnements émotionnels consistent à considérer ses sentiments comme des preuves.

EXEMPLE

« Je suis tout le temps anxieux : ça montre bien que mes soucis sont insolvables. »

• Les obligations arbitraires sont la tendance à se fixer régulièrement des obligations : « Il faut », « Je dois », source de culpabilité et de frustrations quotidiennes.

EXEMPLE

« Je dois absolument tout réussir ! »
« Les autres doivent reconnaître rapidement ma grande valeur. »

• L'étiquetage consiste à porter des jugements définitifs, chargés émotionnellement.

EXEMPLE

Au lieu de se dire : « Je me suis trompé sur tel dossier », se dire : « Je suis trop nul ! »

• La personnalisation est la tendance à endosser la responsabilité des actes d'autrui.

EXEMPLE

« Si le manager ne donne pas de prime à l'équipe, c'est parce qu'il n'est pas content de mon travail... »

41 Optimiser ses stratégies dans l'action

Comment appliquer les stratégies souhaitables dans le quotidien et devenir plus efficace dans l'action ? Comment intégrer en soi ces nouveaux « savoir-être » pour les appliquer naturellement en situation ?

Évoluer au quotidien

Modifier ses réflexes inadaptés

Il ne semble pas aisé de modifier ses réflexes inadaptés en situations stressantes tant ils semblent familiers. Pourtant, ils génèrent tension et souffrance.

La psychologie cognitivo-comportementale a développé des techniques permettant un apprentissage progressif des compétences et des stratégies d'ajustement efficaces.

Les cinq étapes pour intégrer de nouvelles stratégies dans l'action

On peut résumer ce processus d'acquisition en cinq étapes :

1. Prise de conscience et remise en question, sur le papier ou avec un professionnel, des réactions habituelles dysfonctionnelles, pour élaborer des interactions alternatives. C'est l'objet de la méthode des huit dimensions (voir fiche 40) ou de la technique rapide PAGRISA (voir ci-après)
2. Désensibilisation à sa réaction de stress habituelle par une exposition progressive en imagination
3. Confrontation au réel en s'habituant progressivement à gérer le stress en situation
4. Optimisation de ses stratégies par des techniques instantanées en situation, pour rôder ses nouvelles compétences
5. Intégration de nouvelles dynamiques vertueuses d'évolution personnelle dans son quotidien

POUR ALLER **PLUS LOIN**

Utiliser sa bibliothèque à ressources actives, p. 258

La gestion cognitive du stress : la technique PAGRISA

La méthode des huit dimensions permet une réévaluation globale de ses réactions. Une fois que l'on s'est habitué au maniement de cet outil, on peut utiliser sa version brève, PAGRISA, « pour ne pas se laisser griser par le stress ».

Partant d'une situation de stress léger ou moyen, on peut procéder à quelques respirations en conscience pour faire baisser le niveau de stress physiologique et émotionnel, pour se recentrer sur ses sensations et émotions vécues ici et maintenant, et ainsi mieux prendre conscience de ses pensées stressantes.

EXEMPLE

« Je suis bloqué dans les embouteillages, je suis en colère et tendu car je vais arriver en retard à mon rendez-vous. »

On se pose quelques questions, qui activent des processus psychologiques aidant à relativiser et à agir efficacement.

P : « Et au Pire du Pire, qu'est-ce qui peut arriver ? »

Cette question permet de désamorcer les craintes inconscientes ou irrationnelles et d'affronter la pire des possibilités.

EXEMPLE

« Au pire du pire... j'aurai 20 minutes de retard. »

A : « Et... Alors ? »

En envisageant les conséquences objectives de la situation par le fameux « *So... What?* » des flegmatiques anglo-saxons, on procède à une première prise de distance face aux événements ; parfois, on se rend compte que les conséquences ne sont pas si dramatiques.

EXEMPLE

« Et... alors ? Rien, j'aurai un peu de retard, c'est tout. Je passe un appel pour prévenir. »

Dans certains cas peu stressants, cela peut déjà atténuer le stress. Prenons l'hypothèse dans laquelle les conséquences paraissent plus lourdes :

EXEMPLE

« Et... alors ? J'ai bien peur de rater la vente ! »

G : « Est-ce réellement Grave ? »

Cette question permet de relativiser directement l'événement et de faire ainsi baisser le stress perçu.

Exemple

« Non, ce n'est pas si grave. Rater une vente peut arriver, je me rattraperai sur d'autres prospects. »

Prenons maintenant une autre hypothèse, celle où le perfectionniste se répond :

Exemple

« Oui, c'est TRÈS grave d'arriver en retard à un rendez-vous professionnel ! »

Dans ce cas, établir son échelle personnelle des événements majeurs dans la vie, de 0 à 100, 100 correspondant aux pires catastrophes qui puissent arriver, 50 représentant déjà un incident de vie sérieux. Puis évaluer à quel niveau se situe la situation actuelle : en général, elle se positionne plus près de 0 que de 100.

R : « Est-ce Réaliste ? Est-ce vrai à 100 % ? Quelle est la probabilité de Réalisation ? »

Si la question précédente ne suffit pas, on évalue les probabilités de survenue de cette anticipation anxieuse.

Exemple

« Non, ce n'est pas sûr que je vais rater la vente. Le fait d'arriver en retard, de prévenir de cet impondérable n'a pas de lien de cause à effet direct et automatique avec le fait de rater ou de réussir la vente.
Disons que j'ai... 50 % de risque de rater cette vente. Ce qui signifie que j'ai... 50 % de chance de la réussir ! »

Ce mécanisme « d'inversion des probabilités » est à souligner, à ne pas confondre avec la méthode Coué. Si l'on estime, par exemple, à 40 % le risque de se faire licencier dans un plan social, se centrer sur les 60 % de chance de conserver son poste et de travailler à ses perspectives d'avenir dynamisera son niveau d'espoir et sa mobilisation : c'est la technique du verre à moitié plein.

I : « Quelle est l'Intention positive de cette crainte, le message à en retirer ? »

En retirant un message utile de cette émotion, on en baisse l'intensité.

Exemple

« Le danger sous-jacent à cette peur : arriver en retard et faire passer ma société pour peu sérieuse.

L'enseignement à en retirer : prévenir dès maintenant pour que mon interlocuteur s'organise et conserve une image de sérieux de mon entreprise. »

S : « Quel est le Scénario le plus réaliste, finalement ? »

En s'orientant sur l'hypothèse la plus probable, on désamorce les anticipations anxieuses inutiles et on se prépare à mieux affronter la suite des événements.

EXEMPLE

« Le plus réaliste, c'est qu'après avoir prévenu, le prospect ne m'en tienne pas rigueur. En faisant bien mon travail ensuite, je ferai vite oublier ce petit incident. »

A : « Quelle est l'Alternative Adaptée pour Agir ? »

À ce stade, on peut se demander : « Quelle est la pensée alternative qui soit la plus réaliste, adaptée et la plus utile de se formuler pour canaliser son énergie et agir d'une façon optimale ? »

→ Action ou acceptation de la situation si l'action n'est pas possible

EXEMPLE

« Me focaliser sur le fait que ce n'est pas bien grave et que je vais faire de mon mieux ensuite me stimule pour donner le meilleur de moi-même. »

Préparer l'action

La désensibilisation progressive

Interroger ses pensées stressantes avec la technique PAGRISA permet de transformer ses réactions inefficaces. Pourtant, ces réflexes sont souvent ancrés en soi depuis longtemps. La technique de la désensibilisation progressive fonctionne comme un vaccin : elle consiste à s'installer dans un contexte opposé à l'anxiété, c'est-à-dire dans un état de relaxation profond, de s'exposer en imagination à un stresseur très léger, jusqu'à ce qu'il ne génère plus aucune réaction. Cet objectif est atteint grâce à l'utilisation des techniques de relaxation, pour se désensibiliser ensuite à des situations graduellement plus stressantes.

Il est indiqué de se faire assister par un professionnel formé à ces techniques (psychologue-psychothérapeute en particulier) lorsque l'intensité de ses réactions inadéquates au contexte sont importantes et source de souffrance.

La visualisation mentale

Une technique plus simple peut être utilisée par soi-même. Elle consiste à se mettre en état de relaxation, puis d'imaginer à la première personne un scénario où l'on met en œuvre ses stratégies alternatives et de vivre par anticipation sa réussite.

En visualisant mentalement chaque détail sensoriel (par exemple, images, sons, personnes, actions et interactions réussies, sensations agréables d'accomplissement, plaisir éprouvé), les travaux récents ont montré que le cerveau se prépare à vivre cette situation et active les ressources internes nécessaires à leur réalisation.

Ce « coaching mental » imprègne positivement et profondément les mécanismes émotionnels de la personne. Il est utilisé avec succès par les dirigeants d'élite et les sportifs de haut niveau, notamment dans les situations particulièrement délicates et les confrontations décisives, pour avoir l'attitude gagnante et le geste juste là où les autres craquent.

Le principe de l'ancrage

C'est l'effet « madeleine de Proust » : en percevant un stimulus qui avait été associé de façon répétitive à une expérience émotionnellement marquée, comme un son ou une odeur, une sorte de flash-back réinstalle la personne dans le contexte mental et émotionnel mémorisé. Ce mécanisme pavlovien peut aussi être utilisé de manière bénéfique pour désamorcer une montée d'angoisse inhibitrice et la canaliser en une interaction adaptée, par exemple.

Ancrer un réflexe de calme

Voici un moyen d'ancrer en soi les réflexes souhaités.

En état de relaxation approfondie, laisser venir les images personnelles, les sons, les mots-clés qui sont synonymes pour soi de calme profond, de détachement, de sérénité. Les associer avec un geste qui a un sens pour soi, en se répétant mentalement le son ou le mot signal (par exemple, le mot « calme » en mettant ses mains l'une sur l'autre), et en expirant lentement et profondément.

En prenant l'habitude d'effectuer cette association régulièrement lors de son entraînement à la relaxation, on peut ensuite l'appliquer en situation réelle de calme et de bien-être (en vacances, face à la mer, par exemple).

Une fois cet automatisme posé, on peut l'utiliser progressivement dans des situations plus urgentes puis plus stressantes. Refaire discrètement ce geste en expirant lentement remettra instantanément dans ce contexte intérieur, permettant de garder plus facilement la tête froide et d'appliquer les stratégies alternatives envisagées.

Se redynamiser par l'ancrage

On peut aussi utiliser cette technique pour ancrer en soi une activation énergisante, comme le font les sportifs, par exemple : serrer régulièrement son poing quand l'on vit des expériences enthousiasmantes tout en inspirant profondément et en mentionnant mentalement le mot « *Yes !* » ou « Énergie ! » pour retrouver ce contexte ressource quand nécessaire.

Les techniques orientées « action »

L'exposition réelle progressive

Après l'exposition en imagination, vient le temps de l'affrontement aux situations réelles. L'entraînement démarre avec des situations très peu anxiogènes, pour tester les stratégies élaborées sur le papier. Si elles conviennent bien aux enjeux et qu'elles sont efficaces, si elles s'intègrent à sa façon d'être et de faire, on peut les transposer très progressivement à des situations plus difficiles. À l'image de l'enfant qui apprend à marcher ou de l'adulte qui apprend à conduire et à passer les vitesses, l'exploration des multiples essais-erreurs et la pratique quotidienne permettent d'intégrer ces nouveaux « savoir-être » plus efficaces et « écologiques » pour soi comme pour les autres.

Refaire régulièrement un bilan avec le tableau à huit dimensions (voir fiche 40) sert à vérifier les résultats récoltés au quotidien en les comparant avec les tableaux initiaux et à optimiser les progrès.

La technique express « Négatif → Positif »

Quand son « autocoaching » commence à porter ses premiers fruits, il est utile de disposer d'une technique instantanée pour activer immédiatement ses stratégies et les ressources acquises en situation. Quand une situation semble stressante et négative, quand une pensée rend

anxieux, triste, stressé, inhibé ou énervé, on peut respirer par expirations profondes pour activer ses ancrages, puis se demander :
« Qu'y a-t-il de positif et de réaliste dans cette situation ? Que puis-je faire pour régler, gérer ou accepter la situation de façon optimale ? »

Ainsi, on se refocalise immédiatement sur le « verre à moitié plein » qui permet de se sentir mieux et on agit sur le problème au lieu de le subir.

Son propre dialogue intérieur peut revenir sur l'aspect négatif des choses. L'idée est de le prendre à son propre jeu, de revenir en « disque rayé » à : « OK, mais comment puis-je, malgré tout, voir les choses pour m'orienter vers l'action efficace ? » et d'agir immédiatement.

POUR ALLER PLUS LOIN

Utiliser sa bibliothèque à ressources actives

En appliquant toutes ces techniques proposées dans sa vie de tous les jours, de nouvelles compétences et ressources personnelles vont être mises à jour et s'affermir.
En se constituant par écrit une « bibliothèque personnelle », on pourra recenser et renforcer ses nouvelles compétences. On peut coupler ces stratégies à la technique de l'ancrage pour en faire des automatismes et les mettre en application par la technique express « Négatif → Positif » pour agir instantanément dans l'action.

EXEMPLE

« Je suis énervé → Signal pour relâcher mes épaules et mieux expliquer les décisions pour les faire respecter, comme la fois dernière. »
« Je suis anxieux → C'est le moment de faire un exercice de relaxation minute, de relativiser la gravité des événements et de gérer les risques différemment en faisant appel à ma créativité naturelle. »

42 *Prendre* les bonnes décisions sous stress

Quand le stress et les émotions perturbent le travail quotidien, comment remettre « la tête aux commandes » pour élaborer des solutions efficaces et adopter les bons choix ?

CONNECTEZ-VOUS !
Comment écouter son intuition ?

La résolution de problèmes

Les stratégies de gestion du stress les plus efficaces sont souvent celles qui visent à régler les problèmes à leur source quand c'est possible.

Les méthodes dites « de résolution de problèmes » servent justement à systématiser et à optimiser les stratégies visant cet objectif.

Les pensées et les comportements sous stress

Ces techniques peuvent parfois sembler intuitives, voire trop simples, mais l'effet des émotions activées par le stress provoque souvent des raisonnements et des comportements peu rationnels et inefficaces, comme le reflètent les expressions populaires « avoir le nez dans le guidon » ou « se noyer dans un verre d'eau ».

Roder ses stratégies de résolution de problèmes permet de s'attaquer aux stresseurs en envisageant de façon rationnelle et systématique différentes solutions, en vue d'adopter les meilleurs choix dans les situations difficiles.

La démarche de résolution de problèmes en huit étapes

Les différentes étapes de cette méthode en huit points permettent de régler avec efficacité la plupart des problèmes courants, si elles sont mises en œuvre avec rigueur. On peut recommencer le cycle des huit étapes si le problème n'est pas entièrement réglé à l'issue du processus. On peut aussi s'en servir comme un rappel méthodologique d'« autocoaching » en période de crise.

La méthodologie de la résolution de problèmes

Étape 1 : le contexte, le problème et l'objectif

Identifier le contexte, déterminer avec précision le problème en pratique : ses causes et ses conséquences, ses mécanismes et les interactions qui maintiennent le problème. Définir l'objectif à atteindre.

Étape 2 : le brainstorming

S'autoriser un moment de liberté et de créativité pour noter sans jugement ni censure toutes solutions, ressources, idées et pistes imaginables, en particulier les plus inventives et les plus inhabituelles.

Il est bien utile d'écouter aussi son intuition, qui apporte souvent des réponses complémentaires à son esprit rationnel. On peut le faire en se relaxant pour lâcher prise un instant et ainsi mieux être à l'écoute de ses sensations corporelles et de ses intuitions. Un autre moyen consiste à se poser une question ouverte et à laisser les réponses émerger progressivement.

Quand le brainstorming est réalisé en groupe, des synergies originales peuvent se tisser entre les propositions qui se tricotent à plusieurs.

TÉMOIGNAGE

Françoise, analyste financier : « J'adore les brainstorming ! Depuis que nous avons suivi une formation à la créativité, je me rends compte, moi qui suis une "femme de chiffres" cartésienne, que nous pouvons nous reconnecter à l'enfant qui est en nous, celui qui aime jouer et qui est tellement imaginatif. Quand je l'écoute avec ouverture et sans *a priori*, il me souffle des solutions originales et inattendues à mes impasses d'ordre comptable ! Nous avons tous une partie de soi qui est créative, lui donner la parole apporte tellement de solutions innovantes à nos tracas professionnels quotidiens : elle nous libère de nos conditionnements inopérants de façon agréable et ludique. »

Étape 3 : les stratégies déjà appliquées

Recenser les solutions et les tentatives de solution déjà essayées ainsi que les échecs déjà rencontrés :
- retirer les leçons d'éventuels échecs ;
- envisager les effets d'un revirement à 180° par rapport aux postures et aux stratégies inefficaces déjà adoptées ;
- envisager comment modifier ou agir sur les dynamiques qui maintiennent le problème ;

– envisager l'éventualité de réitérer ou d'adapter les solutions qui marchent.

TÉMOIGNAGE

« À chaque fois que j'ai procédé ainsi, j'ai systématiquement obtenu la même réponse inadéquate. Plutôt que de continuer à faire plus encore ce qui ne marche pas, comment puis-je agir différemment ?
Mêmes causes, mêmes conséquences : sous stress, j'ai l'habitude de m'agiter et de monter le ton. J'ai remarqué, à ce moment-là, que ce collègue se braque complètement.
Et si, à la place, je faisais l'effort de me poser et de baisser le ton pour voir comment cela modifie notre communication de crise ?
Quand j'arrive à sourire de la situation, il se déride et ose s'exprimer : et si j'utilisais davantage l'humour avec lui, pour modifier nos interactions ? »

POUR ALLER PLUS LOIN
L'approche systémique orientée « solutions », p. 264

Étape 4 : la détermination des critères

Pour chacune des solutions recensées, cerner par écrit les variables pertinentes et les critères importants pour soi ou l'équipe : avantages et désavantages, ressources nécessaires, risques et conséquences prévisibles, bénéfices escomptés.

EXEMPLE

Nathalie a envie de travailler plus près de chez elle, mais elle est très hésitante à quitter « la proie pour l'ombre », que ce soit en mobilité interne ou en acceptant la proposition d'un autre employeur. Avec l'aide de son coach en orientation professionnelle, elle a fait la liste de tous les critères envisageables, pour ne retenir que les huit critères suivants, qui sont les plus significatifs pour elle : intérêt de la mission, peur de l'inconnu/confort des habitudes, salaire/gratifications/reconnaissance, proximité avec le domicile, autres conditions générales de travail, climat relationnel, stress/autres désavantages, compétences à acquérir/autres implications.

Étape 5 : les notations et les évaluations

On met les critères retenus dans un tableau et on y porte une première évaluation sous forme de note, de – 10 à + 10, 0 étant la valeur neutre. Ce système de notation permet de pondérer finement chaque critère les uns par rapport aux autres et de quantifier par soi-même des éléments d'ordre émotionnel et personnel.

Les avantages sont notés en positif, les désavantages en négatif, pour des critères de valeur comparables.

Une fois le tableau rempli, on peut le reprendre pour affiner le poids de chaque critère par rapport aux autres, jusqu'à trouver les valeurs les plus justes pour soi, et les unes par rapport aux autres. Exemple :

Critères \ Scénarios	S1 : Garder cet emploi	S2 : Demander une autre affectation	S3 : Accepter le poste qu'on me propose ailleurs	Sx : Etc.
Intérêt de la mission	– 8	+ 2	+ 7	
Peur de l'inconnu ↔ Confort des habitudes	+ 10	– 2	– 10	
Salaire, gratifications, reconnaissance	0	0	+ 4	
Proximité avec le domicile	– 8	– 2	+ 6	
Autres conditions générales de travail	– 2	– 4	+ 1	
Climat relationnel	– 2	+ 3	+ 2	
Stress et autres désavantages	+ 2	– 2	– 2	
Compétences à acquérir et autres implications	+ 5	– 2	– 4	
Totaux	**– 3**	**– 7**	**+ 4**	

EXEMPLE (suite)

« Proximité avec le domicile » est évalué à – 8 pour l'emploi actuel car Nathalie met 1 heure 30 de trajet pénible pour se rendre à son travail, soit 3 heures par jour dans les transports. Elle l'évalue subjectivement comme une forte contrainte.

Elle a mis 0 à « Salaire, gratifications, reconnaissance » car elle s'estime rémunérée dans la moyenne et normalement reconnue, mais elle se sent stagner quelque peu depuis plusieurs années dans ce poste : ce critère n'est ni un « plus » ni un « moins » pour elle.

Elle a évalué « Peur de l'inconnu ↔ Confort des habitudes » à + 10 pour l'emploi actuel et à – 10 pour un autre emploi hypothétique car elle a une grande crainte de l'inconnu, c'est pour elle très confortable et facile de ne rien changer. Une autre personne n'aurait peut-être pas retenu ce critère : il s'agit de variables très personnelles.

Pour « Compétences à acquérir et autres implications », elle s'est attribué la note de + 5 pour son emploi actuel car elle le connaît bien et – 4 pour le poste qu'elle envisage car elle doit renforcer ses compétences en anglais.

Étape 6 : les comparaisons et la décision

On peut alors comparer les scénarios et les pondérations pour prendre une décision en connaissance de cause. Parfois, l'analyse des critères permet d'envisager une nouvelle hypothèse intermédiaire ou de rectifier les scénarios envisagés. Il s'agit de faire preuve de souplesse et de travailler en intelligence de situation.

EXEMPLE (suite)

Ce tableau a été riche d'enseignements pour Nathalie. Elle a envie de changer d'emploi mais n'osait pas vraiment l'envisager en raison de sa difficulté à assumer l'inconnu. Il ressort des résultats du tableau que demander une autre affectation est encore moins intéressant que de conserver son poste actuel.

Contre toute attente, en prenant en compte l'ensemble des critères et des pondérations, il y a 7 points d'écart en faveur d'un changement plus radical. Cette méthode a permis à Nathalie d'ouvrir les yeux sur tous les avantages du changement au lieu d'en rester sur sa peur du changement ; elle y a trouvé la force d'adopter la décision la plus rationnelle et la plus bénéfique pour elle.

Étape 7 : la mise en œuvre

Une fois une solution retenue, il s'agit de se donner toutes les chances de réussir sa mise en œuvre. On peut donc reprendre chacun des critères pour notifier les stratégies concrètes : comment utiliser au mieux les ressources, comment contourner les difficultés, ce qu'il reste à faire pour atteindre l'objectif. Se donner un plan d'actions réaliste et progressif, le noter dans son agenda et, surtout, passer à l'action sans procrastination (le fait de remettre systématiquement certaines actions au lendemain).

Étape 8 : l'analyse des résultats

On évalue ensuite les résultats concrets des actions entreprises, selon la définition des objectifs fixés initialement. Soit le problème est résolu et l'objectif est atteint de manière satisfaisante, parfois il suffit d'apporter quelques optimisations pratiques ; soit ce n'est pas le cas et on reprend alors le processus à la première étape, en tenant compte des difficultés rencontrées pour reformuler le problème et l'objectif.

L'approche systémique orientée « solutions »

L'école de Palo Alto

L'école de Palo Alto a initié un nouveau courant de thérapies brèves, qui travaille notamment sur les interactions au niveau de systèmes humains, sur les paradoxes dans la communication, sur les perceptions subjectives de la réalité ou encore sur l'accompagnement du changement. L'un des courants les plus innovants est celui dit « centré sur les solutions ».

L'approche centrée sur les solutions

Dans les années 1980, Steve De Shazer et d'autres thérapeutes, comme Bill O'Hanlon ou Insoo Kim Berg, sont à l'origine de l'approche centrée sur les solutions, utilisée en thérapie mais également en coaching comme en conseil aux entreprises.

Des solutions élaborées en « co-construction »

Le client et le consultant orienté « solutions » sont tous deux des experts et « co-construisent » en collaboration les solutions, en intégrant les apports d'autres méthodes. Se donner des retours réguliers sur le processus de changement fait partie intégrante de la méthode.

Les clients possèdent souvent les capacités, les ressources et les forces pour résoudre leurs propres problèmes. Milton Erickson (psychiatre et thérapeute de génie) est considéré comme l'initiateur et le référent de cette approche collaborative, basée sur les compétences.

Rendre plus efficiente l'expérience subjective

L'expérience interne du client est importante : le problème n'est pas seulement alimenté par les actions du client, il l'est aussi par sa vision et ses influences contextuelles, qui peuvent être révélées et modifiées par le langage et l'expérimentation.

Exemple

> « Quel autre point de vue pouvez-vous adopter ? Imaginez comment serait la situation une fois le problème résolu. Quel acte poser maintenant pour entamer le changement ? »

Il ne s'agit donc pas de raisonner en « vrai ou faux » : il est plus efficace de raisonner en termes d'utile et de fonctionnel, ou pas, par rapport à l'objectif.

« Réinventer » la réalité

Le dialogue est régulièrement orienté vers les solutions et sur ce qui est réalisable, ce qui peut être changé.

Exemple

> « Si ce n'est pas cassé, ne réparez pas. Une fois que vous savez ce qui marche, faites-le davantage. Si ça ne marche pas, ne recommencez pas : faites autre chose. »

En quelque sorte, il s'agit de reconsidérer les faits pour élaborer de nouveaux récits créateurs de sens, créant de nouvelles possibilités de vie qui externalisent les problèmes.

Les interventions sont aussi basées sur les exceptions aux problèmes, qui donnent des clés à généraliser à d'autres contextes.

Exemple

> « À partir de ce qui marche par ailleurs, comment alimenter les interactions sources de solutions ? »

Une fois que le changement souhaité, même minime, est amorcé, d'autres changements peuvent survenir plus facilement, par effet boule de neige.

Le changement est permanent : un changement qui survient au niveau d'un élément d'un système ou au niveau d'une relation entre différents éléments aura un effet sur les autres éléments et les relations qui, ensemble, forment le système.

Il s'agit donc, pour le consultant, de souligner et d'amplifier le changement souhaité.

43 *Mieux* gérer son temps

La gestion sereine du temps passe par des déclics, la compréhension de son mode de fonctionnement et des méthodes simples. Avec un entraînement personnalisé, du soutien et des encouragements, les bénéfices ne connaissent pas les frontières travail/maison et rayonnent sur l'entourage.

CONNECTEZ-VOUS !

Témoignage sur comment gagner du temps grâce à la messagerie

Éviter le stress du « tout, tout de suite » par la priorisation

Un « embouteillage » de son emploi du temps est un facteur de stress

La gestion du temps consiste à attribuer les priorités dans son planning : en âme et conscience, en respectant au mieux ses intérêts et ceux de son manager, de son équipe, de ses collègues, des services fonctionnels et opérationnels, de ses clients, fournisseurs et partenaires, de son entreprise…

Le risque d'erreur et l'adaptation de ces priorités dans les situations urgentes qui parasitent un programme donné sont facteurs de stress. La confusion générée par le stress diminue la capacité à prendre des décisions pertinentes sur son emploi du temps ; bref, le cercle est vicieux. Comment s'en sortir ?

Paradoxalement, prendre le temps de se ressourcer

Quand la panique monte face à toutes les tâches à gérer, il est grand temps de sortir, de s'aérer (cinq minutes suffisent), de déconnecter, de souffler, de prendre de la hauteur, afin de revenir et de prendre les décisions rapides et efficaces qui s'imposent.

TÉMOIGNAGE

Terry Tillman, coach : « D'une altitude plus élevée, vous pourrez plus facilement avoir une attitude claire, positive et grande. »

Si la gestion de son temps pose problème sur une durée significative, c'est qu'il est plus que nécessaire de réintroduire des plages de ressourcement dans le planning, de manière structurelle et pérenne.

Repérer les premiers objectifs d'amélioration de sa gestion du temps

Il est incontournable, à ce stade, de relativiser considérablement les exigences (car, dans ces cas-là, tout paraît urgent et important) : savoir prioriser en allant à l'essentiel permet de distinguer l'utile de l'accessoire.

Témoignage (suite)

Terry Tillmann : « Quand quelqu'un dit que mes idées sont simplistes, je lui dis merci. Je sais parfaitement bien comment faire compliqué. Je préfère le simple. Toute vérité est simple. »

Agir pour « épurer » son emploi du temps et respecter ses objectifs prioritaires

Il s'agit ici de supprimer tout ce qui n'est pas essentiel, en commençant par les informations qui « polluent » inutilement sa boîte mail et son poste de travail. Limiter le plus possible les réunions, rendez-vous, entretiens, déplacements, en veillant toujours à respecter ses interlocuteurs, en leur expliquant que ce sont des mesures temporaires ; il est, à ce stade, possible de mesurer avec discernement ce qui peut être délégué. Il s'agit également de négocier fermement ses engagements, leur contenu, leurs délais, afin de pouvoir les respecter, en sachant demander les moyens et l'aide dont on a besoin.

Dès la sortie de crise atteinte, structurer son emploi du temps efficacement

Les premières mesures, nécessaires en période de crise, ne sont pas à recommander sur la durée car, malgré les précautions de communication, elles peuvent nuire, à la longue à la qualité des relations avec ses partenaires professionnels ainsi qu'à la qualité de son travail.

Une fois l'incendie éteint, on peut se réjouir d'être « sorti de la crise », savourer ce premier succès en remerciant son entourage pour sa compréhension et sa participation, puis entamer sans attendre l'étape de structuration de son emploi du temps, afin d'éviter de retomber à nouveau dans des situations inconfortables pour tous.

Harmoniser son temps personnel et son temps professionnel

La bonne gestion de son temps professionnel évite les débordements sur son temps personnel, tandis que l'équilibre de son temps personnel permet de travailler sereinement.

Équilibrer sa roue du temps professionnel

Il est régulièrement nécessaire de prendre un peu de recul sur la répartition de son emploi du temps au travail, en dessinant sa roue du temps professionnel d'après le modèle suivant.

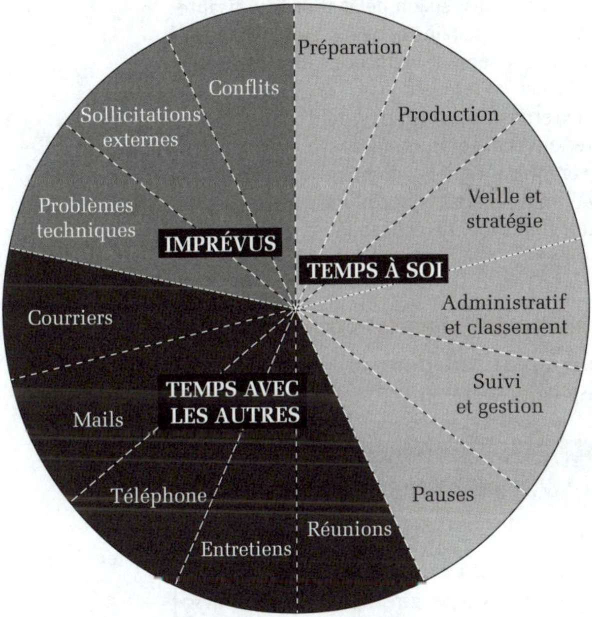

Quels sont les enseignements de cette roue du temps professionnel, en comparant son emploi du temps avec les objectifs de sa fonction ? Quelle part réduire ou augmenter ? Cet avis est-il partagé par son manager ? Quelles sont les décisions à prendre en accord avec lui ? Quel sera le premier petit pas à faire pour atteindre une roue plus équilibrée d'ici six mois à un an ?

Équilibrer sa roue du temps personnel

De la même façon, à chaque fois que l'on en ressent l'utilité, il est opportun de dessiner sa roue du temps personnel, en s'inspirant des sections suivantes : « Famille et enfants », « Couple », « Amis », « Santé », « Loisirs », « Vacances », « Engagements civiques », « Développement personnel », « Logistique de la maison », « Activité professionnelle »…

Optimiser et alléger son emploi du temps

Identifier ses « voleurs de temps »

Chacun peut identifier ses « voleurs de temps », pour ensuite les guetter et les éviter.

Exemple

« Voleurs de temps » internes : indécision et remise à plus tard, manque de priorités et de planification, dispersion, délégation insuffisante, incapacité à dire non, manque de discipline et de rigueur personnelle, déplacements trop fréquents, classement inefficace, fatigue, manque d'information et de compétence...

– « Voleurs de temps » externes : interruptions dont sollicitations, pannes, réunions et entretiens mal gérés, conflits...

– « Voleurs de temps » organisationnels : domaine d'activité trop étendu, charges de travail mal réparties, procédures longues, mauvaise répartition des territoires de responsabilités, stratégies et objectifs qui changent souvent...

Établir ses priorités en fonction de l'urgence et de l'importance

Les priorités se fixent à partir de deux critères, l'importance et l'urgence, d'après la matrice d'Eisenhower :

Non urgent et important	Important et urgent
Tâches non urgentes mais importantes	Tâches importantes et urgentes
Exemple : anticiper sa gestion du temps et du stress en période normale	Exemple : gérer son temps et son stress en « situation extrême »
Non important et non urgent	**Urgent et non important**
Tâches ni importantes ni urgentes	Tâches urgentes mais non importantes
Exemple : un classement d'informations mineures pour une utilisation future à une date indéterminée	Exemple : répondre sur le champ à la demande d'aide d'un collègue portant sur un point mineur

Les quatre cadrans ont une utilité, c'est l'équilibre entre les quatre qu'il s'agit de trouver. Certaines tâches peuvent passer d'un cadran à un autre.

EXEMPLE

Si je n'ai pas préparé à l'avance ma réunion dans le cadran « Non urgent et important », le jour de la réunion, cette préparation glisse automatiquement dans le cadran « Important et urgent ».

Si la plupart de son temps est massivement répartie dans le cadran « Important et urgent », cela revient à « faire le pompier » en permanence. À moins que cela ne corresponde à son métier (dépannage, assistance), le risque est grand d'entrer en zone de stress et de « voler le temps » du cadran « Non urgent et important ».

Pourtant, ce dernier contient les pépites de prévention du stress : mise en place d'outils et de procédures, management, délégation, partenariats, veille, innovations, apprentissage de nouvelles compétences facilitant son évolution de carrière et son épanouissement.

POUR ALLER PLUS LOIN

La matrice d'Eisenhower, p. 273

Apprendre à planifier : équilibre entre rigueur et créativité

D'après le diagramme de Pareto, 20 % du temps produisent 80 % de l'activité et inversement. La planification permet de maximiser ces 20 % de temps en les préservant des interruptions et en y plaçant les priorités déjà hiérarchisées.

Les « grosses mailles » importantes en premier

Au départ, il est conseillé de noter les grandes échéances des mois à venir et de planifier sa semaine et sa journée. Puis de répartir ses différents engagements : réunions, entretiens, production sur ses dossiers, pauses et, enfin, de prévoir en moyenne 30 % pour les imprévus, véritable bouée de « zen attitude ».

Progressivement, chaque nouvelle tâche imprévue rentre dans la logique de planning journalier, reçoit son évaluation « importance/urgence », va se ranger à la bonne place.

Les « fausses » priorités journalières s'intégreront naturellement dans le planning d'un autre jour, d'une autre semaine, en délégation, ou bien… iront à la poubelle.

Réajuster sa planification au quotidien

Une fois les bénéfices de la planification intégrés dans son quotidien, on peut réintroduire de la souplesse et l'adapter selon ses besoins et les variations de charge de travail.

EXEMPLE

Optimiser la gestion de l'information : paradoxalement, alors que chacun consacre énormément de temps à lire des informations papier ou sur ordinateur, peu de temps est prévu pour structurer ces tâches. Répartir les tâches de veille d'information par thèmes, les classer et les répertorier de manière comprise et partagée par tous apporte un grand soulagement à toute l'équipe, en plus de raccourcir considérablement les temps de recherche d'informations.

Gérer son temps avec ses partenaires professionnels

Accorder son temps avec celui des autres

Trop d'interruptions dans un travail qui nécessite une concentration forte sont néfastes à une bonne gestion de son temps et augmentent le niveau de stress. L'équilibre entre se concentrer sur ses tâches et se rendre disponible aux demandes des autres est à réajuster régulièrement en fonction du contexte.

Savoir négocier et dire non

Apprendre à dire non sans culpabilité devient bénéfique pour tous si les formes et le respect sont maintenus.

TÉMOIGNAGE

Henriette, informaticienne : « J'ai pris un imprévu (la participation à une réunion qui aurait pu s'éterniser) mais j'en ai encadré l'impact en limitant le temps accordé à un quart d'heure sur le sujet qui relève de ma compétence. »

Respecter le déroulement de ces étapes favorise l'accueil positif du « non » par son interlocuteur :
- accueillir la demande, écouter les détails et questionner pour obtenir les informations dont on a besoin pour prendre sa décision ;
- reformuler la demande en précisant bien à qui cette tâche est normalement attribuée, son contenu exact, le délai exigé, en précisant l'importance et l'urgence déclarées par le demandeur ;

Exemple

« Si je comprends bien, tu attends de moi que je remplisse le tableau jaune à ta place d'ici 15 h pour ton rendez-vous avec ton client important demain matin ? »

– valider le besoin de son interlocuteur et le comparer à ses propres besoins, son propre agenda des priorités. Estimer si l'on peut (c'est-à-dire si l'on a la compétence et le temps) et si l'on veut dire oui (cela paraît juste), ou si l'on préfère négocier, aider l'autre à chercher une alternative, ou dire non ;
– dire non simplement, sans rentrer dans des justifications, faire silence ou proposer une alternative. Si besoin, (mais attention de ne pas en abuser), négocier la part de la tâche que l'on accepte de prendre ou l'aide que l'on suggère ;
– tenir bon, rester aimable, choisir une seule explication, et l'assurance l'emportera d'elle-même !

Déléguer et organiser le temps de l'équipe

Face à un emploi du temps surchargé et stressant, trois choix sont possibles : faire (en négociant le contenu, les délais et les moyens), déléguer, ou abandonner une tâche non prioritaire. La délégation, au départ entendue dans le sens hiérarchique, peut aussi s'organiser entre partenaires professionnels, en équipe ou en réseau.

Maîtriser le temps des entretiens, du téléphone, des réunions

Un bon manager de son temps respecte ses engagements, en les choisissant au départ avec discernement, puis en veillant à leur bon déroulement.

Témoignage

Irène, informaticienne : « Comme je passe une grande partie de mon temps en réunions, il était primordial pour moi de m'organiser, pour éviter les retards en cascade ! Maintenant, je prépare toutes mes réunions, je détermine avec mes interlocuteurs les heures de début, de fin, l'ordre du jour, j'envoie les documents de travail à l'avance. Cela permet à chacun pendant la réunion d'aller à l'essentiel, de contrôler la bonne avancée de chaque sujet et de partager la responsabilité du temps. »

Ces « règles d'hygiène » sont transposables aux entretiens en face-à-face et au téléphone, qui peuvent être regroupés dans l'emploi du temps de sa journée.

La clef du succès : un plan d'actions personnalisé et vérifié régulièrement

Il semble nécessaire d'adapter ces conseils à sa situation, en tenant compte de ses facteurs de motivation, pour dépasser les contraintes de cet apprentissage et en découvrir tous les bienfaits.

Faire son autodiagnostic

Identifier ses points forts et les axes de développement en gestion du temps, en étant à la fois honnête et généreux vis-à-vis de soi-même, permet de savoir sur quels axes chacun devra concentrer ses efforts.

Se fixer des objectifs à sa mesure

La stratégie la plus conseillée est celle des petits pas progressifs mais, suivant les cas, certains préféreront les grands changements. L'arrivée dans une prise de poste est une bonne période pour donner tout de suite le ton à soi-même et à son nouvel entourage.

Valider ses propres objectifs

Il s'agit de vérifier que ses objectifs sont concrets, précis, visibles, mesurables dans le temps, motivants, réalisables, éthiques, qu'ils dépendent de soi et non d'un miracle extérieur. Se fixer des délais, chercher les ressources personnelles et externes utiles.

Noter ses difficultés et ses succès

Se réjouir de ses succès et réajuster son nouveau plan d'actions. À chacun d'apprivoiser son style plutôt que de vouloir maîtriser son temps.

Vérifier que cela marche pour réajuster et s'encourager

Quand on gère bien son temps, on a le sentiment d'être un bon professionnel. Le soir, on quitte le travail content de sa journée. Quand arrive le week-end ou les vacances, on a le sentiment de l'avoir mérité et d'avoir le droit d'en profiter.

Cet équilibre est à réinventer à chaque changement important.

Une bonne gestion du temps résiste aux coups de vent et aux tempêtes : si l'organisation est suffisante pour la gestion quotidienne mais qu'elle ne résiste pas aux surcharges, on peut de nouveau prendre du recul pour la modifier, en validant si son travail est bien adapté à son projet professionnel et à son mode de fonctionnement.

POUR ALLER PLUS LOIN

La matrice d'Eisenhower

L'histoire de la matrice

Dwight D. Eisenhower (1890-1969) a été nommé en décembre 1943 Commandant suprême des forces expéditionnaires alliées. À ce titre, il a coordonné le débarquement des troupes alliées sur les côtes françaises le 6 juin 1944.

Eisenhower a imaginé sa matrice basée sur les critères d'importance et d'urgence afin d'optimiser l'opération aéronavale la plus gigantesque de l'histoire (5 000 navires, 130000 hommes, 10 000 avions).

Plusieurs initiatives précédentes ayant échoué, le succès de l'opération « Overlord » a reposé en grande partie sur ses préparatifs à la fois immenses et minutieux. Construction de nouveaux types de bateaux, matériels, armes, reconnaissance précise du terrain par avion, renseignements sur les projets de l'ennemi, leurres, rien n'avait été négligé.

Son mode d'utilisation sous stress

Il a organisé le plan d'actions en se basant sur la matrice, mise à jour en permanence avec le jour J en « Important/Non urgent ». À l'approche des événements, la tension était donc due au risque de l'événement qu'il dirigeait plutôt qu'au stress de l'organisation du débarquement lui-même, qui avait été piloté aussi sereinement que possible grâce à une gestion du temps et des priorités simple mais exemplaire.

44 *Organiser* sa journée pour diminuer son stress

Rien ne remplacera une démarche de fond, aussi bien sur les facteurs de stress organisationnels que sur les méthodes de gestion personnelle du stress. Cependant, il est pertinent d'organiser sa journée au travail pour qu'elle soit moins stressante grâce à quelques aménagements et astuces simples, à mettre en place quand cela est possible.

CONNECTEZ-VOUS !

Astuces pour les mères de famille après une journée de travail stressante

S'organiser pour réduire le stress

Chacun s'est forgé, au fil des ans, ses techniques pour réduire son stress. On peut se les rappeler en se posant la question : « Quels sont mes grands et petits trucs que je peux appliquer au travail et ailleurs ? » Prendre un carnet et les noter : on est vite étonné du nombre de ressources à sa disposition, auxquelles on ne pense pas sous stress.

EXEMPLE

Sa façon de rassurer ses collaborateurs que l'on peut s'appliquer à soi-même, ou bien un bon bain chaud au lieu de lire ses mails le soir !

Bien démarrer la journée

Il vaut mieux se réveiller 15 minutes en avance qu'en retard, pour pouvoir se préparer à son rythme au lieu de démarrer sur les chapeaux de roue et que la journée ne soit qu'une course incessante. On peut démarrer la journée du bon pied en prenant le temps de petit-déjeuner tranquillement au lieu de lutter contre la montre le ventre vide.

Pour se sentir bien, faire quelques exercices d'assouplissement, profiter des sensations agréables de la douche, échanger un peu d'affection avec sa famille au lieu de hurler sur tout le monde, utiliser le temps des transports pour relâcher les tensions corporelles inutiles au lieu de courir après le bus ou de s'énerver en voiture…

Des vêtements et des chaussures confortables sont préférables quand c'est possible.

Pour les citadins, prendre le métro ou le bus, marcher davantage est préférable à la voiture pour inclure un peu d'exercice physique dans son quotidien.

Rendre plus convivial son poste de travail

L'idéal est de disposer d'un poste de travail pensé de façon ergonomique, ne générant pas de tensions musculaires inadaptées ou autres nuisances. Si on travaille en open space, les semi-cloisons diminuent les bruits parasites mais aussi les perturbations visuelles.

Dans la plupart des entreprises, on peut faire entrer un peu de ses vacances, de ses bons moments, de sa famille sur son lieu de travail : un petit souvenir comme un objet, un dessin ou des photos, sur soi ou sur son bureau, permettront de s'y sentir un peu mieux et d'y revenir comme un point d'ancrage personnel. Personnaliser, quand on le peut, son fond d'écran d'ordinateur et son écran de veille pour qu'il déroule un diaporama d'instants réconfortants et chaleureux est un bon moyen d'humaniser un peu son ordinateur.

Les décorations, petites pierres, petites plantes vertes ou fleurs sont une façon de rester en contact avec la nature ou ses univers apaisants, comme la tendance « Feng Shui » : fonctionnels et épurés pour les uns, créatifs et colorés pour les autres.

Les huiles essentielles diffusent des senteurs agréables, relaxantes ou stimulantes en fonction du besoin.

Recenser ce qui permet d'améliorer la convivialité entre collègues

Un blog interne ludique, des friandises à partager, de quoi fêter l'anniversaire ou la promotion d'un collègue (sans alcool !)… font partie de ces petits gestes qui contribuent à une ambiance agréable, tout en restant professionnelle et studieuse.

Offrir un peu d'écoute, d'empathie, de soutien, un sourire, un mot d'humour sans ironie, une attention personnalisée, un remerciement ou un compliment sincère ne coûte rien mais apporte beaucoup. C'est aussi la meilleure façon d'en recevoir en retour et surtout de détendre l'atmosphère.

Faire « comme Untel »

Il est instructif d'observer le comportement de personnes naturellement calmes et sereines, surtout si on ne l'est pas soi-même et qu'on souhaite en changer : comment elles se tiennent, comment leurs muscles semblent détendus, comment leur voix se pose en semblant prendre tout l'espace et le temps nécessaires. En choisissant d'adopter pendant quelque temps leurs façons de penser, de parler, de se mouvoir dans l'espace, de se tenir et d'agir, on arrive à s'approprier des éléments de cette façon d'être : c'est le principe de l'apprentissage social d'Albert Bandura, psychologue canadien. « *Fake it 'till you make it* » (« faites semblant de le faire jusqu'à ce que vous le fassiez vraiment »), disent les Anglo-Saxons.

Ensuite, il s'agit plus de s'inspirer de ces apprentissages en les personnalisant que de continuer à les recopier.

Agir avec efficacité à son poste de travail

On peut lire beaucoup et réfléchir longtemps... Pour avancer, il suffit de décider de passer à l'action : poser un premier acte dès aujourd'hui, par exemple en réalisant tel ou tel exercice chaque jour, et continuer sur cette lancée au moins cinq minutes tous les jours.

Organiser son bureau

Le désordre désorganise, fait perdre du temps et génère du stress : utiliser sa corbeille à papier dès que possible ! Garder son bureau le plus dégagé possible : faire le vide sur son bureau ou à son poste de travail aide à faire le vide dans sa tête, donne de l'espace et une sensation de liberté, au lieu de culpabiliser devant les montagnes de dossiers à traiter... Sauf pour ceux qui se sentent plus productifs par un « désordre organisé et créatif », qu'ils ont délibérément choisi.

Traiter les tâches et les documents qui arrivent au lieu de les laisser s'amonceler

Passer son temps à faire des listes de choses à faire, puis à faire des listes de listes fait souvent perdre du temps : remettre ce qui peut être fait le jour même au lendemain ne fait pas avancer les dossiers, mais augmente le stress et le travail à fournir plus tard. Il est parfois utile d'opter pour le principe de « l'action immédiate ».

EXEMPLE

À la lecture d'un document ou d'un mail, décider d'une petite action, au lieu de le lire puis de ne rien en faire et d'avoir à le relire de nouveau une semaine plus tard. Le traiter immédiatement ou déterminer la date précise de traitement, indiquer un suivi comme une information complémentaire que l'on demande, pour relance ultérieure.

Faire simple, notamment avec les outils de communication

À chaque fois que c'est possible, alléger les procédures et se simplifier la vie.

Les outils de communication sont des sources de stress, mais peuvent aussi servir à gérer le stress et le temps : couper son téléphone quand c'est nécessaire met à profit le filtrage du répondeur, la boîte aux lettres électronique sert à recevoir les courriels sans avoir à les vérifier toutes les deux minutes mais à les traiter d'un coup au moment opportun, le téléphone évite d'avoir à perdre du temps dans une file d'attente…

Une chose à la fois

Quand les tâches s'accumulent, tout faire en même temps est rarement productif.

Faire une chose à la fois, en se concentrant, permet à l'esprit de se désencombrer.

Prévenir plutôt que guérir

C'est vrai pour la santé, mais aussi pour toutes les tâches à son travail, le matériel que l'on utilise type informatique…

EXEMPLE

Veiller à la bonne exécution des stratégies de sauvegarde de ses données informatiques permet de rentrer chez soi plus serein, au lieu d'être dépourvu en cas de panne.

Au lieu de n'avoir qu'une politique du résultat immédiat, se donner du temps pour la prévention permet une meilleure efficacité sur la durée.

EXEMPLE

Prendre du temps pour intégrer de nouveaux outils de travail, personnaliser ses logiciels et documents, puis former ses collaborateurs permet ensuite à tout le monde de gagner du temps.

Maintenir le stress à un niveau acceptable

Marquer une pause

Quand on passe son temps à « zapper », on se met soi-même dans une agitation constante et improductive. Quand l'agitation est forte, au lieu d'accélérer encore le rythme, il est préférable de ralentir ou de marquer un instant de pause, un « stop » intérieur, pour prendre conscience du calme que l'on peut faire, autour de soi et en soi. Écouter ce silence intérieur un instant : cela permet de se recentrer sur l'essentiel et d'être plus efficace ensuite.

Les mini-pauses de 5 minutes ou 30 secondes

Au lieu de laisser le stress monter tout au long de la journée, il est recommandé de réaliser de temps en temps de brèves pauses de relaxation afin de faire le vide en soi, de se concentrer sur ses sensations corporelles et sa respiration abdominale lente, de relâcher chaque tension corporelle de la tête aux pieds, en conscience. Trente secondes à cinq minutes toutes les heures ou toutes les deux heures suffisent à une meilleure concentration, à une meilleure mémorisation, à un regain d'énergie, à une meilleure gestion de son temps ensuite : c'est un moment de récupération et de baisse du stress, que l'on peut pratiquer entre deux tâches et, bien sûr, dès que les sensations de tension et les émotions comme l'anxiété ou la colère sont ressenties. Être à l'écoute de son corps permet de le respecter et de récupérer à temps.

C'est toute la journée qui se vit avec moins de stress, mais c'est aussi une moindre fatigue en fin de journée et une très bonne façon de prévenir les manifestations somatiques plus lourdes.

Relaxation flash en 15 secondes

Si le temps manque pour une vraie pause, faire une relaxation flash en 15 secondes : tendre puis détendre lentement ses épaules ou simplement sa langue en se concentrant sur les sensations de relâchement peut suffire pour propager ce flux de détente à tout son corps.

POUR ALLER PLUS LOIN

Exercices de détente sur le lieu de travail, p. 281

Durant la journée : se ménager du temps

S'autoriser de petits moments pour ne rien faire ou pour ralentir ponctuellement le rythme : en ralentissant légèrement son rythme respiratoire, ses mouvements, on reprend conscience des actions exécutées de façon machinale et des sensations, ce qui déconnecte du stress.

Il est judicieux de limiter sa consommation de café, par exemple, surtout en fin d'après-midi.

La pause déjeuner : un repas équilibré pris assis

Plutôt que de manger une pizza tout en travaillant ou un sandwich en marchant, ce qui instaure des mécanismes de compensation, il est vivement indiqué par les nutritionnistes de prendre le temps de faire un vrai repas équilibré, avec fruits et légumes qui apportent des vitamines favorisant une bonne santé et une meilleure résistance au stress. La pause déjeuner peut s'envisager comme un moment de récupération plaisant. Quand on mâche lentement, on prend le temps de mieux goûter les aliments, ce qui permet de prendre plus de plaisir en mangeant moins ; la digestion est favorisée.

Utiliser la lumière du jour

Certains parlent de « luminothérapie » : sortir marcher au soleil au lieu de rester sur son lieu de travail à midi et, encore mieux, faire un tour dans un jardin, un parc ou simplement dans le quartier est aussi un bon antistress naturel, qui fait du bien au moral. Quand le stress et l'émotion rendent improductif, il vaut mieux aller marcher 15 minutes, respirer de l'oxygène et se défouler physiquement, pour revenir les idées claires et le corps apaisé.

Une sieste ?

Il n'est pas aisé de faire une petite sieste au bureau, mais si on en a la possibilité, faire un somme de 20 minutes, voire de quelques minutes, est très régénérant. On peut pratiquer une micro-sieste assis, en gardant les yeux ouverts sur un document : en fixant les mêmes zones sans bouger, le regard finit par devenir flou au bout de quelques instants, ce qui génère un état de demi-sommeil régénérant. Pour être sûr de se réveiller rapidement, il suffit de garder un objet en main qui, en faisant du bruit en tombant, provoquera le réveil.

Quelques entreprises innovantes commencent à aménager des espaces pour de brèves siestes d'après-repas.

La fin de journée : un sas vers le retour à la maison

En fin de journée, il est bénéfique de prendre un instant pour prendre conscience de tout ce qui a déjà été fait et s'en féliciter. Il est préférable de noter par écrit d'éventuels tracas pour les traiter le lendemain au lieu de se charger l'esprit : on les laisse au travail, bien enfermés dans les locaux professionnels !

Utiliser le temps de retour comme un sas de décompression : marcher, faire du lèche-vitrines…

Préserver ses engagements personnels et ses loisirs

Il vaut mieux se fixer une limite de temps et s'y tenir. Plus on préserve ses activités extraprofessionnelles et ses moments de ressourcement, mieux on résiste au stress ! Après un travail difficile, un stress, un challenge relevé, s'autoriser un petit plaisir : après l'effort, le réconfort.

Exemple

Chacun ses préférences pour se détendre après le travail, quand on peut se le permettre :
– exercice physique modéré ou sport ;
– yoga, taï-chi ou un instant de relaxation-méditation, pour faire le vide en soi ;
– danse, chant, lecture et autres activités créatives, ludiques, caritatives, voire spirituelles ;
– un bon bain chaud aux huiles essentielles, un massage, un soin corporel ;
– un moment de convivialité entre amis ;
– jouer avec ses enfants, les aider à apprendre et à grandir ;
– une sortie (cinéma, théâtre, restaurant…), un repas léger ;
– etc.

Ces exemples, à personnaliser, sont classiques mais efficaces pour réduire des tensions modérées passagères, si ces activités sont choisies selon ses besoins.

Le sommeil, meilleur allié antistress

Le sommeil est l'allié incontournable pour restaurer ses facultés de résistance au stress. Il est préférable d'éviter le sport, les activités stimulantes ou anxiogènes juste avant de dormir.

Exemple

Éviter de passer son temps devant les informations si on est anxieux : leur préférer des activités apaisantes en fin de soirée.

Exercices de détente sur le lieu de travail

Recycler ses pratiques
Il peut être astucieux de mettre à profit certains exercices de gymnastique, de stretching ou autres techniques corporelles simples que l'on connaît, durant les moments de pause : il suffit de quelques étirements et assouplissements brefs pour soulager les tensions musculaires qui s'accumulent... Comme un chat qui s'étire.

Automassages
L'automassage du visage, des mains, de la nuque, de la plante des pieds apporte une détente très appréciable de zones musculaires parfois tendues, comme le fait une petite balle à faire rouler sous les pieds. Doux effleurements ou pétrissages profonds, à chacun ses préférences !

Objet antistress
Certaines personnes apprécient le toucher d'un objet personnel: pierre ronde, matière soyeuse... En fermant les yeux et en se concentrant sur leurs sensations, ils font baisser l'intensité des émotions liées au stress.

Musique !
Pendant sa pause, écouter une musique relaxante ou dynamisante permet de repartir du bon pied.

Du bruit ?
Le bruit de fond est parfois gênant. Inversement, écouter et accueillir sans jugement toutes les sonorités environnantes permet de se laisser « bercer » quelques instants, le temps d'une pause.

Le silence est d'or
Il y a un moment de silence ? L'écouter attentivement, comme une musique harmonieuse, apaise et clarifie l'esprit.

Rire, sans modération
Dès que l'occasion s'en présente, ne pas hésiter à rire de bon cœur: les bienfaits sur le stress, le corps et l'esprit sont très nombreux.

45 *Être* plus serein au travail

Comment apprendre à relativiser ses soucis professionnels au quotidien ? Parallèlement aux indispensables méthodes organisationnelles de prévention du stress, au niveau du collectif comme de l'individuel, il peut être utile de se rappeler quelques conseils de bon sens, sagesses millénaires ou philosophies en action qui facilitent la vie au bureau de tout un chacun.

Connectez-vous !
Témoignage

L'approche zen

Une philosophie

Même pour ceux qui ne pratiquent pas la méditation zen, dont les bénéfices pour la santé ont été démontrés scientifiquement, s'inspirer de cette philosophie dans son quotidien change profondément son rapport aux sources de stress.

Se dissocier du tracas

« Vous n'êtes ni vos problèmes ni vos pensées » : se dissocier de ses tracas et les considérer comme des tâches extérieures à soi, à traiter la tête froide, permet de préserver son espace intérieur. « Quand des pensées négatives obscurcissent votre horizon, asseyez-vous et observez, sans les juger, ces pensées comme des nuages, qui passent dans le ciel, jusqu'à disparaître… » L'esprit apaisé permet de mieux agir ensuite.

Faire comme si c'était la première fois

Cette façon d'aborder le monde est l'un des piliers de la phénoménologie existentielle, courant philosophique inspirant certaines voies thérapeutiques. En portant un regard nouveau sur son travail, comme le ferait un enfant s'émerveillant de choses nouvelles, on peut le concevoir différemment et y redécouvrir des avantages oubliés… Peut-être aussi rompre la monotonie de certaines habitudes poussiéreuses et faire les choses d'une façon nouvelle et entraînante !

L'état de pleine conscience, ou être zen dans l'action

La méthode « *Mindfulness* » (voir fiche 6) aide à vivre sereinement dans son « ici et maintenant », au lieu de ressasser le passé douloureux ou culpabilisant, ou d'anticiper négativement l'avenir, ce qui fait monter stress et anxiété. D'une certaine façon, le passé n'existe plus, l'avenir pas encore, alors que le présent ne s'arrête jamais… Alors pourquoi ne pas s'y concentrer ? On ne peut agir que dans le présent.

Voici une bonne question à se poser, selon Eckhart Tolle (2001) : « Ici et maintenant, quel est mon problème ? Pas dans trois semaines ni dans deux minutes, mais là, tout de suite ? »

Dans l'immense majorité des cas au travail, il n'y a pas de problème vraiment sérieux dans l'instant immédiat, donc autant ne pas se gâcher le moment que l'on vit par anticipation !

Et en cas de problème ?

S'il y a effectivement problème, autant le traiter : soit on peut agir pour le régler, soit on ne peut pas. Dans ce cas, plutôt que le déni, l'acceptation de la réalité est encore la meilleure façon de réagir, au lieu de se faire du mal à lutter inutilement : « Ce qui est, est. » Ceci est parfaitement illustré par la devise des alcooliques anonymes, d'inspiration stoïcienne : « Seigneur, donne-moi la force de changer ce que je peux changer, la sagesse d'accepter ce que je ne peux changer et la lucidité de savoir distinguer l'un de l'autre »… Ou comment allier action et lâcher prise, ou encore efficacité et niveau de stress acceptable.

Protéger son écologie intérieure

Protéger son écologie intérieure de toutes les agressions extérieures et autres tracas quotidiens, c'est prendre du recul sur les agitations inutiles : cultiver régulièrement son « sourire intérieur », comme disent les Chinois.

EXEMPLE

Eckhart Tolle emploie une métaphore océanique : « Soyez comme une mer profonde : les soucis peuvent bien agiter le va-et-vient des vagues superficielles, mais ne les laissez pas perturber votre être profond, il vaut mieux que cela. »

Les cinq « lâcher prise zen » menant à la sérénité

En psychologie, certaines façons de voir le monde, les événements, les autres et soi sont appelées des « croyances ». Croire que l'on ne sera accepté par les autres que si l'on est parfait ou que l'on ne peut réussir qu'en contrôlant tout et tout le monde, par exemple, est un facteur majeur de stress. Certaines acceptations, ou « lâcher prise » dans les philosophies indiennes, assouplissent ces véritables diktats intérieurs et réduisent significativement le stress, quand elles sont intégrées dans son rapport au monde.

Lâcher prise d'attentes irréalistes ou incertaines

Il s'agit de se fixer des objectifs réalistes pour mieux diriger son énergie sur les possibilités qui s'offrent à soi. On peut reprendre le pouvoir en se fixant des limites claires et en choisissant soi-même ses objectifs et contraintes supportables, au lieu de laisser ce choix uniquement dans les mains des autres. Au lieu de se laisser dicter l'inacceptable, on peut refuser ce qui nuit à sa santé.

S'accepter avec ses qualités, ses imperfections et ses limites renforce la confiance en soi et permet d'oser dire non aux demandes irréalistes ou génératrices de mal-être, contraires à ses besoins et à ses valeurs.

Lâcher prise du jugement incessant sur tout et sur soi-même

Tout étiqueter et tout juger enferme, réduit à outrance, culpabilise, met une pression maximale et fait souffrir. Plutôt que de raisonner en « bien ou mal », il est plus productif de raisonner en « utile, adapté et efficace ou pas » par rapport à ses objectifs. Accepter les nuances de la réalité des choses plutôt que tout voir en « tout blanc ou tout noir » permet d'en tirer le meilleur parti.

Lâcher prise du regard et du jugement d'autrui, également !

Lâcher prise de sa culpabilité

« En lâchant les fardeaux du passé, comme de vieilles valises trop lourdes, on peut ouvrir ses mains pour accueillir les cadeaux du présent », selon les maîtres zen. C'est la meilleure façon d'arrêter l'« autoflagellation » improductive et douloureuse, et de commencer à apprécier pleinement son quotidien.

Témoignage

Édouard, 52 ans : « Pendant des années, je me sentais régulièrement coupable et stressé. Tout était grave, tout était un problème pour moi. Heureusement, une psychothérapie m'a appris à ne plus tout prendre trop au sérieux, à me dire avec le sourire : "Et puis, après ? Ce n'est pas trop grave ? Alors... Je m'en fiche gentiment !" »

Lâcher prise du perfectionnisme

La perfection n'est pas de ce monde, se concentrer plutôt sur ce qui est possible pour le faire au mieux. S'interdire le moindre droit à l'erreur augmente significativement le niveau de stress. Prendre conscience de ce qui a déjà été fait redonne confiance, là où l'obsession de la perfection génère de la frustration. On peut alors s'autoriser à fêter ses réussites et y puiser estime de soi comme motivation.

Lâcher prise de l'hypercontrôle

Accepter que l'on ne peut pas tout maîtriser tout le temps ni tout contrôler permet de faire la paix avec les événements, avec les autres comme avec soi-même. La confiance peut alors s'instaurer, on peut déléguer au lieu de craquer sous la surcharge de travail, on peut s'ouvrir aux opportunités et aux bonnes surprises de l'inattendu.

Pour aller plus loin

Comment concilier lâcher prise et objectifs ?, p. 289

Penser et agir positivement

Certaines façons de penser réduisent la pression intérieure, la culpabilité, le découragement et l'inhibition.

Positiver efficacement

Se dire systématiquement : « Il faut que je fasse ceci, je dois faire cela... » est la meilleure façon de s'infliger une pression maximale. Ces formules sont avantageusement remplacées par : « Je choisis de faire ceci, je peux faire comme cela, j'apprécie de procéder ainsi »...

Formuler positivement

Une formulation négative met l'accent sur les fermetures et favorise les interprétations pessimistes. Tout en désignant les mêmes faits, il est utile de la reformuler par son équivalent positif, qui ouvre des possibilités et redonne espoir. Ce n'est pas du « politiquement correct » ni de l'optimisme béat, les formulations positives et négatives étant toutes deux réalistes : ces modes de pensée augmentent le stress ou, au contraire, remotivent par une prise de conscience concrète de ses capacités et de ses droits.

EXEMPLE

– « Je pense que je vais échouer. » ≠ « J'ai une chance de réussir : j'en suis capable. Je vais donc tout faire pour réussir. » Dans le premier cas, on baisse les bras ; dans l'autre, on se mobilise pour saisir cette chance.

– « Dans cinq jours, le travail reprend. » ≠ « Nous avons encore cinq jours de vacances. » Dans un cas, on se dit : « Quelle galère ! » et on pense aux aspects les plus sombres du travail qui va reprendre. Dans l'autre, on se dit qu'on va en profiter d'autant mieux.

– « Je devrais acheter cette option en plus. » ≠ « Je suis libre de la prendre quand je veux. » Reformuler positivement arrive à changer les sensations éprouvées dans les situations difficiles.

– « Il est toujours manquant. » ≠ « Il n'est pas encore présent. » L'un prépare la critique, l'autre préserve l'espoir.

– « Je ne vois que des problèmes. » ≠ « Je cherche des solutions. »

– « Je dois prendre sur moi et souffrir en silence pour garder ma place. » ≠ « J'ai le droit d'être respecté, d'affirmer mon point de vue et de m'accomplir au travail. »

– « Ce dossier doit être rendu avant trois jours. » ≠ « Nous avons encore trois jours pour préparer ce dossier. »

– Et le plus connu : « Le verre est à moitié vide. » ≠ « Il est à moitié plein. » Dans un cas, on se focalise sur ce qui manque, sur du vide, sur quelque chose qui restera peut-être illusoire. Dans l'autre, on se concentre sur ce qui est bien présent ou vivant, sur ce dont on peut profiter maintenant, sur ce qui donne espoir et remobilise.

Focaliser son attention et s'orienter sur les solutions

Quand on est submergé par le stress, voici des pistes pour dépasser les attitudes négatives et se focaliser sur les solutions.

Noter les émotions et les solutions

Avoir sur soi ou à portée de main un petit carnet ou son agenda électronique : noter ses émotions, les difficultés telles qu'elles sont vécues, ce qui transforme les « maux en mots ».

Noter à côté, dans un deuxième temps, les stratégies alternatives et les solutions envisageables, découpées en petites étapes faciles à réaliser.

À chaque problème, sa solution : « Après la pluie, le beau temps. »

Utiliser la fin du carnet en partant de la dernière page: réserver cet espace à sa bibliothèque personnelle de « ressources actives »: écrire ses stratégies et ressources à disposition, ses qualités, ses compétences, ses bons souvenirs, ses exercices préférés, ses expériences réussies avec brio, ses progrès, pour les compléter et s'y ressourcer régulièrement.

Se poser des questions simples

Des questions simples à se poser régulièrement modifient ses perceptions stressantes :
– « Cet événement stressant est-il réellement grave? Fait-il réellement partie de mes priorités dans la vie? Mérite-il que je gâche le reste de mon horizon pour lui ? »
– « Que puis-je trouver de positif dans ce que je suis en train de vivre ? »
– « Comment verrai-je cet événement dans un an ? dans dix ans ? »
– « Comment puis-je exploiter au mieux ce qui arrive? Comment en faire une ressource, un apprentissage utile et m'en servir pour devenir plus fort ? »

Communiquer avec l'extérieur

Il faut éviter de porter seul le fardeau: communiquer avec ses collègues, se faire soutenir par ses amis et sa famille, exprimer ses besoins et formuler des demandes claires aux personnes concernées sont des démarches très préférables à l'enfermement dans la solitude qui fait subir le pire en silence.

Jouer le rôle de son meilleur soutien

Quels conseils et soutien donnerait-on à un ami dans cette situation? Se considérer comme son meilleur ami, qu'on accepte et apprécie tel qu'il est, que l'on traite avec douceur et compréhension, apporte une aide et des pistes inespérées.

S'attacher au bien-être et favoriser les émotions positives

La quiétude ne s'achète pas au distributeur automatique, mais se cultive par un choix volontaire. Porter attention, parler autour de soi de bien-être, de calme, de gratitude, d'accomplissement, de générosité, de sérénité, de sources d'espoir, d'harmonie, de satisfaction, de joie, d'humour, de beauté et de bonheur… Plus souvent on connaît ces états de grâce, mieux on se sent et mieux se porte sa santé !

Favoriser, autant que faire se peut, échanges humains et activités qui font vivre ces émotions positives.

Témoignage

Steve de Shazer, fondateur de l'approche des thérapies brèves orientées « solutions », recommande cette prescription dite « universelle » : « Observez attentivement ce que qui se passe dans votre vie que vous voulez voir continuer de se produire. » Ce peut être la convivialité de certains collègues de travail, certains aspects ou moments de sa vie personnelle ou professionnelle, ou même un simple rayon de soleil au printemps... Réaliser cette prescription régulièrement est d'une grande efficacité pour améliorer son bien-être.

Tous les soirs : noter cinq moments

Selon certains psychologues, noter tous les soirs cinq moments de la journée qui ont apporté de la satisfaction et des émotions positives (comme du plaisir, du bien-être, des échanges affectueux, de l'accomplissement, du calme…) et se faire un compliment par jour est l'un des plus simples moyens d'être plus heureux et de renforcer sa résistance au stress !

Quelques sagesses vont dans ce sens :

– « Qui est vraiment riche ? Celui qui se réjouit de son lot. » (« Maximes des pères », rédigées il y a deux mille ans)

– « Le bonheur n'est pas une destination, mais une trajectoire. » (Maxime bouddhiste)

– « J'ai décidé d'être heureux parce que c'est bon pour la santé. » (Voltaire)

– « Être pessimiste est une perte de temps. Les optimistes et les pessimistes meurent de la même façon, mais vivent différemment… Alors pourquoi vivre pessimiste ? » (Shimon Peres)

Comment concilier lâcher prise et objectifs ?

Un paradoxe devenu courant aujourd'hui : le manager stressé et stressant, pressurisé par des objectifs trop élevés, qui se retrouve le week-end à une séance de taï-chi ou de méditation indienne pour décompresser et lâcher prise.

À moins de devenir schizophrène, comment concilier, dans le même temps, poursuite effrénée d'objectifs concrets et ambitieux, et ce fameux lâcher prise qui, disent les connaisseurs, permet de vivre pleinement l'instant présent, sans stress ?

Témoignage

Thomas, à la fois responsable commercial dynamique et pratiquant zen à ses heures : « Les objectifs sont une nécessité, ils donnent une direction à l'action, ils mobilisent les ressources collectives. De l'extérieur, tout donne à penser que mes objectifs sont vraiment importants : quand je fais quelque chose à un moment donné, je le fais complètement, comme si rien d'autre n'importait à ce moment. En réalité, l'objectif en tant que tel ne m'obsède pas : il est une boussole. C'est comme un score à atteindre dans un jeu : c'est un stimulant. Mais seul compte ce que je suis en train de faire maintenant, c'est dans le présent que je m'épanouis au travail, pas dans un futur hypothétique. »

Et au niveau psychologique ?

Témoignage (suite)

Thomas : « En donnant le meilleur de moi-même ici et maintenant, quel que soit le résultat finalement, ce dernier ne me culpabilise plus : j'ai la grande satisfaction du travail bien fait, je ne me sens plus esclave du résultat. Je ne vis plus dans l'angoisse permanente du "chiffre à réaliser", angoisse dont les résultats eux-mêmes finissent par payer le contrecoup. »

Et au niveau des résultats ?

Témoignage (suite)

Thomas : « Je peux ne pas atteindre complètement mes résultats, mais le plus souvent, je les dépasse : ils sont plus réguliers car mon implication est constante, et finalement plus élevés en moyenne. Mes clients aussi apprécient davantage notre relation, qui a gagné en qualité à mesure que j'apprenais à lâcher prise de l'objectif "pour l'objectif" ! »

46 *Réguler* ses émotions

Gérer son stress, à un niveau individuel, revient souvent à réguler les émotions associées aux situations stressantes ainsi que les frustrations liées à ses besoins de reconnaissance. Plutôt qu'étouffer ou laisser exploser ses émotions, comment les canaliser en entreprise ?

CONNECTEZ-VOUS !

Comment un sentiment peut en cacher un autre ?

Développer son intelligence émotionnelle

Les émotions font partie de la vie, y compris professionnelle

Certaines anciennes conceptions du professionnalisme exigeaient qu'on « laisse ses sentiments et problèmes personnels à la porte du bureau le matin en arrivant ». Et maintenant, on dit l'inverse : « Apprenez à ne pas rapporter les problèmes du boulot le soir en rentrant à la maison. » Ces « injonctions sociales » témoignent bien du fait qu'il est difficile de dissocier émotions vécues dans la sphère personnelle et émotions vécues sur le lieu de travail. De plus, la tendance à la multiplication des contacts directs avec les clients, partenaires, collègues augmente les occasions d'activer ses émotions et son stress.

Certes, il ne faut pas se laisser submerger par ses émotions, afin que cela ne perturbe pas son travail, ni celui des autres. Mais un monde « inhumain » rempli d'« ordinateurs ambulants » centrés uniquement sur des informations factuelles est irréaliste et peu motivant. Car la motivation passe par la zone affective, et donc les émotions !

EXEMPLE

Émotions positives, signes de motivation : tous les sentiments proches de l'émotion : joie, enthousiasme, passion, énergie, convivialité...

Accepter de ressentir joie, tristesse, colère, peur

À partir d'émotions bien identifiées comme la joie, la tristesse, la colère, la peur, se décline une palette riche et nuancée de sentiments variés. Le stress lié au travail renforce l'émotion « peur ». Or, peu de personnes acceptent de reconnaître cette émotion, signe de vulnérabilité dangereux à révéler. Elles se « cuirassent » en se défendant de la ressentir ou elles la ressentent mais font tout pour ne pas la montrer, ce qui entraîne d'autres comportements dérivés, comme l'agressivité, par exemple.

Les « Sois fort » (voir fiche 14) vivent avec la croyance qu'il est interdit de ressentir et de montrer ses émotions, qu'il faut continuer à serrer les dents et avancer. Les sentiments parasites viennent compliquer la donne, en remplaçant un vrai sentiment par un autre, plus accepté par l'environnement social.

EXEMPLE

Un individu peut masquer une culpabilité par un sentiment de colère, tandis qu'un autre peut masquer sa colère par un sentiment d'incompétence, peur de ne pas être à la hauteur.

POUR ALLER PLUS LOIN

La technique en six points pour réguler ses émotions, p. 293

Émotions et signes de reconnaissance

Être attentif aux signes de reconnaissance que l'on échange

Le stress activé par la frustration d'un besoin non satisfait finit par brouiller la réalité, envahie par les émotions. Claude Steiner, psychothérapeute, décrit les mécanismes des signes de reconnaissance :
- ils peuvent être positifs (un compliment) ou négatifs (une critique, une attaque) ;
- ils peuvent être physiques (une bourrade amicale) ou verbaux (un remerciement) ;
- ils peuvent dépendre de critères dits « conditionnels », comme la performance d'un individu (« Ce tableau est conforme au cahier des charges » ou « Il y a une erreur page 4 »), ou bien porter des appréciations sur les personnes, dites « inconditionnelles » (« Vous êtes un collaborateur sur qui on peut compter » ou bien « Vous êtes nul ! »).

Certains individus préfèrent les signes de reconnaissance conditionnels, qui sanctionnent les résultats de leur travail, tandis que d'autres préfèrent les retours sur leur personne, les efforts mis en jeu, les moyens utilisés.

L'ignorance étant pire que tout, il arrive que des individus déçus de ne pas recevoir de signes de reconnaissance positifs se mettent, parfois sans en avoir vraiment conscience, dans des situations difficiles avec leurs interlocuteurs afin d'obtenir des signes de reconnaissance négatifs et se prouver qu'ils existent. Ils se mettent ainsi sous stress et stressent leur entourage, qui se sent pris dans une répétition permanente de situation.

Exemple

Certaines personnes semblent parfois chercher à faire « des histoires pour un rien » et attirent l'attention de l'équipe, alors qu'en réalité, elles ont besoin d'être acceptées par le groupe et rassurées sur leur valeur.

S'accorder des signes de reconnaissance

Chaque individu attend des autres des signes de reconnaissance : du manager, des clients, des collaborateurs, des collègues... L'attente non comblée ravive des émotions douloureuses. Pourtant, Claude Steiner rappelle qu'il est possible :

– de donner des signes de reconnaissance aux autres : plus on donne, plus on reçoit, non pas de manière automatique et forcée, mais un compliment fait authentiquement donnera envie à l'interlocuteur de retourner la pareille ;
– d'en recevoir : parfois, l'entourage donne des signes de reconnaissance mais on ne les voit pas si l'on est trop désabusé, désenchanté. Apprendre à les détecter et à les reconnaître permet de diminuer ses émotions négatives ;
– d'en demander : après tout, qu'est-ce qui empêche d'en demander ? Pour savoir ce que pensent les autres de son travail ou de son comportement et permettre de se situer. Cela diminue l'anxiété liée à l'incertitude ;
– d'en refuser : refuser des signes de reconnaissance permet de prendre du recul avec des critiques qui ne semblent pas fondées. Dans ce cas, on demande : « Explique-moi avec des exemples ce qui t'a gêné dans mon comportement si tu veux que je le modifie » ;
– de s'en donner à soi-même : apprendre à s'en donner à soi-même (comme se féliciter d'un travail bien fait, d'une bonne idée) permet d'être moins « dépendant » des signes de reconnaissance provenant des autres. Cela augmente l'estime de soi, facteur de résistance au stress.

La technique en six points pour réguler ses émotions

Cette technique permet, par six étapes successives, de faire baisser l'intensité de l'émotion pour mieux la comprendre et la canaliser. Apprivoiser ses émotions passe par leur détection et leur reconnaissance. Le message utile qu'elle véhicule peut alors être écouté et exploité avec intérêt.

Respirer profondément

Quelques respirations abdominales lentes, comme la respiration en quatre temps, font baisser rapidement l'activation physiologique et l'émotivité. Elles aident à se recentrer sur ses sensations, à redevenir présent à soi et à ses émotions.

Identifier les sensations et les émotions

Puis se demander: « Qu'est-ce que je ressens ? » permet de nommer l'émotion: le cortex préfrontal, celui de la raison, reprend le contrôle sur le cerveau reptilien, celui des réactions émotionnelles. En notant les sensations corporelles, la localisation de douleurs, les sentiments, on reprend le contrôle sur ses émotions, au lieu de réagir sous leur emprise.

TÉMOIGNAGE

Pour vaincre sa grande émotivité, Émilie garde un petit calepin à portée de main, à utiliser dès qu'elle sent « la moutarde lui monter au nez », ses joues devenir rouges, les larmes monter ou encore son ventre se nouer. Elle ne subit plus passivement les effets désagréables de ses émotions: après s'être interrogée, elle note dans son calepin ses sensations et réflexions: « Je sens mon ventre noué... Je ressens... une peur. Peur de quoi ? De l'inconnu. Quel est le risque ? Me perdre ? Peu élevé, finalement. » En notant ses ressentis et en faisant appel à sa rationalité, l'intensité de l'émotion baisse.

Accepter l'émotion et se reconnecter à la réalité

Quand on prend conscience de la réalité des faits, on peut plus facilement lâcher prise d'attentes irréalistes générant de la frustration.

TÉMOIGNAGE

« OK, je suis énervé. Certes, le client n'a toujours pas réglé la facture... Je continue de gesticuler, d'invectiver tout le monde et de me faire du mal, ou je passe à l'action la plus efficace dans ce cas ? » →

Identifier les besoins sous-jacents aux sentiments

Les émotions sont des indicateurs des besoins insatisfaits de la personne : besoins de sécurité, d'être respecté, d'être reconnu… Identifier ses besoins sous-jacents permet de trouver des façons plus adéquates de les satisfaire (voir fiche 9) plutôt que de rester sur l'émotion que cela provoque.

Identifier le message utile, le « cadeau caché »

L'émotion peut se lire comme un tableau de bord pour s'adapter à l'environnement, elle est porteuse d'un message et d'une fonction utile : la peur alerte d'un danger, la culpabilité sert à réparer un dommage causé à autrui, la colère à faire respecter ses intérêts… En retirant le « cadeau caché » dans l'émotion, on désamorce sa charge destructrice pour sublimer l'émotion-réaction en proactivité.

Témoignage

« Mon projet n'a pas été retenu : j'en suis triste. Au lieu de m'autodévaloriser et de rentrer dans la déprime, je comprends qu'après mon implication infructueuse, la tristesse est une étape nécessaire de confrontation à la réalité. Elle est utile pour décompresser et faire le "deuil" du projet. J'en retire un apprentissage : comment je pourrais faire mieux la prochaine fois ce qui me motive à amorcer un nouveau départ. »

Décider des actions pour réussir, que demander à l'autre

Des émotions comme la colère, la joie ou l'anxiété mobilisent le corps : le stress a pour fonction d'apporter de l'énergie pour faire face. Une fois passé par les cinq étapes précédentes (respirations, identification…), il est plus facile d'utiliser cette énergie pour les actions efficaces et ainsi canaliser l'émotion. On peut alors rediriger cette énergie dans une action ou une demande à formuler à autrui.

47 *Renforcer* la confiance en soi

L'estime de soi, qui semble être un paramètre très personnel, est un facteur important de résistance au stress professionnel. Elle ne s'acquiert pas en un claquement de doigts, mais peut se développer progressivement. Quels sont les moyens qui permettent, dans la durée, de renforcer la confiance en soi ?

L'estime de soi, facteur de résistance au stress

Chaque personne possède une vision d'elle-même et de ses capacités, un sentiment de sécurité ou d'insécurité par rapport à soi et à l'environnement, une idée de ses capacités à trouver des solutions, à développer de nouvelles compétences et stratégies pour faire face.

Avoir une bonne estime de soi est un facteur important de résistance au stress. Elle n'est pas seulement déterminée par sa génétique et son enfance, elle l'est aussi par ses expériences personnelles comme professionnelles, par ses choix et par son développement personnel : l'estime de soi est une construction à multiples facettes et peut se développer, notamment, par des expériences professionnelles enrichissantes et réussies. On peut décider, à tout moment, de se reprendre en main et de réorienter son rapport à soi et au monde.

Ce que recouvre l'estime de soi

En psychologie, la notion de « *self-esteem* » (« estime de soi » en français) recouvre plusieurs aspects. En particulier, cela consiste, de façon stable, à avoir confiance en soi, à s'accepter – avec ses imperfections et ses qualités – et à s'apprécier, à s'estimer à sa juste valeur, à avoir confiance dans ses capacités à faire face et à avoir une bonne image de soi… Sans tomber dans le narcissisme, le sentiment de toute-puissance ou le complexe de supériorité, puisque l'image de soi est réaliste, en conscience aussi de ses zones d'ombre et de ses limites.

Avoir confiance en soi

Le plus souvent, la personne qui a confiance en elle possède de bonnes aptitudes sociales. Décidée, elle a des objectifs clairs et relève volontiers des défis. Elle a une attitude positive, sait profiter de la vie et voit l'avenir comme une ouverture sur de nouvelles opportunités à saisir.

Elle dégage souvent de l'énergie, un certain charisme, on lui fait facilement confiance, elle semble plus compétente aux yeux des autres, ce qui augmente sa propre confiance dans une boucle vertueuse.

La capacité d'initiative et la résistance aux épreuves sont plus importantes. Cette sécurité et cette solidité intérieures permettent à cette personne de laisser glisser sur elle le stress, comme si les tensions étaient et demeureraient extérieures à elle : elle préserve fermement son espace intérieur des pressions professionnelles excessives.

Développer le sentiment d'efficacité personnelle

L'un des piliers de la confiance en soi est le sentiment d'efficacité personnelle : il convient de prendre confiance dans son aptitude à mobiliser les ressources nécessaires, tout comme la confiance dans sa capacité à atteindre ses objectifs. À cette fin, on peut :

– faire la liste et se remémorer régulièrement ses différentes réussites et réalisations personnelles et professionnelles ;

– se donner, de temps à autre, des objectifs personnels et professionnels réalistes et motivants, qui ont du sens pour soi. Célébrer chaque effort et chaque progrès intermédiaires, puis se féliciter quand ils sont réalisés avec succès : ces prises de conscience régulières renforcent son sentiment d'efficacité au quotidien.

Développer son sentiment de contrôle

Le contrôle interne est un aspect de l'estime de soi. Il consiste à s'attribuer ce qui arrive, au lieu de considérer que l'on n'a pas de prise sur les événements, comme le font, par exemple, les personnes dépressives.

Le contrôle interne est une composante du concept d'attribution causale : en cas d'échec, certaines personnes particulièrement réceptives au stress ont un style explicatif pessimiste. De façon stable, elles s'attribuent en général la responsabilité des événements négatifs, ce qui renforce leur sentiment d'incompétence et leur autodévaluation, diminuant ainsi l'estime de soi. À l'inverse, elles considèrent les événements positifs comme dus à la chance ou aux autres, pensent que cela ne va pas durer, que c'est exceptionnel.

Pour renforcer sa résistance au stress et l'estime de soi, il faut rechercher la meilleure façon :

– de considérer les événements négatifs comme extérieurs à soi, ponctuels et dus à des circonstances localisées ;

– de prendre davantage conscience de sa part de responsabilité dans la survenue d'événements positifs, de façon stable et globale.

Développer optimisme et hédonisme

La faculté à être optimiste, à voir le bon côté des choses, à apprendre à profiter de la vie augmente l'estime de soi : c'est l'inverse de la dévalorisation de soi et des autres.

On peut s'y entraîner en listant les moments et les événements de la journée, en y recherchant plus spécifiquement les aspects positifs.

Travailler l'image de soi

L'estime de soi recouvre l'image que l'on a de soi : comment avoir de l'assurance si on a une mauvaise image de soi et que l'on se trouve incompétent sur toute la ligne ?

Mais le concept même d'image de soi est porteur d'espoir : on peut avoir une certaine image de soi à un moment donné, représentation qu'il ne faut pas confondre avec ce que l'on est vraiment et que l'on peut faire évoluer, en prenant conscience, par exemple, des aspects positifs de l'image de soi renvoyée par des amis bienveillants.

On peut mettre à jour et rendre plus cohérente l'image que l'on a de soi en apportant des réponses à ces questions :

– « Quelle image ai-je de moi, à tous niveaux : corporel, émotionnel, des compétences et des qualités, de la personnalité, des ressources… ? »

– « Quelle image les autres ont-ils de moi ou me renvoient-ils de moi, sur ces mêmes aspects ? »

– « Quelle image voudrais-je donner de moi ? »

– « Comment mettre en cohérence ou réaligner ces trois images ? »

Même si elles ne sont pas identiques, une certaine cohérence entre ces trois images développe son sentiment d'authenticité, nommée « congruence » par certains coachs.

Dépasser ses croyances dysfonctionnelles

La notion de croyance en psychologie

Derrière les comportements, les émotions et les pensées de chaque instant, il y a des convictions profondes sous-jacentes, des façons de se considérer et de considérer le monde, appelées « croyances » en psychologie.

Elles ne sont pas toujours conscientes :

– certaines sont réalistes et utiles pour la gestion du stress professionnel, comme : « Je peux apprendre à gérer de nouveaux types de situations » ;

– à l'inverse, certaines croyances ne sont pas réalistes et se révèlent dysfonctionnelles ou source de fortes limitations : « Je ne pourrai jamais m'affirmer face à mon patron », « Je n'ai pas de valeur : inutile de se battre », qui vont être source de démobilisation et de comportements inefficaces.

Les croyances sous-tendant le manque de confiance

Voici quelques exemples de convictions qui sous-tendent le manque de confiance en soi, comme celles donnés par Gerard Hargreaves, consultant, sur la base des travaux de A. Beck et A. Ellis, les pères de la thérapie cognitive :

– « On me rejettera si je dis ce que je pense. Mes opinions ne valent pas celles des autres. »

– « Je ne peux pas/Je ne serai jamais capable/Je ne suis pas doué pour… »

– « Je dois être parfait. »

– « J'ai peur de l'image que les autres ont de moi. »

– « Tout peut être une menace. »

Certains schémas cognitifs, comme les schémas de culpabilité ou de perfectionnisme, vont exploiter les croyances de la personne et les traduire sous forme de règles de fonctionnement « pressurisantes », véritables diktats intérieurs qui démultiplient le stress.

Exemple

« Je ne vaux rien si je ne réussis pas à 100 % », faisant peser des exigences permanentes sur soi.
De même : « Il faut que... », « Je dois absolument faire ceci, être comme cela pour ne pas être rejeté/pour valoir quelque chose... »

Les convictions sous-tendant la confiance

À l'inverse, la confiance en soi trouve racine dans des croyances qui libèrent, qui redonnent du choix et du contrôle, qui assouplissent, qui ouvrent à des possibilités et donnent des droits.

Les personnes manquant de confiance en elles gagnent à s'inspirer des convictions suivantes, véritables « permissions » :

– « J'ai le droit de donner mon opinion, elle est fondée. »
– « J'ai le droit d'être traité avec respect. »
– « Je suis autonome et responsable de ce qui m'arrive, je contrôle la situation. »
– « Je suis libre de choisir mon comportement. »
– « L'opinion des autres me concernant m'enrichit, elle peut m'aider à évoluer. »
– « J'ai le droit à l'erreur et je peux en tirer des leçons. »
– « J'ai le droit de vivre ma vie, d'être heureux et de me prendre en main. »
– « Je vis l'instant présent que je sais apprécier ; le futur est porteur d'espoir et de bonnes choses à vivre. »
– « J'ai le droit : de demander ce que je souhaite, d'être écouté et pris au sérieux, de fixer mes propres limites, d'exprimer mon point de vue et mes sentiments, de faire des erreurs, de dire non ou "je ne sais pas" sans avoir à m'excuser, de demander du temps pour réfléchir… »

Modifier le monologue intérieur

Certaines méthodes de développement personnel aident à arrêter de se juger et de se critiquer en permanence. Il est préférable de transformer l'incessant monologue intérieur stressant en dialogue intérieur d'encouragement, invitant à apprécier ce qui est positif dans l'expérience qui se déploie à chaque instant.

On peut aussi apprendre à assouplir certaines croyances et permettre de les reformuler d'une façon plus rationnelle et adaptée.

POUR ALLER PLUS LOIN

Travaillez vos qualités et vos imperfections au quotidien, p. 300

L'approche des cinq « lâcher prise zen » (voir fiche 45) est aussi utile. Mais lorsque les croyances sont profondément enracinées et font souffrir, il est préférable de se faire aider par un professionnel spécialisé.

POUR ALLER PLUS LOIN

Travaillez vos qualités et vos imperfections au quotidien

Cet exercice vise à renforcer la confiance dans ses qualités en les réévaluant d'un regard neuf, au lieu de les minimiser et de porter une considération exagérée à ses imperfections.

Listez vos atouts

Faites la liste de vos talents, forces de caractère, qualités, compétences et ressources personnelles, innées comme acquises, et les réalisations, les sources de motivation, les réussites, même lointaines dans le passé. Enfin, répondez à la question : « Qu'est-ce qui me rend unique ? »

Notez, pour chacun d'eux, des expériences vécues les mettant en œuvre

Il faut ensuite les dérouler lentement en imagination, yeux fermés. Ressentez les sentiments positifs associés : assurance, sécurité, fierté, reconnaissance d'autrui, accomplissement... Puis notez-les par écrit.

Relisez et complétez cette liste pour vous redonner du baume au cœur dans les situations éprouvantes ou de remise en cause personnelle.

Ce travail aide à réactiver ses ressources et à continuer de les cultiver, il permet de trouver en soi la force de rebondir et d'exploiter pleinement ses atouts.

Travaillez sur vos imperfections

Reconnaître ses limites, accepter et assumer ses imperfections est une bonne façon d'être heureux ! On peut aussi apprendre à composer avec ses singularités, voire à en faire des forces. Certains sujets considèrent différents aspects de leur personnalité comme des défauts, alors qu'ils peuvent aussi être des atouts dans certaines situations.

EXEMPLE

Chaque qualité à son revers : être passionné implique parfois de la difficulté à se motiver sur des thèmes jugés peu passionnants. Certaines personnes très extraverties passent pour être exubérantes... L'inverse est vrai : se faire traiter de « grande gueule » met aussi en lumière des aptitudes en communication, quitte à les améliorer pour qu'elles soient mieux perçues.

Les défauts sont relatifs d'une culture à une autre, ils peuvent être perçus ou sublimés en qualités dans certains contextes ou milieux. Voici un moyen de reconsidérer ses défauts :
– listez vos trois principaux défauts, puis pour chacun :
  - À quoi sert ce défaut ? Quelle qualité personnelle compense cette « imperfection » ? Dans quelles situations ce défaut est-il une qualité ?
  - Est-il le fruit d'une interprétation ou est-il basé sur des faits et des preuves ?
  - S'il est avéré, est-il tout le temps vrai et actif en toutes circonstances ?
  - Quand n'est-il pas justifié, non effectif ? Quelles sont les exceptions ? Que dirait mon meilleur ami de ce défaut ?

– « À verre à moitié vide, verre à moitié plein » : reformulez la partie fausse, par exemple : « Je suis rarement à la hauteur dans telle situation. » → « Je peux être à la hauteur dans cette situation. »

48 Clarifier son projet professionnel

Réfléchir en amont à ses choix, personnels et professionnels, permet de se protéger d'un stress qui risque d'être insupportable. Chaque personne étant unique, une démarche intérieure de questionnement permet de prendre les meilleures décisions, à chaque étape de sa carrière.

CONNECTEZ-VOUS !

Un questionnaire pour connaître ses motivations et priorités professionnelles

Le stress et le cycle de la vie professionnelle

L'évolution des causes et des stratégies face au stress au fil d'une carrière

Les causes de stress évoluent en fonction des opportunités et des contraintes de la vie professionnelle : conditions de travail plus ou moins agréables, type de responsabilités, autonomie, relations avec le manager, les collègues, les clients… La vie personnelle joue aussi un rôle dans cette alchimie, avec une évolution parallèle de ses besoins et priorités.

Trouver ses zones de confort

Ainsi, une personne gagnera à identifier ses zones de confort ou d'effort. Dans son travail et ses relations avec les autres, certains modes de fonctionnement lui viendront plus naturellement que d'autres ; c'est ce que Carl Gustav Jung, psychiatre suisse, appelle les « préférences ». Même s'il développe de bonnes compétences sur le reste, un individu qui ne peut pas exprimer ses préférences dans son travail va générer du stress.

EXEMPLE

Un analyste crédit avait développé de très bonnes compétences en matière d'évaluation objective des dossiers de clients. Pourtant, il accumulait à la longue une frustration, source de stress, à rester en *back-office* sans rencontrer de clients. Participer à l'acte de vente correspondait à sa préférence naturelle, sans qu'il l'ait identifiée au début de sa carrière.

Sentir ses zones de confort évoluer

Les préférences et les compétences d'un individu évoluent au cours des âges de sa vie, des responsabilités professionnelles qu'il occupe, ce qui fait varier ses sources de stress. Il est important de sentir ces moments de bascule pour s'autoriser un changement dans sa carrière que l'on n'aurait pas imaginé au départ.

Exemple

Un métier qui exige une réactivité forte (surveillance industrielle, finance de marché, notamment) peut sembler excitant pendant quelques années, puis progressivement usant et facteur de stress négatif. Alors que de nouveaux centres d'intérêt émergent en parallèle, comme prendre un peu de recul pour analyser des données et concevoir des modèles. Croiser le goût de l'analyse, de la conception, avec la connaissance de la surveillance industrielle peut, par exemple, déboucher sur une orientation naturelle : les procédures qualité.

Le stress généré par un changement professionnel

La phase d'intégration à un nouveau poste ou dans un nouvel environnement change la donne des facteurs de stress. Elle est donc à surveiller et même à anticiper et accompagner.

Voici les questions à se poser avant ou pendant le changement : « Y a-t-il une évolution des agents stresseurs ? » « D'anciens agents disparaissent-ils ? D'autres apparaissent-ils ? » « Y a-t-il une anticipation/évolution des stratégies individuelles de prévention et de réduction du stress ? »

L'équilibre dans les périodes difficiles

Au cours d'une carrière, certaines étapes exigent plus d'efforts, pour acquérir des compétences difficiles mais utiles à l'exercice de son métier, pour préparer une évolution ou quand on accepte une fonction par « nécessité alimentaire ». Pour « tenir » dans cette phase, il est alors judicieux de se réserver quelques « noisettes » de satisfaction professionnelle au milieu de tâches plus contraignantes.

On peut bien sûr trouver d'autres compensations et manières de se ressourcer en dehors de son travail.

Témoignage

Danièle, ancienne bibliothécaire : « Quand j'ai quitté mon métier pour celui de gestionnaire formation, j'étais très contente de pouvoir développer mes compétences. Et puis je me suis rendu compte que ce travail me stressait énormément, à cause des interruptions permanentes. J'ai alors décidé d'aller plus souvent au yoga et de préserver mon temps de jardinage pour compenser le stress encaissé au travail. »

À l'inverse, rester trop longtemps dans sa zone de confort peut faire manquer des opportunités d'élargissement de ses compétences et de son employabilité, et provoquer un stress ultérieur, dans le cas d'une nécessité rapide d'adaptation.

C'est donc un équilibre à ajuster personnellement entre zone d'effort et zone de confort.

Prévenir le stress et/ou le diminuer grâce au projet professionnel

Identifier sa « mission »

Selon Friedrich Nietzsche, philosophe : « Ceux qui ont un pourquoi peuvent endurer n'importe quel comment » : quelqu'un qui a réfléchi sur le sens qu'il veut donner à sa vie pourra mieux gérer son stress, à la fois pour supporter certaines contraintes, qu'il faut savoir accepter, et surtout pour agir en amont, se connaître et choisir au mieux son environnement professionnel.

Contrairement à ce que le mot « mission » laisse entendre, cette démarche n'est pas réservée aux rares personnes qui se passionnent pour quelque chose depuis leur enfance et qui parviennent à en faire leur métier.

Chacun, quels que soient son métier et son positionnement dans l'échelle hiérarchique d'une entreprise, peut donner un sens personnel à sa vie professionnelle, dans le sens d'une sagesse de vie.

Une mission à exercer dans le travail ou ailleurs

En fonction du degré de réalisme entre la mission identifiée et les besoins du marché de l'emploi, certains peuvent exercer leur mission directement dans leur travail, tandis que d'autres pourront exercer leur mission autrement, dans leur vie personnelle et sociale.

Exemple

« Missions » : ils ont tous pris le temps de reconsidérer leurs choix et s'épanouissent dans leurs nouvelles activités (professionnelles ou non). Après avoir organisé des événements culturels pour enfants, Myriam s'est reconvertie comme orthophoniste et son mari s'investit comme parent d'élève. Samira s'est formée avec bonheur à la comptabilité après son magasin d'optique, Mounir est devenu commercial d'opérations spéciales pour son magazine et se régale, Nathalie a quitté la direction des achats pour ouvrir son restaurant...

Chercher sa mission peut créer le stress de l'inconnu au départ et freiner son intuition et sa créativité. Ensuite, le plaisir d'exercer ce que l'on aime et ce pour quoi on est compétent diminue le stress négatif et le remplace par du stress positif.

Retrouver sa place après une phase difficile, réussir la transition

Une difficulté professionnelle est inéluctable dans une carrière de plus de 40 ans ! Ce qui est vécu comme un échec entraîne néanmoins une dévalorisation de l'image de soi et fait augmenter tensions et stress.

Après la phase normale de doute sur soi-même, l'important est de savoir analyser ses succès et ses échecs pour être en mesure de prendre de nouveau des décisions, et de passer à l'action.

Cette phase de transition peut être mise à profit pour faire le point sur l'étendue de ses compétences et de ses aspirations.

Savoir être attentif à ses ressentis, émotions et représentations sans les rejeter permet d'avancer, avec l'aide de personnes de confiance (professionnels ou non), vers une nouvelle étape professionnelle. Cette transition peut alors être réellement vécue comme une opportunité.

Témoignage

Sabrina, ancienne comptable : « Lorsque le cabinet dans lequel je travaillais depuis quinze ans a fermé, j'ai cru que je ne retrouverais jamais d'emploi. En fait, j'ai réfléchi avec mes proches et j'ai finalement sauté le pas de la création d'entreprise. Avec mes compétences comptables et mon goût pour la décoration et la région provençale, l'ouverture de chambres d'hôtes a été un succès. »

Donner une cohérence aux expériences vécues, rassembler le puzzle de ses compétences et motivations, construire un nouvel objectif professionnel, révéler sa mission sont autant de cadeaux réparateurs des difficultés passées.

S'appuyer sur ce projet professionnel et valoriser son « employabilité »

Les évolutions économiques récentes qui incitent les entreprises à sortir de leur spécialisation sectorielle pour valoriser au contraire les projets transversaux entre plusieurs entités vont considérablement changer la donne de leurs besoins en compétences. Elles s'intéressent de plus en plus aux parcours complexes, à double ou multi-compétence, aux personnes qui portent une capacité d'interface entre plusieurs métiers, plusieurs univers. La notion d'« employabilité » prend toute son importance dans ce contexte. La développer et savoir la vendre devient essentiel et offre des perspectives d'innovation de carrière inespérées jusqu'alors.

Avoir pris du recul sur son projet professionnel permet de détecter sa zone de potentiel et d'épanouissement, ainsi que de mettre des mots sur ses compétences et « qualités humaines » pour expliquer qui l'on est, comment l'on fonctionne et convaincre de sa valeur professionnelle.

Exemple

Savoir élaborer sa pensée avant d'en faire connaître le résultat aux autres n'est pas de la « lenteur » mais de l'introversion, qui présente des avantages et des inconvénients. De même, faire des liens entre plusieurs sujets n'est pas de la « dispersion » mais la capacité à avoir une vue globale sur un phénomène. Ces qualités peuvent être de réels atouts suivant les besoins du poste et la culture d'entreprise.

La clarification du projet professionnel

Un projet ne se fait pas en une fois et de façon définitive, des évolutions régulières seront apportées tout au long de la vie professionnelle. Le cycle de clarification en cinq étapes est un outil pour définir ce projet.

Pour aller plus loin

Les cinq étapes de la clarification du projet professionnel, p. 307

Un premier niveau de critères factuels permet de faire un tri rapide, tandis que la liste de ses priorités personnelles s'appuie sur des motivations internes plus profondes.

Les critères factuels de choix professionnel

Avant d'entamer le cycle de la clarification du projet professionnel, des premières réponses aux points suivants éclairciront déjà les critères de choix :

– Quel secteur d'activité (en développement ou en déclin, possibilités de reconversion) ?

– Quel métier ? Quel poste ? Quelles compétences nécessaires ? Quel développement potentiel futur ?

– Quelles responsabilités ? Quel degré d'autonomie et de prise de décision ?

– Quelles conditions de travail (pénibilité physique/morale, degré de sécurité, travail seul ou en équipe, relations avec le manager/les collègues, qualité de l'ambiance, coopération) ?

– Quel type d'entreprise ? Taille du groupe ? Mode de management et de culture ?

– Quel environnement ?

Témoignage

José : « J'adore mon métier, le marketing, mais j'ai préféré changer de secteur d'activité pour aller sur un produit plus innovant, avoir une collaboration plus étroite avec les partenaires extérieurs et évoluer dans une entreprise dans laquelle je me retrouve plus. »

Les priorités personnelles pour déterminer son projet professionnel

Les choix professionnels s'apprécient en fonction d'attentes personnelles et d'équilibres avec l'entourage.

Exemple

Sabrina, qui a ouvert des chambres d'hôtes après avoir exercé le métier de comptable, a pu supporter plus facilement cette période de transition en étant soutenue par ses proches, sur le plan affectif et sur le plan financier.

Dessiner un projet professionnel compatible avec ses priorités limitera le stress ressenti dans son travail. Les priorités relèvent de ses motivations profondes, de ses centres d'intérêt, de son mode de fonctionnement, ainsi que de ses valeurs.

Exemple

Priorités à prendre en compte :

– les priorités de réalisation : est-ce que je souhaite faire, vendre, négocier, aider... ?

– les priorités relationnelles : est-ce que je souhaite travailler seul ou en équipe ?...

– les priorités de rythme : est-ce que je préfère des résultats rapides ou à plus long terme ?...

POUR ALLER PLUS LOIN

Les cinq étapes de la clarification du projet professionnel

Étape 1
Définir son « identité professionnelle »

Il s'agit de connaître ses atouts, ses points de vigilance, ses agents stresseurs professionnels et personnels. Pouvoir exprimer, voire écrire noir sur blanc, ses besoins, ses désirs, ses priorités professionnelles (voir les critères factuels de choix) permet de définir son identité professionnelle à chaque étape de sa carrière.

Étape 2
Croiser son « identité professionnelle » avec le marché

Le marché est composé des possibilités d'évolution interne dans l'entreprise, parmi son réseau de partenaires, directement sur le marché de l'emploi ou bien encore sur le marché de la création d'entreprises.

Cette étape permet de confronter l'identité définie et le marché afin de mesurer quelles contraintes accepter ou imposer, quelles limites se fixer.

Exemple

« Si je me rends compte que le marché n'est pas mûr pour accueillir mon offre de services, il est peut-être préférable de continuer à acquérir une expertise utile en entreprise, de développer au passage un nouveau réseau et de maximiser ainsi mes chances de succès quelques années plus tard. »

Étape 3
Choisir sa stratégie, communiquer son « offre »

À cette étape, la rédaction d'un CV et d'une lettre devient facile. La personne se présente en « offreur » de talent en échange d'une rémunération plutôt qu'en « demandeur » d'emploi. C'est également vrai si la personne reste dans la même entreprise où elle cherche à évoluer.

Étape 4
Chercher un travail ou créer son entreprise

C'est l'étape souvent la plus redoutée, et pourtant la plus captivante, puisque c'est là qu'on « teste » grandeur nature son projet et qu'il prend vie.

Il s'agit de construire sa campagne de recherche, de développer son réseau en communiquant sur son projet, de structurer ses ressources et ses soutiens.

Étape 5
Négocier et valider ses choix, ou retour à l'étape 1

Négocier avec un recruteur (recherche d'emploi) ou avec un acheteur (création d'entreprise) est l'étape ultime pour vérifier que le résultat correspond à ses attentes.

Cette étape permet de valider si ses choix sont adaptés aux besoins du marché. Si oui, tant mieux ; sinon, il s'agit de recommencer le cycle en accéléré en s'appuyant sur la nouvelle connaissance de soi et du marché acquise au cours des démarches du premier cycle.

49 *Harmoniser* ses valeurs avec son environnement professionnel

Ne pas respecter ses valeurs crée un stress de fond, très insidieux, qui provoque un sentiment d'insatisfaction et d'échec. La société dans son ensemble et les salariés aspirent à plus de valeurs dans leur travail. Comment les entreprises et les individus peuvent-ils clarifier leurs valeurs et les faire coexister en harmonie ?

CONNECTEZ-VOUS !
Témoignage

Pourquoi vivre en harmonie avec ses valeurs ?

L'émergence de nouvelles valeurs

La société aspire à plus de valeurs, d'éthique, de coopération, à un équilibrage des valeurs masculines et féminines dans les environnements de travail, à une réalisation de soi à travers le façonnage de son identité et de sa place dans le monde professionnel.

Le besoin d'être en harmonie avec son environnement

Il est « écologique » pour soi de bien choisir son environnement, car l'homme est en partie adaptable et perméable aux idéologies et aux postulats de base sous-jacents d'une culture.

EXEMPLE

Un assureur développera naturellement une culture de management du risque, *a fortiori* s'il a inconsciemment choisi de travailler dans l'assurance pour apprendre à se protéger des risques. L'influence quotidienne de la culture du métier peut le conduire à une déformation professionnelle, à voir des risques partout et à se protéger de tout, en particulier s'il s'identifie trop à son travail.

Il est conseillé de bien comprendre les besoins et la culture de son entreprise, de détecter les règles et les usages, de les comparer à ses propres valeurs et de trouver ce qui est acceptable ou non. Cela permet d'être capable, chaque jour quand on se lève, de se dire que l'on agit conformément à ses valeurs tout en respectant les contraintes de l'environnement que l'on a choisi.

Au-delà de la tentation de démissionner, qui ne résout pas forcément durablement le problème, une prise de recul peut permettre de questionner les frontières des situations auxquelles on doit faire face, afin de concilier les exigences du monde réel et ses propres valeurs internes. Elles pourront dès lors évoluer, s'assouplir, s'enrichir, se développer. C'est la « sagesse » de toute une vie.

Les mécanismes pour maintenir artificiellement ses valeurs

D'après Leon Festinger, psychosociologue américain, « l'existence simultanée d'éléments de connaissance qui, d'une manière ou d'une autre, ne s'accordent pas [dissonance], entraîne de la part de l'individu un effort pour les faire, d'une façon ou d'une autre, mieux s'accorder ».

Ainsi, chacun tente, par un mécanisme de compensation, de remettre de la cohérence parmi les informations contradictoires qu'il engrange et de les aligner sur ses propres valeurs, car les écarts de valeurs provoquent une souffrance. C'est la rationalisation donnée après coup de ses comportements qui permet de les rendre « acceptables ».

Exemple

Un individu abrite des agissements peu éthiques derrière des raisons apparemment incontournables : besoins financiers, application de la procédure et des ordres hiérarchiques, imitation des règles implicites de la culture interne, mondialisation, alors qu'il a conscience de commettre des irrégularités qui vont à l'encontre de sa valeur « loyauté dans le travail ».

Réévaluer régulièrement ses valeurs

Les dérapages de valeurs commencent souvent par des petits riens, qui laissent symboliquement la porte ouverte à des dérapages de plus en plus importants. Ils apparaissent d'autant plus bénins qu'ils sont souvent non dits, exigeant d'un salarié qu'il décrypte des informations implicites. Ce genre de comportements relève en général d'une culture « parapluie », basée sur l'oral plutôt que sur l'écrit.

C'est pourquoi il est nécessaire de se reposer souvent la question de ses valeurs. Sinon, l'effet d'« accoutumance » de l'environnement peut emmener loin de ses valeurs profondes, fondatrices de son sentiment d'identité.

Exemple

Si j'accepte de ne pas mettre en copie d'un dossier un collègue concerné, à la demande de mon chef, je risque d'avoir à accepter d'aller à une réunion sans le prévenir et de rentrer dans un engrenage dangereux, source de stress individuel et collectif.

Mettre à plat ses valeurs : entreprises et individus sont concernés

À chaque entreprise de clarifier ses valeurs

Les chartes éthiques et de valeurs des entreprises visaient jusqu'à présent des objectifs de performance plutôt que de véritables valeurs : « recherche de l'excellence, satisfaction client, qualité et innovation » ne sont pas à proprement parler des valeurs guidant le « savoir travailler ensemble ». Ces chartes étaient d'ailleurs peu connues et respectées.

Aujourd'hui, l'entreprise a besoin de s'ouvrir, pour s'adapter aux enjeux économiques et sociaux, à une diversité d'individus, de provenances, d'appartenances, de places, de rôles, de compétences, de genres, d'âges… : la diversité va nécessairement faire bouger les valeurs.

Le besoin de cohérence entre les valeurs et les pratiques internes

Des décalages entre des valeurs historiques rassurantes affichées en communication externe et les réalités internes vécues par les salariés lors de changements profonds dans leur entreprise entraînent une perte de sens et du stress.

Exemple

Cela peut être le cas pour des entreprises publiques devenant privées ou des entreprises mutualistes élargissant leurs cibles commerciales. La coexistence entre un discours de communication externe basé sur les anciennes valeurs et un nouveau pilotage interne de la performance commerciale véhiculant des valeurs différentes crée une double injonction paradoxale pour les salariés. « Être au service de tous » et « vendre le plus, surtout aux plus solvables » peut paraître contradictoire au premier abord, sans véritable accompagnement du changement.

C'est donc bien à travers l'élaboration de sa « vision » que l'entreprise peut fonder un socle de valeurs simples et pérennes au-delà des changements, tout en restant ouverte au renouvellement : histoire, racines, culture, adaptation aux évolutions du monde et aux innovations peuvent aller de pair. Une élaboration collective, intégrant les salariés, voire les partenaires en réseau, permet de partager des valeurs communes et de communiquer de manière cohérente et fédératrice.

À chaque individu de clarifier ses valeurs

Identifier ses valeurs propres en faisant la part des choses entre ses influences et ses loyautés personnelles, professionnelles, familiales et sociales permet de faciliter ses choix professionnels et de prévenir le stress en amont.

POUR ALLER PLUS LOIN
Clarifiez vos valeurs, p. 313

Distinguer les contraintes des limitations

Quand les valeurs d'un individu se confondent avec des croyances tyranniques, ou qu'elles ne sont plus en phase avec son environnement, que le stress monte dangereusement, il est nécessaire d'évaluer la différence entre une contrainte et une limitation.

EXEMPLE

La notion de professionnalisme peut représenter une valeur pour un individu, qui va chercher à la respecter en ajustant au mieux cette contrainte dans sa vie professionnelle. Elle ne doit pas être confondue avec la croyance « je dois être parfait et tout réussir pour être accepté par mes collègues et mon manager », qui serait une limitation, un idéal impossible à atteindre et générant de fait un sentiment d'échec et de frustration.

Aménager la contrainte

Même si la situation paraît obscure, il est possible, face à une contrainte, de changer quelque chose, soit dans sa zone d'autonomie (quand la décision peut être prise à l'intérieur de la délégation de sa fonction), soit en ayant recours à sa zone d'influence (quand la décision ne dépend pas que de soi, qu'elle implique l'aval d'autres personnes).

Solliciter son responsable hiérarchique, un collègue, un tiers, afin de trouver et de mettre en œuvre une solution au problème, permet d'agir sur la cause du stress lié à l'écart de valeurs. La démarche peut être simple ou plus complexe, mais envisageable en cas de conflit.

TÉMOIGNAGE

Gérard, technicien de vente chez un grossiste du bâtiment : « Quand mon responsable avait quelque chose à me demander ou quand il était en colère au sujet d'un dossier, il déboulait sans prévenir, même si j'étais occupé avec des clients. Cela me choquait dans mes valeurs de confiance, de respect. J'ai réussi à lui en parler et, désormais, nous nous voyons régulièrement dans son bureau. Son écoute et sa bonne volonté m'ont permis de nouer une vraie relation de confiance avec lui. Je ne regrette pas d'avoir eu le courage d'aller le voir ! »

« Zigzaguer sur l'échiquier » en cas de limitation

Dans un cas de limitation stricte, les actions que l'individu peut engager seul ou qui dépendent de l'intervention d'autrui ne sont ou ne semblent pas possibles.

Comment faire ? Tout d'abord, vérifier que l'on a exploré suffisamment d'options différentes avant de se décourager et de se sentir complètement « coincé et impuissant ». Prendre du recul (collègues, amis, professionnels) permet de transformer étonnamment son point de vue sur les situations et d'avoir de bonnes surprises.

Dans l'hypothèse où aucune action valable ne semble possible, accepter alors de se rendre à l'évidence et réfléchir à la manière de sortir honorablement de la situation qui met ses valeurs en danger, car le « lâcher prise » est dans ce cas préférable à l'acharnement qui fait perdre son énergie et augmenter son stress.

EXEMPLE

Dans une entreprise où le respect de la concurrence loyale est incompatible avec les pratiques exigées, les valeurs de loyauté sont bafouées. Il vaut mieux préparer sa sortie de l'entreprise que de s'acharner en vain à faire respecter cette valeur là où elle va à l'encontre des pratiques encouragées.

TÉMOIGNAGE

Fabienne Godet, réalisatrice du film *Sauf le respect que je vous dois* (2006) : « Dans le jeu d'échecs, j'aime la pièce du fou que François, le seul personnage de mon film à se rebeller, transmet à son fils. Il faut avancer en zigzag, aller voir ailleurs, oser, bouger. Personne ne nous oblige à refermer notre espace de liberté. »

Clarifiez vos valeurs

La plupart des individus à qui l'on parle de valeurs y sont tellement peu encouragés dans leur environnement habituel qu'ils en restent perplexes... Mais en se donnant le temps de la réflexion, certaines valeurs fondamentales émergent et apportent des réponses pratiques, notamment au niveau professionnel. Voici quelques astuces pour clarifier vos valeurs.

Identifiez vos valeurs essentielles

Exercice inspiré d'Alain Setton, consultant et auteur, sur ses valeurs essentielles.
– Listez spontanément des valeurs que vous aimeriez bien vivre dans votre travail.
– Identifiez les trois à cinq valeurs dans la liste qui sont les plus fondamentales pour vous.
– Comment traduisez-vous concrètement, dans votre contexte professionnel, la mise en pratique de ces trois à cinq valeurs, sur la durée ou au quotidien ?
– Repérez vos freins intérieurs et les freins extérieurs à l'application de vos valeurs dans votre travail.
– Qu'aimeriez-vous changer ?
– Quel sera votre premier petit pas pour faciliter la mise en pratique de vos valeurs dans votre quotidien professionnel ?

Préparez votre vision

Exercice de Sandrine Priou, coach, préparant sa « vision » de soi.
Listez, pour chaque thème :
– ce que vous savez et ce que vous ne savez pas ; ce que vous voulez et ce que vous ne voulez pas ;
– ce que vous aimez et ce que vous n'aimez pas ; vos croyances, vos besoins ;
– vos valeurs, votre identité ; le « pire moi », le « super moi ».
Qu'aimeriez-vous mettre en œuvre à partir de cet enseignement ? Quelle est votre « vision » de vous-même ? Quel sera votre premier petit pas pour vivre au présent votre « vision » ?

D'autres exercices, comme la roue du temps personnel et professionnel (voir fiche 43) et ses priorités personnelles (voir fiche 48) peuvent utilement compléter cette réflexion.

50 *Retirer* les bénéfices d'un programme personnalisé en entreprise

Un programme personnalisé consiste à créer le cadre de la prévention des risques psychosociaux : agir sur l'organisation et le management, améliorer la communication et les interactions dans les équipes, former aux compétences de régulation du stress et des émotions ou encore développer l'épanouissement au travail... Quels en sont les bénéfices ?

CONNECTEZ-VOUS !

Liens vers des sites utiles pour établir un programme personnalisé

Le sens des démarches de gestion du stress

Agir pour prévenir les conséquences néfastes du stress

La motivation d'agir en profondeur sur l'organisation et les comportements naît souvent de la nécessité impérieuse de prévenir :
– les nombreuses conséquences néfastes induites par le stress non régulé ;
– les risques psychosociaux au sens large : démotivation, perte de productivité, absentéisme, dangers pour la santé, harcèlement, épuisement, suicide…

Agir pour en retirer des avantages

Mais la motivation peut aussi naître de la prise en compte des nombreux bénéfices apportés par un programme complet de prévention et de gestion du stress. C'est cette démarche, choisie et volontaire, construite en concertation et dans l'intérêt de tous, qui sera la plus bénéfique, comparée aux résultats plus modestes d'une attitude défensive minimale. Prévoir et choisir le changement est autrement mieux vécu que lorsqu'il est subi.

Viser l'épanouissement des personnes au travail

Cette démarche requiert aussi bien une réflexion de fond (vision à long terme, éthique...) que des mesures concrètes aux effets mesurables.

La première étape consiste à changer de paradigme : au-delà de la nécessaire prévention des risques psychosociaux, il s'agit de viser l'épanouissement des personnes au travail, de façon proactive.

TÉMOIGNAGE

Milton Erickson : « Au lieu de te battre contre les ténèbres... allume la lumière ! »

POUR ALLER PLUS LOIN

L'efficacité professionnelle par l'épanouissement des personnes, p. 320

Changer les mentalités et adopter des mesures de fond

Résoudre radicalement le stress professionnel revient à repenser la finalité du travail, de l'entreprise et de la place de l'homme au travail. Cela demande de changer les mentalités et les comportements sur différents aspects.

Revisiter les missions de l'entreprise et l'organisation du travail

Adopter des mesures de fond nécessite de revisiter :

– les visions des entreprises, leur finalité, leur éthique, leur mission, leur offre ;

– les organisations du travail, à aménager plus humainement pour faciliter, notamment, le « vivre ensemble » et les coopérations ;

– la politique de gouvernance des entreprises, en s'appuyant sur des « démarches compétences » pour anticiper les mutations des entreprises sur le plan collectif, en réintroduisant, par exemple, du collectif dans le système d'appréciation de la performance.

Ceci autorise l'émergence d'une véritable culture de prévention et de gestion du stress, qui passe par le management, la participation active des salariés et la rénovation du dialogue social.

Un enjeu citoyen

L'implication de tous les acteurs est nécessaire pour renforcer :
– les moyens pour inciter concrètement les entreprises à agir en prévention du stress ;
– l'adoption de lois justes, adaptées et protectrices (en étant attentif à la question du partage des responsabilités, face aux risques de déport des responsabilités sur les individus), en veillant à la simplicité de leur mise en œuvre pour surveiller les risques de « bureaucratie ».

Il s'agit également de trouver les moyens de faciliter et de simplifier la coopération des acteurs du bien-être au travail, tout en respectant la complexité et la diversité de leurs approches : inventer pour cela des instances de médiation, d'information, de circulation entre tous les acteurs.

C'est une forme de culture « générale de la vie » qu'il convient de développer : autoriser, dès l'école, les études et, tout au long de sa vie, des espaces de recul et de réflexion sur soi et sa mission, son « économie du bien-être », offrir un espace de réalisation personnelle, réintroduire du lien social.

Pour quels bénéfices organisationnels ?

Mettre fin à des conflits récurrents, gérer un rachat d'entreprise, prévenir harcèlement et souffrance, remotiver les équipes sont les objectifs qui fondent une telle démarche.

De nombreux autres bénéfices pour les équipes et les organisations peuvent aussi émerger de ces dispositifs.

La régulation des émotions, la communication et le climat social

En autorisant l'écoute des émotions et en canalisant leur expression, le respect d'autrui devient la règle, l'ambiance s'assainit, la communication est plus authentique, ce qui est propice à un dialogue social constructif.

Le diagnostic et la remise en dynamique des équipes

L'audit de stress permet de porter un nouveau regard sur le facteur humain : « prise de pouls » de la tension sociale, motivationnelle, attention portée à tout ce qui est souvent négligé habituellement. Les programmes passent du diagnostic à la « remise en mouvement » des équipes et des individus.

Des ressources à usages multiples

La large palette d'outils de la gestion du stress permet de mieux faire face à différentes problématiques connexes pour lesquelles l'entreprise est parfois démunie : personnalités dites « difficiles », processus collaboratifs complexes, conflits de toute nature, harcèlement...

Les nouvelles compétences personnelles acquises viennent enrichir les ressources de l'entreprise, recyclables dans différents contextes.

Exemple

Une équipe ayant suivi un programme de prévention des conflits pour faire face à une situation ponctuelle avec un client disposera de ces nouvelles aptitudes en toutes situations ultérieures, avec d'autres clients.

L'efficacité « écologique »

Le processus de gestion du stress nécessite de se focaliser :

– sur les ressources de l'individu, de l'équipe, de l'entreprise, ainsi que sur leur développement ;

– sur les stratégies d'exploitation optimales de ces ressources pour mettre en œuvre solutions et cercles vertueux.

Ces compétences sont d'une grande utilité en entreprise, dans tous les domaines. La régulation du stress est donc l'apprentissage de l'efficacité de tous dans le respect des besoins de chacun, ouvrant la voie au développement durable.

Des changements vertueux systémiques et multidimensionnels

Chaque aspect de l'entreprise étant en interrelation étroite avec les autres, un changement vertueux dans un service peut se répercuter aux autres services du « système entreprise », de proche en proche.

Exemple

Après une réorganisation éprouvante, des actions en profondeur de la nouvelle direction portent leurs fruits après quelques mois dans une PME de services informatiques : des agents techniques mieux écoutés et respectés s'en trouvent remotivés, la qualité et la productivité augmentent. Cela finit par se savoir auprès des clients et l'image de l'entreprise s'améliore, les commerciaux sont rassurés sur la qualité des prestations et peuvent augmenter les ventes, une meilleure ambiance peut se ressentir au service administratif.

L'objectif de ces dynamiques est de produire, à leur tour, de nouveaux cercles vertueux.

La remotivation et la productivité des salariés

La motivation naît du besoin pour aller vers les aspirations les plus élevées des individus. En se connectant à leurs aspirations, la motivation et le dynamisme peuvent circuler dans l'équipe et l'entreprise, ce qui est une source de productivité.

Les entreprises s'engageant dans ces démarches peuvent observer, à court et à moyen terme, un absentéisme et un turn-over moindre notamment, et à moyen et à long terme, un impact positif sur leurs résultats financiers et leur image. Ce sont des démarches rentables pour tous.

Les managers comme nouveaux porteurs de sens : vision, valeurs et mission

La qualité des dirigeants et des managers ne se juge pas qu'à l'aune de leur technicité et de leurs résultats immédiats. Ce qui légitime pleinement leur statut et leur mission, c'est aussi leurs capacités à :
- proposer une vision motivante sur le long terme, portée par des valeurs qui rassemblent ;
- donner du sens et de l'éthique au travail ;
- aménager humainement le « vivre ensemble » ;
- prendre en compte les aspirations et les valeurs de chacun pour en trouver les points communs avec le projet d'entreprise et ainsi mieux s'orienter vers des accords « gagnant/gagnant ».

Pour quels bénéfices personnels ?

Au-delà des bénéfices importants pour leur santé et pour l'agrément de travail, les individus vont également retirer pour eux-mêmes différents avantages de cette démarche globale.

La prise de conscience et la prise de recul

C'est une première étape utile en soi : savoir prendre du recul sur les événements et changer de perspective présente de nombreux avantages, que ce soit au niveau individuel, collectif ou managérial.

Témoignage

Maurice, coach en gestion du stress, utilise la métaphore : « Quand on sort "le nez du guidon", on aperçoit la porte à côté, au lieu de cogner contre le mur. Il s'agit de prendre "l'altitude sur son attitude", disent les Anglo-Saxons, pour voir et emprunter d'autres chemins. »

L'autonomisation et l'autocontrôle

En apprenant à gérer son stress et ses émotions, on apprend la régulation de soi, qui permet de s'ajuster et de reprendre le contrôle de la situation. Cela permet d'évoluer vers plus d'autonomie, dans une interrelation à autrui plus harmonieuse et fructueuse.

TÉMOIGNAGE

Employé chez un expert-comptable, Ludovic, de nature introvertie, ressentait de la gêne à s'exprimer face à son employeur, ne sachant par exemple pas dire non à certaines demandes qu'il trouvait quelque peu abusives. En apprenant à gérer son stress relationnel et à s'affirmer avec un professionnel de la communication, il a pris davantage confiance en lui. En apprenant la « régulation de soi » sur un aspect, d'heureux effets inattendus se produisent à d'autres niveaux : il se sent maintenant mieux respecté par son entourage professionnel et il est aussi plus à l'aise dans ses relations personnelles. Il gère mieux son temps, il est plus efficace, il sait reconnaître ce qu'il veut et se donne les moyens d'atteindre ses objectifs.

S'accomplir aussi par le travail

Les techniques du bien-être sont une invitation pratique à redevenir acteur de sa vie professionnelle et à la vivre pleinement. Il est opportun de se rappeler que le travail peut aussi être une excellente façon de s'accomplir sur tous les plans, ce qui est bien sûr facilité par une démarche globale de bien-être au travail.

EXEMPLE

José était vu comme un de ces « jeunes désœuvrés » de quartier populaire, avec la tentation de fréquentation peu recommandable. Il a eu l'opportunité de devenir l'assistant d'un ingénieur du son et ainsi de vivre sa passion pour la musique. Cet emploi a été le moyen d'une excellente insertion professionnelle et sociale, et il a ainsi pu devenir à son tour un professionnel prisé autant qu'un modèle de réussite pour les « petits frères » de son quartier.

L'efficacité professionnelle par l'épanouissement des personnes

Si le dialogue social est plus en retard en France que dans d'autres pays européens, cela tient notamment au fait que l'on oppose davantage des positions idéologiques clivées ou figées plutôt que de lancer des actions concrètes dans une démarche empirique de petits pas : la prévention médicale et psychologique des individus ne s'oppose pas à un aménagement des conditions collectives de travail, par exemple. On oppose classiquement le dynamisme financier à la sécurité de l'emploi, l'efficacité économique aux avantages sociaux, au lieu d'oser l'innovation. Pourtant, la crise financière sans précédent générée par l'affaire des sub-primes appelle à de nouvelles régulations intelligentes de l'économie.

L'erreur dans laquelle il ne faut pas tomber consisterait à imposer aux entreprises la prévention des risques psychosociaux par des mesures perçues comme des freins à la productivité.

Les expériences recueillies en témoignent : non seulement la régulation du stress est pleinement compatible avec l'intérêt de l'entreprise et des salariés, mais on peut manager de façon encore plus efficace et productive en visant l'accomplissement des personnes au travail et en développant une atmosphère plus sereine.

Témoignage

Jean-Baptiste, dirigeant d'une PME : « Ancien grand anxieux, je ne me rendais pas compte à quel point je pouvais moi-même être une telle source de stress pour mes collaborateurs. Suite à un *burn-out*, j'ai entrepris une démarche personnelle qui m'a appris à être plus calme, sortir de l'agitation permanente m'a permis de mieux gérer mon temps, par exemple. Cette démarche m'a réconcilié avec le sommeil, une meilleure santé, ainsi qu'avec... ma femme et la vie ! L'histoire aurait pu s'arrêter là, mais...

Sans que je le décide volontairement, tout a changé en mieux dans mon entreprise, sans que je comprenne tout de suite pourquoi ou comment : moins de turn-over, une meilleure communication entre les personnes, moins de conflits... et, cerise sur le gâteau, une meilleure rentabilité !

En me changeant moi-même, j'ai participé à faire évoluer tout le contexte. »

La prévention du stress, c'est l'affaire de tous !

N° édition : 10170425 - Dépôt légal : juillet 2010
Imprimé en France par la Nouvelle Imprimerie Laballery
N° d'impression : 005069